江苏警官学院

公安学学术丛书

丛书主编：张兰青

# 警察文化与文化育警

江苏高校优势学科建设工程资助项目（PAPD）

程 婧◎主编

中国法制出版社
CHINA LEGAL PUBLISHING HOUSE

# 总　序

为加强公安学建设，推动公安学理论研究和实践创新，更好地发挥公安学科建设服务公安教育和公安实战的作用，江苏警官学院于2011年启动了“公安学学术丛书”编撰工作。丛书的编选，坚持开放性、灵活性和包容性相结合的原则。即不预先设定书目，不预先确定著者，而是采取面向全校征集，以个人申报、专家评审遴选的方式确定入选书目。编撰“公安学学术丛书”，在国内尚属首次。希望丛书的出版，能够引起越来越多的人对公安学学科的关注，能够对推动公安学发展有所裨益。

公安学是伴随着国家、警察的诞生而产生的一门学科，但现代意义上的公安学学科建设在中国起步较晚。众所周知，中国近代警察制度移植自西方，关于警察学科的研究也大多沿用西方范式。新中国成立后，伴随着人民公安事业的创建和发展，中国特色的公安学学科建设随之展开。尤其是改革开放以来，在波澜壮阔的社会主义现代化建设中，公安工作日新月异，公安教育恢复发展，公安人才队伍逐步壮大，公安学术交流不断拓展，这些都直接推动了当代公安学科的快速发展。经过几代人的不懈努力，2011年3月，国务院学位委员会和教育部正式批准增列“公安学”和“公安技术”两个一级学科，结束了公安高等教育没有一级学科的历史，标志着公安学学科建设翻开了新的一页，这在公安学术史上具有里程碑意义。

学科建设不仅是公安高等教育的龙头，而且对经济社会发展具有重要促进作用。近年来，江苏警官学院积极适应经济社会发展新形势，主动融入高等教育改革发展主流，主动融入公安工作改革发展大局，大力实施转型升级发展战略，着力抓好内涵建设、队伍建设、硬件建设“三大建设”，努力打造公安类学科建设品牌。2010年，江苏省政府启动了“江苏高校优势学科建设工程”，这是全面提升高等教育水平和核心竞争力，加快江苏由教育大省向教育强省转变的战略举措。江苏警官学院申报的“公安学”一级学科经过多轮遴选评审，成功入选江苏省优势学科建设工程项目。这一重大突破，标志着江苏警官学院的学科建设进入高起点、高层次发展的新阶段，也为江苏的公安学学科建设搭建了高端平台。2014年，江苏警官学院的“公安学”顺利通过江苏高校优势学科建设工程一期项目考核验收，并被遴选为江苏高校优势学科建设工程二期项目重点序列学科，公安学学科建设向更深层次推进。这套丛书，从一个侧面反映了江苏警官学院承担省优势学科建设工程项目以来所取得的代表性成果。

公安学学科建设有着自身的特点和规律。江苏警官学院在公安学研究中，力求从实际出发，努力探索和形成自己的特色。丛书入选成果，主要体现三个特点：一是研究方向和选题比较广泛。丛书的选题涉及治安学、侦查学、公安管理学、警察法学、犯罪学、心理学、警察文化、警察史学等公安学的主要方向或领域。二是“顶天”与“立地”并重。顶天，就是注重理论创新，丛书选题大多瞄准学科理论前沿，具有前瞻性；立地，就是注重回应实践需求，丛书选题有不少来自于公安实践，着力解决公安实际工作中的问题。三是与相关学科融通。特别是从公安学与相邻学科结合的视角，对公安学及交叉学科研究领域的诸多理论和现实问题进行了比较系统的梳理，力图揭示公安学及交叉学科理论演进的路向及其规律。这一探索与尝试，为公安学研究开启了一个很有意义的努力方向。入选丛书的作者，大多长期在江苏警官学院从事教学、科研工作，他们中有学识深厚的学科带头人，有年富力强的学术骨干，也有朝气蓬勃的青年才俊。他们治学严谨、勇于开拓，传承而不守旧，务实而不唯书，以自己的学术专长和敏锐的学术视角，赋予这套丛书扎实厚重的学术份量。

当代公安事业的发展进步迫切需要科学理论的指导，迫切需要学术研究的引领。相对于成熟学科，公安学是年轻的。公安学要赢得更多地位和影响力，关键是要有一大批社会广泛认可的标志性成果，有一大批高水平的学术人才，最终是要看对公安工作和社会发展进步的贡献度。推进公安学学科建设，需要公安系统和社会各界的共同努力，公安院校更有大量工作要做。与众多知名学府相比，江苏警官学院的公安学学科建设才刚刚起步，任重而道远。我们希望借助这套丛书的编撰出版，为公安学学术研究和交流搭建一个平台，集聚和整合学科研究力量，催生公安学的名师和大家，催生更多影响深远的精品力作，以推动公安学研究走向辉煌，更好地为提升公安教育水平、推动公安事业发展进步服务。这是我们的愿望，也是我们的责任。

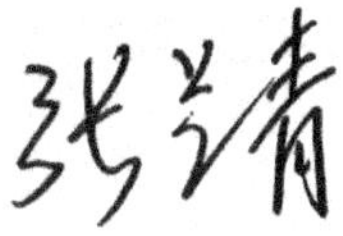

2017 年 6 月

# 目　录

## Contents

# 第一编　警察基础文化

## 第二编 警察精神文化

# 第四编　公安院校制度文化

# 第五编 警察行为文化

# 概论　警察文化与文化育警

## 第一节　全球化与中外警察文化的融汇

关于“全球化”的概念，专家学者对此虽然尚无统一的界定，不过随着全球化极大程度地影响着全世界的面貌，改变着人们的交往方式、审美方式、思维方式和价值思考，全球化也因此正在成为当今世界社会生活的主要特征和重要存在。其重要特征表现在经济全球化先行，文化全球化紧随其后。文化全球化为世界各国文化的发展和文化的交融带来了前所未有机遇的同时，也在文化的本土传承和自身文化影响力、文化软实力的构建等方面提出了新的课题。

### 一、文化全球化及其发展：历史进程中的必然

综观全球化的进程，经济全球化成为全球化的最初表现。以新时代技术革命为先导，跨国公司先行一步，运用先进的信息技术、交通技术和物流技术，凭借自己雄厚的资本和先导的技术，让资本步入海外、子公司遍布全球，客观上促进了资本、技术、人员等重要生产要素自由地跨国流动和资源的全球优化布局配置，极大程度地推动了世界范围内生产力的大幅发展和社会的极大进步。从经济运动的角度看，我们总结经济全球化的主要特征，主要表现为资本投资全球化、信息技术全球化、生产领域全球化和商品销售全球化等因素。虽然全球化更早地以经济全球化来呈现，但是实际上全球化已渗透在社会生活的方方面面，植根于文化、心理、意识、管理、安全等社会生活的各个领域。无论是东西方饮食文化的相互融汇和相互影响，还是东西方服饰文化的相互融汇和相互影响，甚或是“蝴蝶效应”对社会生活方方面面的影响，都令我们感受到当今全球化带来的“地球村”般的文化全球化的魅力和发展前景。身处其中，“地球村”的每一个人都或

多或少从各种角度、在各个领域参与、推动着文化全球化的进程。

梳理文化全球化的概念，综合来看，文化全球化是指民族文化走向世界，影响全球的历史动态进程。当前来看，文化全球化就是一个国家、一个民族的文化，通过资源最佳配置的市场之力，借助当今先进的信息技术、网络平台、传播媒体、文化产品等多样化的平台和载体，走出国门，超越地域，不受限于特定的时间与空间，与世界上其他文化去交融、去互补。共享全世界优秀和多元的文化资源，既保存世界优秀多元的文化的同时，也积极推动全世界的文化发展和文化超越。

经济是文化发展的基础，文化全球化建立在经济全球化的基础之上。正是有着经济全球化作为全面而坚实的发展基础，才孕育了文化全球化的良性土壤，进而推动着文化全球化的深入发展。文化是经济发展到一定程度的精神需求，从一定程度上说，文化是经济发展的灵魂，是满足物质需要基础上的人们精神满足的需要。经济全球化和文化全球化相互促进、相互作用、相互统一。经济全球化带来了人们生活方式、交往方式、思维方式和价值思考等方面的文化和精神层面的变化，而这些精神和文化层面的发展变化进一步作用于经济生活，换句话说，经济全球化带来了文化全球化，文化全球化影响着经济全球化，全球化以经济为基础，以文化做体验，二者有着须臾不可分的紧密联系和相互作用。

技术推动了文化的全球化。在信息时代，文化传播和全球化的步伐异常迅捷。新时代的科技信息技术，打造了便捷的互联网平台、信息高速公路、智能手机终端、语言互译的智能系统等。这些得益于经济发展和技术进步，使得人们能够便捷地超越国界，突破文化的界限，在全世界范围内自由地进行文化传播和文化互动，实现文化全球化。

商品承载了文化的信息。经济全球化过程中，企业制造了并正在制造着多种多样的商品和产品，这些商品和产品承载了丰富的时代特征，也承载了一个民族、一个国家、一个企业所拥有的文化元素。在商品和产品推向市场、走向社会、走近千家万户的时候，商品和产品所承载着的丰厚的文化内涵和丰富的文化信息也一并进入千家万户。例如，那些承载着丰富文化内涵和文化信息的音乐、书籍、影视、旅游、服饰、饮食等产品和商品，无一不在传达着重要的文化影响力。在此意义上，商品已经完成了文化传播的作用，而文化也完成了对产品、对商品、对经济的潜在的影响作用。当然，这种影响是作为背景自然地或被动地作用于经济的。虽然这种作用大部分时间是潜在的、无形的、被动的、间接的，但是当其表现为经济活动的方式、模式和生产什么样的产品时却又是自发的、主动的和既定的。在此意义上，经济全球化的过程中，经济资本通过快速有效地流动来追逐最大经济利润的同时，也不可避免地通过商品所承载的文化信息和文化内涵，推动了文化全球化的进程。所以，全球化的经济生活和文化生活密不可分，文化和经济以及经济文化合作关系在全球化时代的重要作用是前所未有的。

在经济全球化带来文化全球化之后，随着经济全球化的历史进程越来越深入、越来越紧密，文化全球化在经济全球化的过程中逐渐崛起，文化全球化对自身也提出了更高的要求，文化全球化也将从被经济全球化的制约和决定变得更加自觉和主动，文化不仅在影响经济发展和提升消费者文化素养等方面发挥作用，而且还将文化自身的繁荣、发展作为文化全球化的根本目的。正如英国的文化学者约翰·汤姆林森在《全球化与文化》中对全球化时代的文化地位进行了乐观的推断，他认为“全球化（globalization）处于现代文化的中心地位，文化实践（cultural practice）处于全球的中心地位”。在此意义上，联合国教科文组织也把文化发展政策看作世界发展政策的重要组成部分之一，认为“脱离人或文化背景的发展是一种没有灵魂的发展”，并提出世界的发展可以以文化术语来作为根本定义，而文化的繁荣是世界发展的最高目标。

经济承载着文化向全球化时代迈进，这也正是导致资本裹挟着消费理念、社会价值观和各种文化成功登陆经济全球化覆盖的所有国家和地区的原因所在。我们以饮食文化为例，当我们的孩子沉浸在外来美食的美味之中时，实际上这些物化的食品所承载的精神文化、所带来的文化影响已经潜移默化地影响和改变着成长中的孩子，改变着孩子们今后的生活方式、生活态度、社会标准和价值判断等。其原因就是商品、产品承载的文化所具有的无形胜有形的软实力和潜在的巨大的影响力，这些商品中的文化内涵正以其润物细无声的方式在全球化的过程中开始交流和交融，展开同化和征服。这种文化软实力，表现在文化在全球化过程中能够“天下之至柔，驰骋天下之至坚”，实现了其他方法、其他手段所不能实现的完美效果，真正做到了“不战而屈人之兵”。这正是全球化过程中占得先机的文化输出者所享有的文化机遇和文化盛宴。

加之时代主题演变为“和平与发展”之后，各个国家都谋求全球化时代和平背景之下创新发展和增强文化影响力。事实上，国与国的互动、地区与地区的竞争越来越多地表现为经济的竞争、资本的竞争，而在经济全球化达到一定阶段之后，国与国的互动、地区与地区的竞争，越来越多地表现为文化的互动、文化的竞争、文化的影响，文化在国际关系中的地位与作用日益上升，文化已经成为一个国家综合国力的重要组成部分。文化是体现一个国家各方面综合实力的“软实力”，在国际社会的竞争中，输出自己的文化，占据国际社会的主流文化地位，已然成为当前全球化时代的主旋律。一些先发国家在全球化过程中，十分注重文化产业和文化产品的输出和发展。特别是信息技术的进步，使大众文化得以便捷地生产、复制、输出。以互联网平台为例，图书、电影、电视、游戏等系列文化产品，已然突破的时间和地域空间的限制，可以通过因特网、社交网站、电子邮件等多种方式实现瞬时传播，到达世界各地，影响着所能到达的国家和地区人们的生活。这些优势文化，能够非常迅速而有效地俘虏人们的精神生活，从而实现先发国家的文化影响力。

综合来看，当今全球化的进程中，经济的全球化作为先导，文化的全球化紧随其后。经济全球化为文化的全球化铺垫了良好的基础，而文化全球化将在继续的发展中积极推动经济全球化的深入进行。与此同时，文化全球化也将在深入推进的经济全球化进程中实现巨大发展，起到积极作用。在此意义上，文化的活力、文化的影响力、文化的软实力，正在成为一个国家、一个地区占据全球化时代重要位置的优势因素。

## 二、文化发展的趋势：多元化的存在

世界经济已经不可避免地实现了全球化，世界科技的发展也越来越趋向于全球一体化。在此背景下，作为精神文明的文化如何走向呢？一种说法是将走向文化一体化，另一种说法是将走向文化多元化。纵观历史，无论中国还是西方国家，都存在着多种多样的民族文化，即便步入了全球化时代的历史进程，这一文化多元化的特征仍将继续存在，这不仅得益于文化多元化的历史传承和影响，还得益于文化多元化发展过程中经济基础的壮大和支撑。

文化多元化是世界发展的历史存在。上溯三千年，从东方到西方，从北半球到南半球，古代社会不同的族群、不同的文明圈内，都出现了代表人类极高智慧的智者和先哲，都产生了代表人类极高智慧的哲学和文化。例如，中国传统文化代表的老子、孔子、庄子等先哲圣贤所创造的儒家文明、道家学说，以“希腊三贤”著称的苏格拉底、柏拉图和亚里士多德所创造的希腊哲学和西方文明，以犹太教先知观为代表的希伯来文化，中东地区的阿拉伯世界的伊斯兰文明，以及非洲文明等，这些人类辉煌灿烂的文明大致产生于同一时代，这一时代真可谓是人类文明的“百花齐放”的大时代，这正是文化多元化的历史存在。这些传承数千年来的人类文化，深深地影响着人类社会，它们根深叶茂，异常繁荣，至今我们仍然在继承、发展这些文明，并沐浴在这些文明的光辉之中。

经济全球化为文化多元化提供支撑。正是受益于经济全球化，偏远地区、贫困地区也能在一定程度上融入全球化进程中，发展了经济，改善了生活，经济全球化不仅给偏远地区、贫困地区的人们带来了一定的物质财富，也打下了这些地区的人们发展精神文化的物质基础。一是物质生活的进步推动了精神文化繁荣和发展。人们在满足物质生活之后，无论是时间上还是经济上都较为自由，这些都为精神文化的发展提供了可能。二是全球化带来了文化沟通和文化交流的便捷。由于经济和科技的进步，物质文明的发展，交通技术的进步，信息网络的普及，人类的直接交往和间接交往从来没有像今天这样频繁，偏远地区的人可以走出来，其他地区的人又可以走进去。这大大增加了文化的交流和互动，这些源源不断的交流和互动，也成为文化发展的推动力量，使得精神文化越来越有活力，越来越有生命力。例如，随着旅游业和传媒传播的开发和深入，那些地处偏僻、少有人知的少数民族文化才能够得到发掘，得到传播，进而吸引更多的人来关注、来发展民族文化的特色和未来。从这个意义上说，经济全球化和经济的发展为文化多元化提供了坚实的支撑。

多元文化加强文化互动和交流。多元文化背景下，各种文化之间有很多机会相互碰撞、相互了解、相互学习、相互借鉴。每一种文化和文明都是我们人类世界文化殿堂中不可或缺的瑰宝，每一种文化和文明都以独特的方式呈现着自己重要的文化价值，它们都在人类文化发展的历史长河中做出过重要的贡献，都值得现代人去珍惜、去学习、去爱护、去传承。不同的国家、不同的地域、不同的文化之间要相互尊重、相互了解。文化代表了不同的习俗、不同的习惯、不同的生活方式，要积极主动了解不同的文化特点、文化优势、文化风俗习惯，避免因为不了解、不尊重不同国家、不同民族、不同地区的文化风俗习惯，所带来的误解和不和谐。良好的文化沟通和文化交流，能够促进不同国家和不同民族之间的和谐共处。甚至历史上存在冲突和仇恨的国家和地区，一定程度上也能够通过文化之间的沟通与交流来逐渐加深了解、加强互信，进而逐渐消除历史上的隔阂和仇恨。纵观古今中外的历史和文化，正是在多种文化的碰撞、交流和交融中，不同的文化才能相互学习、相互汲取营养，有的文化还因此老干新枝，焕发出新的生命力。

多元文化的冲突和矛盾。美国著名学者萨缪尔·亨廷顿在其《文明的冲突与世界秩序的重建》中讲述了，冷战后世界冲突的根源不再是意识形态的冲突，而是表现为文化或者说文明方面的冲突。其中，特别谈到了西方基督教文明与伊斯兰文明的冲突。在融合的过程中，不同的文化之间必然存在冲突，不过这个冲突或大或小，没有冲突（矛盾）就没有互动融合。不同的文化之间本身就是相互对话、相互渗透、相互竞争的，它们不是完全对立的关系，而是一组对立统一的存在。这也正是文化具有旺盛生命力的原因，正是由于文化积极面对冲突，积极同化和影响对立面，才能使得文化本身保持旺盛的生命力和活力。只有正视冲突，才能有机会去吸收和借鉴其他文化的有益成分，取长补短，迎接挑战，从而为自身的发展和壮大汲取充分的养料，也正因为此，文化才会得以创新和发展。而每一个文化的发展壮大，也是全世界文化发展壮大的最终源泉和力量所在。

多元文化的时代创新。不同的国家、地域，他们的文化都拥有着显著的地域特点和独特的民族特色。不同的文化之间要多加融合，以利于当今文化的创新发展。随着时代的发展变化，文化也要日新月异，跟上时代的发展和技术的脚步。一方面由于科技的进步，今天的人们享受文化的方式、体验文化的场所已经不同于往昔，发生了巨大的变化，这就要求当今的文化能够提供便捷的、迅速的文化服务来满足人们的需要。另一方面由于社会的发展、文化的普及和人们生活方式的变更，上至老人、下至小孩，他们都能够徜徉于文化的盛宴之中，这就要求当今文化能够提供多元化的“文化大餐”供他们选择。时代的变化、科技的进步、人们的需要都向文化提出了创新的要求。而文化的创新包括形式的创新、内容的创新、体验的创新等。在此意义上，文化在新时代是一个动态的、开放的、不断发展和创新着的系统。

为实现文化多元，要积极保护和弘扬本土文化。在全球化背景下要注重保护民族文化和本土文化，这也是文化多元化和文化多样的重要条件。正如我们所见，随着全球化时代的深入推进，随着经济一体化和技术一体化的进程，文化也有一体化倾向，特别是先发国家的强势文化拥有更多的力量去同化、去影响相对弱势的文化。而出于对强势文化的抗衡，越来越多的国家和地区在积极参与经济全球化的背景下，也普遍加强了保护本土文化、发展本土文化、弘扬本土文化的意识和决心。正如联合国教科文组织在第 31 届会议上所强调的那样，“文化多样性——人类的共同遗产文化在不同的时代和不同的地方具有各种不同的表现形式。这种多样性的具体表现是构成人类的各群体和各社会的特性所具有的独特性和多样性。文化多样性是交流、革新和创作的源泉，对人类来讲就像生物多样性对维持生物平衡那样必不可少”。(2001 年《世界文化多样性宣言》) 保护本土文化已经成为文化多元化和文化多样性的重要环节。

在全球化视野下推进文化多元发展。虽然经济全球化进程加剧，但是不同的文化，特别是人类历史上的辉煌灿烂的文化成果，应该能够在相当长一段时间内，继续发展并茁壮发展。但是不能逃避的一个现实即随着人类历史进程的前行，当前一些文化的衰落甚至衰亡都是不可避免的，正如历史上已经消失的文化和文明一样，虽然令人惋惜，但是历史的车轮仍然滚滚向前、不可逆转。如何继续为人类世界做出特有的贡献，并保持文化的长盛不衰甚至继续发展壮大，这对身处全球化进程的每一个国家和地区而言都是一个重要的课题。

## 三、全球化与中外警察文化的融汇

全球化与中外警察文化的融汇既带来机遇，又带来挑战。在全球化时代，各国之间在经济、社会、管理等方面的合作和互动进一步加强，特别是为了共同的经济安全、社会安全，各国也在推动和强化警务系统方面的相互合作。这就需要合作双方能够找寻到警务合作的共通之处、共识之处，以便合作建立在和谐共处、相互认同、相互尊重的基础之上。这一定程度上也促进了中外警察文化的相互交融和相互了解。一方面全球化带来了中外警察文化融汇的时代机遇。随着全球化进程的加剧，也随着我国改革开放进一步深化，我国政府和人民在经济、技术、旅游、文化等诸多方面和外国政府和人民之间的互动和交流日益频繁，这些交流在促进中外相互了解和共同进步的同时，也带来了一些诸如跨国经济、旅游等方面的问题，并且有些成为常态化问题，这就需要中外之间建立畅通的、常态的警务合作机制。这也是全球化时代所赋予警务工作中外合作、警察文化相互融汇的良好机遇。另一方面全球化也带给中外警务文化交融一些压力和挑战。随着长期以来历史的发展，中外警察都建立了一系列相对固定的警务体制和相对稳定的警察文化。在中外警务文化交汇时，也必然会遇到这样或那样的问题。例如，警察职业观和价值观等问题，我国警察的意识养成历来是将“保卫人民群众生命和财产安全”来作为自身的首要使命，很多时候都是奋不顾身甚至以牺牲自己的生命为代价来保卫人民群众生命和财产安全。而在西方的警察职业观和价值观中，这种警察“不顾自身安危”的观念是比较罕见的。不同的警察职业观和价值观是基于不同的历史文化和社会背景所形成的不同的中外警察文化，需要双方在较长一段时间内进行相互交流，促进相互了解，进而达成一定程度的文化共识。

全球化将促进当代中外警察文化体制的民主化。警务文明的发展具有同一性、普遍性等特点。警务文明越发展，这种共同性、规律性越明显。世界各国警务现代化史表明，正是社会生态环境的国际拓展，使现代警务文明得以产生和发展。在全球化的过程中，不同国家在资源禀赋和发展水平上的差异导致对外依赖程度有强弱之分。相互依赖的不对称性，决定了相互依赖关系中双方的互动特征和合作机制。在中外警务的紧密合作中，合作双方其中一方的政策必然会对相对一方产生一定的作用，这种作用的大小，取决于合作双方之间的依赖关系和依赖程度，如果其中一方依赖程度较强，那么这种政策的作用将较为明显，反之，则较弱。

全球化将推进中外警察合作健康有序发展。随着世界警务合作的深入进行，中外警务合作将建立一系列行之有效的警务合作机制和警务合作制度，这些机制和制度具有科学性、有效性，并且将遵循警务发展的客观规律。从这个意义上说，全球化进程客观上直接或间接地促进参与国际生活的国家和地区相互合作、相互博弈，并在此基础上确立一套更加民主、科学和高效的国际警务合作机制。我国积极参与中外警务合作，积极参与共同打造民主、科学和高效的国际警务合作机制，这一系列国际警务合作机制也将会对我国的警察文化产生一定的作用，促使我国在警务工作和警察文化建设方面吸收国外先进经验，进一步推进我国的警务改革和警察文化创新，从而创设和确立一系列符合当代我国国情的警务制度和警察文化体制，使作为人类共同价值观念的自由、平等和法治等民主思想制度化、科学化。

从一定意义上说，全球化的过程就是警务行为逐步规范化的过程。增强国内法规制定、政策执行、信息使用的开放度，使警务行为符合现代警务文明的要求。建构一个凸显警务文明的科学、有效、强大的警务制度和警务文化平台，从而为人民群众提供一个稳定、秩序公正的警务保障环境。使得人民群众在实现日益增长的物质文明和物质利益的同时，也受益于日益完善的精神文明和警务保障。全球化给当代中外警察文化的交融既带来良好机遇和积极效应，也带来一定挑战和一些冲击。当前，我们要正确认识全球化所带来的双重效应，准确定位中外警察文化在全球化过程的历史坐标，只有科学设置警察文化建设的方向、原则和路径，才能够真正推动我国社会主义警务文明和警察文化的建设和发展。

# 第二节　思维方式变革：警察文化创新的关键

社会思维方式来源于社会时代的发展状态和发展需要，一定时代的社会进步和社会变革也会催生社会思维方式的变革，思维方式的变革也作用于社会发展和社会进步。从这个意义上来看，社会思维方式关系着社会变革和警察文化创新的成败。在新的历史时期，警察文化创新面临新的形势、新的任务、新的特点，科学的思维方式既关系到日常警营文化建设和警营工作的常态化、常规化状态，又表现为突发情况下“应激性”“应急型”警务工作战斗力的激发问题。

## 一、注重“实践型”思维，实践是警察文化创新的出发点

新形势下警察文化创新呈现出新矛盾、新问题增多的特点，思维方式应从“唯书型”转变到“唯实型”。我国的国情发生了重大变化，经济、政治、文化和社会生活等方面都有了突飞猛进的发展，新形势下我们的公安工作和公安队伍的管理工作也出现了很多新问题、新矛盾和新思考。公安工作也要面对和适应这些新情况、新问题和新要求，主动适应社会发展变化的客观实际，探索警察文化工作的思维创新、方法创新和路径创新。而传统的公安工作思维方式较为重视书本知识的传授，主要表现在常常将书本知识作为判断工作得失和客观事物发展成败的唯一依据，不可避免地陷入“唯书”的形而上学困境之中，体现为思维僵化保守、面对新情况、新问题，裹足不前，不敢作为，白白丧失有利时机。如果长期运用这种思维方式来指导公安工作，难免会带来认识和实践“两张皮”、主观和客观相脱离的问题，有时甚至会受到客观规律的惩戒和处罚，影响公安工作的良性发展。

“实践型”思维，是尊重实践，尊重群众，尊重科学，讲究实效，一切以客观事实和客观规律为依据的思维方式。这种思维方式体现了求实性与实践性的统一，坚持实践检验标准；体现了求实性与群众性的统一，坚持群众检验标准；体现了求实性与历史性的统一，坚持历史检验标准。因此，“实践型”思维是辩证唯物主义和历史唯物主义认识论的集中反映，是我们党实事求是思想路线的重要体现，是我们党“从群众中来，到群众中去，一切为了群众，一切依靠群众”群众路线的重要体现，是科学思维中的一个最基本、最重要的思维方式。其鲜明特

征是打破“书本迷信”，以科学的、求真务实的态度来对待书本上的结论和实战方面的经验总结。在公安队伍建设和改革上，要以战斗力为标准，着眼解决制约质量建设的突出矛盾和问题，建立适应新形势下公安工作的新体系，适应社会主义市场经济发展要求的领导、指挥、管理、防护体制和运行机制，提高人民警察的整体战斗力。在公安工作指导上，要善于站在全局思考局部、把握局部，防止以偏概全。要注重全面建设，全面提高，防止顾此失彼；要多管齐下，分工协作，形成合力，防止能量内耗。要正确处理人的思想和人的实践的关系，保证人与工具处于最佳状态，发挥整体效益。

## 二、注重“多维型”思维，整体大于部分之和

随着社会文化和多元的发展，警察文化工作也在新的历史条件下朝向多元化和多维型创新发展。表现在警察文化工作的思维方式上，就是从传统单向型的思维方式向多维型的思维方式进行转变。这种多维型的思维方式特点主要表现为三个方面：一是领域宽广。这是多维型思维方式的一个基本特点，包括空间的宽广，如天空、地面、海上等；时间的宽广，过去、现在和未来；行业的宽广，经济、政治、文化等多个行业都广泛参与。现代警务的实现依赖于这些多元的领域，这就需要公安工作和警察文化工作中要拥有多维的思维方式，才能整合好、调度好，更好地为公安工作服务。二是联系紧密。公安工作作为社会工作和社会管理的一个有机组成部分，和社会生活的方方面面联系非常紧密，对社会经济、政治、文化等方面的依赖性很大。三是创新发展有力。新技术、新条件带来了公安技术和公安工作的巨大发展，公安工作的发展后劲很足，创新发展有力。这在客观上要求新形势下警察文化工作创新必须注意其联系性、系统性、整合性，也使过去“单向型”思维方式受到挑战。“单向型”思维方式，是从事物多要素、多联系、多变化、多功能、多趋向的系统中，抽出个别要素，沿着一个思维指向、一个思维角度、一个思维可能性，运用一个逻辑规则、一个评判标准去思考问题，从而形成一种思维结果的思维方式。反映在警营建设上，主要表现为认识问题绝对化，用简单的肯定或否定决定问题，例如，“一俊遮百丑”或“一丑遮百俊”“事故定乾坤”，纠正一种倾向而掩盖另一种倾向，甚至极端跳跃等。运用这种思维方式，往往把“多维”的世界“一维”化，把复杂的事物简单化，把鲜活的现实凝固化，得出表面性、片面性和绝对化的结论，这都是警察文化工作之大忌。面对警察文化工作创新各方面联系更加紧密的特点，必须摒弃“单向

型”思维，树立“多维型”思维。系统型思维方式，就是把思维对象当作一个有机体，以整体作为思维起点，通过对组成系统的各方面进行综合考察，确保系统的整体效益。这种思维方式，通过事物内部矛盾各个方面进行具体分析，把握其矛盾总体，有利于深入认识事物的本质，把握事物发展的规律和总体趋势，即把零碎的认识系统化、实践的经验理性化、浅薄的东西深刻化，使认识更全面、更客观、更准确。这种系统型思维方式，有利于人们全局在握，成竹在胸，精选良策，稳操胜券，是警察文化工作创新最基本的思维方式。

形成“多维型”思维方式，要求我们做到以下三点：一是眼界宽广。社会多元发展背景下，对任何事物的理解和界定，一定要从宏观的视野去思考和把握问题的关键之所在。制定大的战略目标，也即最高纲领和全局意识；在战略目标的指引和要求下，制定近期目标，也即较低纲领和局部战术意识。这样一来，既有全局观大局观，又有具体的战术目标，能够较容易地实现既定的目的，又能有力地朝向最高纲领的目标一路前行。在警察文化工作实践中，就是将其设定在全社会整体发展的大框架和大目标之下，然后有计划、有步骤地谋求警察文化工作本身的发展，进而为整个社会发展服务。二是熟悉国情。警察文化工作中的决策和政策来自对我国社会发展的全面系统的了解。特别是要积极运用“多维型”思维方式来分析和认知我国当前的整体国情。国际方面包括国际社会的对比、国际战略格局、国际军事对比、现代警务的世界发展状况；国内方面包括我国经济的发展格局、我国政治的改革与发展、我国文化体制的改革与发展以及对警察文化工作有影响的诸多领域和方面。熟悉国情本身就是警察文化工作的一个有机组成部分，对我国国情的了解，有助于面对实际问题去开展公安工作；特别是对一些核心和关键问题的把握，有助于认清我国警务活动所处的有利和不利环境，有助于构建有效的公安工作和警察文化工作的新格局。只有这样，公安工作和警察文化工作才能更好地完善，才能更好地服务社会。三是坚持“整体大于部分之和”。当然，一个整体的构建，离不开有效的警察文化工作。思想政治工作存在的意义和价值就是要发挥整体中的每一个人的主观能动性和积极主动性，构建正能量的“三观”，挖掘人的最大潜力，激发每一个人的高水平的成就动机，去实现理想自我。每一个人的最大自我实现就带来了整体价值的最大化实现。推动人的自我实现最有效的方法是鼓励和激励创新，这样一来，创新成果能极大程度上带来自我满足，最终到达自我实现的彼岸。而创新本身就是思维方式的变革所推动的，这就要求我们在工作中特别是思想政治工作中注重思维方式的转变，注重工作创新。每一个人的创新都推动着整体的发展和创新，这就要求我们要有集体意识和整体思维。整体思维绝不是“1+1=2”的简单形而上的思维，而是有机主体的整体活动，和谐有效的充满战斗力的整体，其实践结果就是“1+1”远远大于“2”的，也即“整体大于部分之和”。

## 三、注重“理性”思维，理论之树常青

社会存在决定社会意识，社会意识对社会存在有能动的反作用。基于此，理论来源于实践，理论指导着实践。而新时期警察文化工作的实践产生和升华了公安理论，但更需要公安理论的指导和牵引。警察文化工作的转变也体现于此，正在从先验型的思维方式向理性型的思维方式进行转变，这不仅体现了公安工作和警察文化工作的实际需要，更是人类社会发展的重要标志和社会文明进步的必然要求。当前警察文化工作所需要的理论指导主要呈现为以下两个特点：一是牵引性。人类思维世界的创造和社会文化的发展，必然改变着社会生活发展的取向和选择。公安工作和警察文化工作作为社会生活的一部分，也必然随着社会文化和社会意识的发展变化而呈现不同的取向和选择，并且由于科学技术和社会管理理念的进步，公安工作急需先进的理论和思想来进行牵引和指引。二是推动性。当前世界各国都在主动积极地探索新时期的警务革命和警务革新，其中也不乏真知灼见和有效理论。这也在一定程度上推动着公安工作和警察文化工作的前进和变革。特别是当代科学技术以前所未有的速度发展，使警务活动领域出现了许多前所未有的新情况、新事物，这就给我们的经验性思维方式带来了新的挑战。所谓经验性思维方式，是指从自己或他人的经验出发，全然不顾时刻变化着的客观情况，不去积极探求事物发展的内在规律，仅仅凭借既有的先验经验来作为参照坐标的一种僵化的思维方法。其突出的特征就是简单类比、简单模仿、简单照搬。运用这种思维方式的人，往往在头脑中产生先入为主的偏见，拒绝接受新事物，影响对事物本质和规律的认识，导致思维的局限性、表象性和凝固性，导致决策的主观性、片面性和守旧性。从警察文化工作创新上来看，公安队伍规模偏大，一个重要原因是陷入了“人力等同于战斗力、数量等同于质量”的经验思维误区；警械配备装备落后，更新换代意识不强，一个重要原因是存在过于依赖精神力量制胜的思维误区，等等。可见，如果囿于经验思维，就会使我们的思维在封闭的视野里兜圈子，可能削弱警察文化工作创新的生机和活力。

理性的思维方式，指运用系统思维和整体框架去诠释和探寻事物发展的基本

规律和内在本质的一种有效的思维方式。在此意义上，理性思维的特点表现为全面系统性、自觉能动性、一般规律性和抽象间接性等几个方面。在当前的警察文化工作中，我们要实现从先验型思维方式向理性思维方式的有效转变，就要做到以下三点：一是要能够突破先验思维的束缚。先在的经验呈现在书本等文化传播载体上，似乎总是以真理的形式存在，这在一定程度上影响着大家对先验经验的感受和判断，甚至有时将其作为唯一真理去认同和解读，这就陷入了"绝对真理"的泥潭。事实上，我们要清醒地看到，先验经验是前人实践的总结，是他人经验的总结，这是一定时代和背景的产物，既有着必然性，又拥有一定的偶然性和个性化的特征。我们如果套用已有经验，特别是在面对新时期的新问题和新挑战时，有时就会出现"水土不服"的现实困境。所以，就要求我们要勇于突破传统的先验思维定式，敢于探索，敢于试水，敢于创新理论。二是要突破"唯技术论"的束缚。由于科学技术的发展和进步，现代警务活动体现为装备精良、科技先进、信息优越等诸多优势。这些优势无疑对警务现代化带来了极大的推动作用，但是有时也不可避免地陷入了"唯技术论"的束缚之中。这某种程度上是对现代发达技术的一种误读。而事实上，从二十世纪七十年代后期开始，世界就已经进入了新的警务革命时期，就逐渐探索和构建了新时期的现代警务理论体系，并且指导着警务实战。革命导师列宁早就说过，"没有革命的理论，就不会有革命的运动"，[①] 公安工作也是这样，先进的理论指导出先进的实践。我们要积极破除"唯技术论"的束缚，主动寻求和接受先进理论的指导，创造出有战斗力的公安实战。三是要突破"以不变应万变"的束缚。自现代警务活动以来，经由人民警察的长期的实践，我们的公安工作者总结了一整套适合我国国情的警察文化工作理论体系。这套理论首先是我们宝贵的精神财富和重要的理论优势。但是这些理论也不是一成不变的，特别是现代社会日新月异，很多理念和思想的发展非常迅速，我们的警察文化工作理论也是这样，也要随着时代的发展而发展，随着时代的进步而进步。我们要勇于进行理论创新，勇于将理论运用到实践中去，接受实践的检验并进行理论的升华和提升。创造出新的理论、新的思想来推动警察文化工作，进而通过做好警察文化工作来增强公安战斗力。

---

① 列宁：《列宁选集》第1卷，人民出版社1998年版，第109页。

## 第三节　继承与创新：警察文化发展的路径

文化具有历史继承性，文化是一个民族、一个国家的精神纽带。党的十九大报告中指出，要推动中华优秀传统文化创造性转化、创新性发展。我国的传统文化就是在长期历史长河中形成和发展的，并仍然保存在现实生活中的、具有相对稳定性的文化。传统文化中优秀的思想观念，是经过长期的历史积淀，经过长期的实践检验，所形成的理论观点、道德观念和哲学思想等，这些都是传统文化的核心组成部分。经历过数千年来的发展和践行，我国优秀的传统文化思想，已然根植于中华民族的血脉之中，已然凝聚成为我们中华民族的民族精神，对我们的社会生活、价值观念、制度建设、精神文明等很多方面都产生着重要影响。而这些优秀的传统文化思想，正是当今我们进行文化发展创新的源泉。文化发展和创新是建立在历史文化的基础之上，随着时代的发展变化，紧跟时代的发展步伐，紧贴人们的生活需要，不断发展创新，满足人们容易演变的文化需求。改革开放四十年来，随着我国物质生活的丰富和发展，我们的社会文化也发生了很大的变化，既有信息时代、互联网时代、新技术时代的新文化、新思潮、新思维，也有对我国优秀传统文化的继承和发展，特别是要继承和发扬我国传统文化中诸如“以人为本”“民为邦本”“修身、齐家、治国、平天下”和“天下兴亡、匹夫有责”的优秀思想精髓。借鉴我国传统文化中的优秀思想，充分发掘这些思想和理念所蕴含的当代价值和重要意义，融入现代警察文化的建设之中，特别是在当前的警察制度文化、管理文化、团队文化、行为文化、物质文化和警察意识和职业观的养成方面具有重要的借鉴意义。

### 一、我国传统文化与警察团队意识的养成

我国传统文化“仁义礼智信，忠孝廉耻勇”“天时地利人和”中的“礼”“义”“和”思想有助于注重和谐、突出奉献精神和团队精神的公安大学生团队意识养成。一是“礼”的思想。“礼”，追根溯源，是一种制度，称“礼”制。正如孔子曰：“礼之用，和为贵；知和而和，不以礼节之，亦不可行也。”（《论语·学而》）“礼”是一种高标准的行为规范，用“礼”来规范人的行为，用“礼”来约束行为人，以实现调整人际关系，促进人际和谐的目的。二是“义”

的思想。“义”，“四维”之一。《管子·卷一·牧民第一》曰：“何谓四维？一曰礼，二曰义，三曰廉，四曰耻。”这是春秋时期大政治家管仲所主张的维系社会稳定的社会道德标准和行为规范，是我国传统文化中一种含义较广的道德范畴和价值判断，通过人的意志来引导行为而产生对团队、对集体、对社会的调节作用。在现代社会的解读中，“义”指公正、合理而应当做某事，表现为正直、正义、正能量的价值取向，体现在合乎正义或公益的道理或举动上。三是“和”的思想。这一思想对构建和谐团队有着重要的作用。春秋战国的著名思想家孟子说“天时不如地利，地利不如人和”，“和”是一个人、一个团队、一个民族、一个国家发展的重要条件。“和”的精神也已经成为现代管理中一项重要的团队建设和团队管理的思想。这种思想在警察集体主义精神塑造、团队精神凝聚、集体战斗力增强等方面，具有积极的作用。

## 二、我国传统文化与警察为民服务宗旨意识的养成

我国人民警察的宗旨意识集中体现在为人民服务上。这也是我们传统文化“民惟邦本”的现代继承和发展创新。“民惟邦本”“水可载舟，亦能覆舟”等思想文化，都是传统文化中朴素的民本思想，都深深地体现了传统文化中对民生、对人民的关心和关注。现代警务工作中实现民生思想，就是要坚持为人民服务的宗旨意识和坚持走群众路线。一是坚持为人民服务。人民警察的“人民”二字就明确表明了警察来自人民，服务于人民，警察的权利也是来自人民，并要服务于人民。在当前新时期的发展中，为人民服务就是要保障人民安居乐业，保障人民的生命和财产安全，为人民群众的社会生产和社会生活营造一个安全幸福的社会环境，这是人民警察的职责所在。二是坚持走群众路线。首先要紧密和人民的血肉联系，警务工作说到底是群众工作，要积极听取群众心声，了解他们最关心的问题和最迫切的需要，做到急群众之所急，想群众之所想，及时解决问题，尽量满足需要，营造一个安全、幸福、和谐的社会生产、生活环境。其次业务工作上依靠群众，要积极汲取群众的智慧和灵感，创新工作方式和方法，加强和提高警务工作的效率和效果，更好地为群众服务。最后接受群众的监督和检验。警务工作归根到底是民生工作，群众是否满意是检验警务工作效果的重要指标，要积极向群众请教，征求他们的意见和建议，及时调整警务工作的重点和中心，把警务工作做好，实现为人民服务的宗旨。

## 三、我国传统文化与警察政治制度建设

注重社会参与，关注政治生活，这也是我国传统文化中的一个重要导向存在，可以将其思想运用到我国传统文化在警察政治制度建设和警察政治意识养成方面。梳理我国的传统文化，我们可以发现很多诸如“先天下之忧而忧，后天下之乐而乐”“风声雨声读书声，声声入耳；家事国事天下事，事事关心”“天下兴亡、匹夫有责”等鼓励人们进行政治参与和养成政治素养的思想文化。而在这些经典的思想文化下成长起来的人们，他们不仅以“治国、平天下”等强烈深沉的家国情怀和政治参与为最终目标，而且还拥有着实现这种目标的强烈要求和实践取向，具体表现在对国家、社会、民生、政治、经济等方面有着强烈的关怀意识和责任意识。在现代社会中，人民警察政治意识和政治情怀的养成也十分重要，我们可以吸收传统文化中对社会政治问题的关注意识，运用到培养人民警察的政治意识和政治要求上来。一是要培养警察的政治参与意识，政治参与意识是参与政治生活的主观意愿和主动要求，是参与政治生活的第一步。二是要培养警察的政治参与热情，这是政治参与的积极性和主观能动性的培养，表现为对政治生活的敏感性和敏锐性。三是要培养警察的政治参与能力，这是实现参与政治生活中的重要保障，也是在政治生活中能够建言献策的重要基础，在此意义上，拥有政治参与能力，才能够真正实现参与政治生活的目的。另外，人民警察参与政治生活时还有政治稳定和安全保障的职责所在，这就要求警察要具有过硬的政治素养。

## 四、我国传统文化与警察管理制度建设

我国儒家传统文化中十分关注人自身的发展，有着丰富的、由来已久的“以人为本”的思想，“以人为本”思想要求我们注重人在社会生活中的主导作用，注重人的发展需要，注重人的修身养性，注重人的慎独自省，注重人与人、人与社会、人与自我的和谐关系的构建。我们借鉴传统文化中的人本思想，主要从人的自我管理、人的社会化属性和人际和谐三个维度来作用于警察管理制度上。一是人的自我管理。我国传统文化中在个人修养方面倡导“修身养性”，强调人的主观能动性在自我管理中的实现要求。诸如“慎独”“吾日三省吾身”“杨子四知”等，充分阐释了自我修养和历练的重要性，最低标准的“修身养性”是

"穷则独善其身"，也即是说"穷"表现为不够完满的修为和学养，这样就只能满足自我管理和自我实现的最低标准需要。想要到达高一级的自我管理和自我修为的标准，只有坚持更加严格的管理和更高标准的训练，这样才能成功地实现优秀的"修身养性"，才能为后续的"齐家、治国、平天下"等宏伟事业和人生目标打下坚实的基础。二是人的社会管理。在实现优秀"修身养性"的基础上，才能去实现"达者兼济天下"，也就是"治国、平天下"等"立言、立功"等社会服务、社会贡献和社会管理等。这些也是高标准的要求。在此实现过程中，社会管理中的"人和"成为实现"治国、平天下"和"立言、立功"等社会贡献的重要条件。在现代警察制度文化建设中，要注重发挥人自我管理的主观能动性，充分激发出民警个体的工作潜能，要注重营造和谐的组织氛围，让民警能够全身心地投入到工作中去，构建以人为本、和谐发展的新时期警察制度文化。

## 五、我国传统文化与良好警察形象建设

我国传统文化中的英雄主义情结等思想文化，对现代警察行为文化的建设尤有借鉴意义。警察职业属性决定了警察要疾恶如仇、要除暴安良、要匡扶正义，这一系列完美形象的呈现均可以顺利地在传统文化思想中找到注脚。从历史来看，中华民族在保家卫国中，在维护国际家统一和民族团结过程中，无一例外地一次又一次勇敢战斗、舍生取义，这是我们的优良传统，也是民族文化的内在要求。在当今社会，警务工作也充满了凶险和挑战，人民警察也要面对很多的风险与挑战，面对邪恶力量时要力扛正义的大旗勇敢斗争，很多时候还要经受生与死和血与火的考验，这些都需要我们的警察具备正义威猛、威武不屈的优良品格和良好形象。

我国传统文化与良好警察形象建设主要从以下三个方面来进行。一是将传统文化中的正义和除暴安良思想内化到警察思想之中。通过历史人物和优秀文化的感召，提升警察的认知，激发警察的感情，锤炼警察的意志，外化为警察的正义行为，打造新时代警察的完美人格和良好形象。二是打造能够凸显警察良好形象的物质文化。设计严肃的警察服饰、徽章和标志，建设整洁的办公场所，穿戴整齐的警务着装等。另外，还要建设警察功勋录、警察荣誉室，建设警务档案馆、警察博物馆等警察专属的物质文化设施，利于优秀警察形象、战斗精神和警察优良传统代代相传。三是打造能够凸显警察良好形象的行为文化。平日注意言语、动作、接处警等规范化的警察行为管理，常态化举行入警仪式、着装仪式，定期

举行警务训练和竞赛，庆典时节举行阅警仪式等。另外，还要在特殊时刻、特别场合凸显警察的庄严和神圣，如在升挂国旗、奏唱国歌、授装仪式、授枪仪式中庄重严肃，程序规范，使人民警察的良好形象得到强化。

改革开放40年来，中国步入了经济高度发展、成就较为突出的新时代。伴随着经济生活、经济关系、社会生活和社会关系的各种新变化，现代警务工作也出现了新的形势和新的变化，这就要求我们的警务工作要紧随经济发展和经济全球化的时代步伐，紧贴时代的要求和人们的需要，在继承传统行之有效方式和方法的基础上，创新警务工作。这种继承就包括对我国优秀传统文化的继承和发展，特别是在警察文化建设领域，我们可以找寻传统文化中的优秀思想为现代警务工作所用，为现代警察文化建设所用。具体来说，警察文化建设，就是要探寻继承和创新当前警察文化的发展路径，传承我们民族优秀的传统文化和思想，全面建设现代警察的管理文化、精神文化、物质文化、制度文化和行为文化等方面。这就要求我们去挖掘传统文化精粹，传承文化优秀遗产，发展文化优良传统，融入现代警察文化的建设之中。现代警察文化的全面建设，也为我们建设一支政治保障有力、管理高效有序、警察形象良好、业务工作精通、行为作风优良、执法严明公正的新时代警察队伍提供了重要保障。

## 第四节　文化自信：警察文化成熟的标志

文化是一个国家、一个民族的灵魂。党的十九大报告指出，要坚定文化自信，推动社会主义文化繁荣兴盛，明确要求要培育和践行社会主义核心价值观、加强思想道德建设。我们要立足当代中国国情，结合当今时代条件，激发我们的文化创新创造活力，发展面向现代化、面向世界、面向未来的，民族的科学的大众的社会主义文化。就警察文化而言，在新时代要创新和发展警察文化，要有新气象和新作为，要培育和践行人民警察核心价值观，要加强人民警察职业道德建设，要积极开展丰富多彩的警营文化，要善用新媒体塑造良好警察形象。

### 一、要积极践行人民警察核心价值观

人民警察核心价值观是为实现党和人民赋予公安机关的职责和使命而提炼出来的，被全体民警共同认可、普遍遵循、自觉践行的主导价值观念和价值追求。

它来源于民警的工作实践，又指导民警的行动，在警务实践中具备传承借鉴意义的精神内涵。2012 年 3 月，公安部印发了《公安部关于印发〈关于在全国公安机关深入开展人民警察核心价值观教育实践活动的意见〉的通知》，要求在全国公安机关深入开展“忠诚、为民、公正、廉洁”人民警察核心价值观教育实践活动。

人民警察核心价值观为“忠诚、为民、公正、廉洁”四个方面，这是人民警察核心价值观的核心理念和根本宗旨。一是忠诚。忠诚是人民警察核心价值观的灵魂，是警察对事业的追求、对职业恪守的行为标准。人民警察的入警誓词为“我志愿成为一名中华人民共和国人民警察。我保证忠于中国共产党，忠于祖国，忠于人民，忠于法律”。这四个“忠于”就要求人民警察要履行好职责任务，第一位就是要保持忠诚的政治本色，自觉做中国特色社会主义事业的坚强捍卫者。二是为民。为民是人民警察核心价值观的根本。要时刻牢记并忠实履行“全心全意为人民服务”的宗旨，带着对人民群众的深厚情谊去服务、去执法。人民警察顾名思义，人民才是主人，警察是为人民服务的。《中华人民共和国人民警察法》第三条明确规定：人民警察必须依靠人民的支持，保持同人民的密切联系，倾听人民的意见和建议，接受人民的监督，维护人民的利益，全心全意为人民服务。唯物史观告诉我们，人民是历史的创造者，群众是真正的英雄，人民群众是我们力量的源泉。要时刻牢记警察核心价值观，坚持人民至上，忠于人民，做人民的卫士。长期以来，人民警察为群众诚心诚意办实事，尽心竭力解难事，坚持不懈做好事，警民关系不断得到巩固和加强。“人民公安为人民，人民公安人民爱”就是警民鱼水情的生动写照。三是公正。公正是人民警察核心价值观的保障。要坚持实事求是，做到严格、公正、文明执法，坚决维护公民的合法权益，维护社会的公平正义。公正价值观不但要追求警察制度本身的公平正义，而且更重要的是实现警察制度在实施过程中的公正。人民警察在执法过程中，坚持调查研究、实事求是，做到严格、公正、文明执法，不偏不倚，不枉不纵，坚决维护人民群众的整体利益和人民群众的合法权益，维护社会公平正义。秉公执法是公安工作的生命线，也是公安机关和公安民警基本的履职要求。四是廉洁。廉洁是人民警察核心价值观的防线。孔子曰：“其身正，不令而行；其身不正，虽令不从。”在开放、透明、信息化的条件下，警察的执法活动越来越成为社会各界和新闻媒体关注的焦点，人民警察肩负着打击和防范犯罪、保障公民权利、维护社会治安秩序的重任，廉洁公正执法显得格外重要。人民警察要坚定理想和信念，正确认识和使用权力，做到廉洁自律、作风正派。要永葆廉政之心，面对各种考验，坚定意志、坚守防线，树立起公安机关的良好形象。

## 二、要加强人民警察职业道德建设

2011 年 9 月公安部修订印发《公安机关人民警察职业道德规范》，内容由 10 条组成，包含了警察这个职业所应具备的政治要求、职业品质、纪律作风三大方面。一是忠诚可靠：听党指挥，热爱人民，忠于法律。二是秉公执法：事实为据，秉持公正，惩恶扬善。三是英勇善战：坚韧不拔，机智果敢，崇尚荣誉。四是热诚服务：情系民生，服务社会，热情周到。五是文明理性：理性平和，文明礼貌，诚信友善。六是严守纪律：遵章守纪，保守秘密，令行禁止。七是爱岗敬业：恪尽职守，勤学善思，精益求精。八是甘于奉献：任劳任怨，顾全大局，献身使命。九是清正廉洁：艰苦朴素，情趣健康，克己奉公。十是团结协作：精诚合作，勇于担当，积极向上。基于以上要求，人民警察应该做到：热爱社会主义祖国，热爱党，坚定地站在人民利益的立场上，敢于同危害人民利益的各种违法犯罪分子进行坚决的斗争；实事求是，一切从实际出发，重视调查研究，忠于事实真相，忠于法律；积极倾听群众意见，接受群众监督，不拉关系，不谋私利，不徇私枉法；坚持法律面前人人平等的原则，刚正不阿，秉公执法。以身作则，带头守法，严格要求自己，模范遵守社会公德。强化人民警察责任意识、规则意识、奉献意识。

## 三、要开展丰富多彩的警营文化

警营文化是警察职业发展过程中，在警察群体中形成的，带有警察独特风格的文学艺术、文明礼仪、思维方式、价值观念、行为准则、道德规范、评价体系、工作理念、文化环境等综合体现。警营文化是警察队伍走向人文管理的深化。它以尊重人、理解人、关心人、信任人、教育人为基本原则，主张通过必要的组织、规章制度等手段对人实行硬性的管理外，同时更要采取启发、诱导、对话与示范等方法对人进行软性管理，以充分调动民警的积极性和创造性，培养民警共同的责任感、使命感、荣誉感和主体意识、形象意识，增强警察组织的向心力、凝聚力。警营文化建设工作是提升民警综合素质的有效途径和有力保障。通过广泛开展文化建设，力争提高广大民警的综合素质，造就一批优秀的公安民警，从而提高整个队伍的战斗力。

一是提高队伍素质。“观乎人文，以化成天下。”文化的作用就是滋养人的精神，提高人的素质。蕴含先进文化思想的文化生活，能够“随风潜入夜，润物细无声”，于潜移默化之中激励人、鼓舞人、塑造人。公安文化的核心是民警的价值观，它以一套自成体系的价值观念和规范标准，引导广大民警树立正确的世界观和人生观、价值观，并通过强烈的文化舆论氛围，使民警产生一种自我心理约束和自我行为控制，从而使精神转化为物质，释放出巨大的能量。二是加强民警素质建设。警察素质是从事警务工作的警察所应具备的政治思想、业务能力、文化水平、警务技能以及心理素质、纪律作风、身体状况等，是公安文化建设的关键因素。要围绕“忠于党、忠于祖国、忠于人民、忠于法律”为内容的政治要求，强化思想道德教育，构建先进公安文化，满足民警精神文化新需求，不断提高科学文化素质，陶冶民警的思想情操，从而实现民警的自我完善和自我发展。三是增强民警的进取精神。加强营区警队的警营文化建设，积极丰富文化活动，用文化潜移默化的作用，坚定思想信念，培养健康情趣，陶冶高尚情操，能够有效地培养全体民警的强烈进取向上精神，在警察队伍中树立团结、紧张、严肃、活泼的舆论风气，激发民警献身公安事业的热情和建功立业的事业心，使整个队伍产生强大的向心力和凝聚力，并将这种力量转化为工作力，从而推动整个警察管理工作再上一个新的台阶。

## 四、要善用新媒体塑造良好警察形象

要善用新媒体树立先进典型。加大先进典型的培育和推广力度，大力弘扬良好警察形象。要以身边涌现的先进典型人物为标杆，大力宣传优秀代表。同时要大力表彰、宣传那些在平凡的岗位作出优秀业绩的民警和英雄模范。把民警认可的优秀人物推到台前，全体民警要自觉地向他们学习，振奋民警精神，激励民警奋发向上。要把典型作为重要工程来抓，建立典型培养机制、宣传机制、从优机制，形成规模效应。

要善用新媒体大力宣传良好警察形象。公安微博粉丝众多，要积极发挥公安微博的集聚或明星效应，以知名警务学者、优秀警察为骨干组建各种类型的公安微博。我们要积极梳理和发掘警方良性资源，为一些政治素养高、社会影响力、业务能力强的警务专家、学者打造微博；为一些社会形象好、社会贡献大的人民满意的全国优秀人民警察打造微博，并积极支持他们的微博向“知名微博”发展。在公安微博中积极对优秀模范警察进行典型宣传，增强公安微博的吸引力和影响力。首先要根据时代特点和社会发展变化，大力宣传在打黑除恶、严打整治、抢险救灾、维护社会治安稳定工作中不畏艰苦、无私奉献的优秀警察；其次大力宣传在警务工作实践中亲民爱民、执法为民、甘当公仆的人们满意度高的优秀警察；最后还要大力宣传人民警察的全方位、立体化、多角色的工作和生活形象，通过这些典型宣传接近和亲近民众，达到让民众了解警察的目的，进而在全社会树立良好的警察形象。

要善用新媒体积极营造良性警民关系。微博舆论的显著特点是高度分散、错综复复、变化多端，所以在舆论导向上具有一定的弹性空间，这就要求公安微博积极扮演好引导微博舆论传播的新角色。要建立凸显警察形象和警务工作特点的微博网站。要纳入主题轻松活泼和议题时尚新颖的微博内容，增强对微博人群和潜在微博人群的吸引力和凝聚力，以吸纳对警务工作有所关注的人群，并产生介绍其社交圈内人群加入的连带效应，增强公安微博在良性警民关系构建中的影响力。公安微博是推进警民关系的重要一环，微博的出现拓展了民众介入公共领域的范围。警方作为社会公共事务的重要一员要深入研究如何利用好“公安微博”这个平台，使得人民群众更方便、更快速、更清晰地参与和接受警务信息；公安机关要转化职能、转化思想，在和人民群众紧密相连的警务工作政策的制定、公布、实施等环节的每一步都引导广大民众参与。警方是公安微博的主体，警方的政治素养和业务能力直接关系着公安微博的质量和前途。公安微博是我国当前警务改革的一个组成部分，也是新媒体时代警民关系连接的新阵地，是社会生活发展进步的重要一环。

# 第一编

# 警察基础文化

# 第一章　警察基础文化与人才培养

在新的时代背景和社会要求下，文化素质教育已然成为培养现代警务人才的重要组成部分。文化素质教育的核心是通过文化知识的传授、社会实践活动（见习、实习或安保执勤等）的参与以及环境氛围的营造来教育和熏陶学生，让学生在耳濡目染和潜移默化中内化自我，从而树立正确的价值取向，提升精神境界并塑造健全人格。在一系列的文化教育中，基础文化的教育功能不容忽视，在一定程度上甚至可以起到至关重要的作用。

## 第一节　警察基础文化的内涵与分类

### 一、警察基础文化内涵认知

在探究警察基础文化内涵之前，首先要先明白文化以及警察文化的含义，以便更好地理解和阐释警察基础文化对育警的作用。文化是一种社会现象，很难一言以蔽之。从广义上来说，文化是指人类在社会历史发展进程中所创造的物质财富和精神财富的总和；从狭义上讲，文化是社会的意识形态。具体到中国文化，其五千年之文化历史可谓源远流长，辉煌灿烂。中国文化门类繁多，博大精深，内容涉及政治、经济、宗法、礼俗、律法、典章、天文、人文、科技、历法、历史、地理、哲学、宗教、语言学、书法、绘画、体育等方方面面，触及生活的各个角落。中华文明在五千多年的历史长河中，虽经历了数不清的浩劫灾难，但却因其本身所蕴含着的巨大的民族精神和坚忍不拔的意志品质，而在人类发展历史中披荆斩棘，奋勇前行，不但没有像其他古文明那样衰落甚至灭亡，而且至今焕发出更加蓬勃的生机，为人类文明发展史做出了不可磨灭的巨大的贡献。在浩如烟海的文化长河里，基础文化占据着不可替代的地位。我们所说的基础文化知识，顾名思义，是指一个人在成长过程中所必须了解和掌握的基本知识，通常包括我们从小开始接触并逐步加深学习的语文、数学、物理、化学、生物、地理、历史等知识。到了大学，还有马克思主义哲学、法律、行政管理、公文写作等。

作为一名中国人，作为一名预备警官和人民警察，必须对本国文化之起源、发展有一个清晰完整的了解并掌握基础的文化，不断提高文化素养，实现政治素质、精神内涵、价值观念、业务技能和身心健康等方面的综合发展和全面提高，成为适应当代公安事业发展需要的高素质的人才。只有准确地了解过去，才能客观地认清现在，从而才能自信地展望未来并在将来的工作生活中始终如一，坚守信仰，牢记宗旨，忠诚履行警察职责，全心全意地为人民服务。

警察文化，简言之，就是警察这一社会群体的生存生活方式。根据文化的含义理解，警察文化应该具有两个方面的内容：一方面它是所有人民警察在工作、学习和生活中所创造的物质成果和精神成果的总和，另一方面它又是整个社会对人民警察生活和工作的关注和反映。具体来说，其内涵可分为四个层次：一是警察在长期的社会实践中形成的价值观、理想人格、法治意识、思维方式、道德情感、艺术修养、业务技术、警体素质等所构成的精神文化；二是以人民警察法为中心的法规、管理规范等制度文化；三是警察装备、设施所体现出来的具有文化品味价值的物质文化；四是警察在日常工作、学习和生活中所从事的艺术、文学等通常具备警营特色的文化事业或产业。在此四个层次的内涵中，人们通常关注的是第一层次的精神文化。

就现代警察精神文化来说，大致可分为八个方面：1. 价值观。这是警察精神文化的核心，它与一定时期警察群体所秉持的共同的理想、信念密切相关，主要解决的是人生目的和价值取向问题。在今天，切实担负起巩固中国共产党领导地位，维护社会和谐稳定，保障人民群众安居乐业是人民警察义不容辞的光荣职责和神圣使命。用一句众所周知的话来说，人民警察是一支特别能吃苦、特别能战斗、勇于担当、甘于奉献的队伍。他们的付出切切实实地提升了人民群众的安全感和满意度。2. 理想人格。多少热血青年抱着对警察事业的热爱以及忠诚加入警察队伍，并在艰苦的岗位上无私奉献而无怨无悔。新的历史条件下，虽然面临着多方面的压力，付出与获得可能不成比例，工作中经常遭遇诸多的非议、误解、诘难甚至流血牺牲、付出生命的代价，但无数的公安民警还是义无反顾，道义在肩，无怨无悔。在他们的心目中“怕死就不当公安，为私就不搞公安”这十四个字就是对人民警察这一具有鲜明职业特征的理想人格的高度概括。许多优秀人民警察身上所表现的以英勇无畏、坚韧不拔为特点的人格力量不是常人可以比拟的。3. 法治意识。法律也是一种文化，这已成为人们的共识。对于警察来说，宪法、人民警察法等法律赋予警察神圣职责和权力，就是要求警察能够忠于法律，严格依法办事、执法为民，因而他们必须具有更强更自觉的法治意识，在是非面前经得起情与法、钱与法、权与法的考验，不论处于什么岗位、办什么事情，都不为金钱、私情所惑，以实际行动维护法律的尊严，维护社会的公平和正义，维护人民群众的根本利益。4. 思维方式。由于职业的影响，警察传统的思维方式以直觉思维为主，如在侦查中的摄象、意象、思象、创象等都含有直觉思维，但在实践中直觉的形象思维和逻辑推理的抽象思维往往交叉使用，二者有机结合才更见成效。如今现代警察的主要角色已由“专政者”向“服务者”转变，与之相应的是现代警察工作也更加多元化和人性化。这一观念的变化，体现了一种开放、创造性的思维方式，特别是面对复杂环境中发生的意料不到的事件和问题，更需要发挥创造性思维的作用。5. 情感心理。这个问题已经越来越突出，是应该引起社会和相关部门重视的话题。警察因长期超负荷工作而使自己积劳成疾、未老先衰甚至英年早逝的例子已屡屡出现。因特殊的职业需要而无法照顾家庭、家人而歉疚不安；经常接触阴暗面，社会不正之风的蔓延也时时在冲击着他们的心理防线，导致他们出现困惑、焦虑、烦躁，甚至心理失衡。但在敌情、案情、灾情、险情面前，他们却以难以言说的毅力和无私忘我的英雄行为，战胜了种种情感和心理压力，令人感佩。6. 审美情趣。人民警察群体在一切活动中表现出了强烈的爱国主义、英雄主义、集体主义精神；全心全意为人民服务、忠诚奉献的精神；坚韧不屈、顽强勇敢、不畏牺牲的精神；以及匡扶正义、除暴安良、刚直不阿的优秀品格。他们身上所体现出的豪爽大气、正直坦诚、热情友好、勇于献身等气质，正是警察特有的与职业相关的审美情趣的直接产物，这种精神实质与有中国特色的社会主义文化的精神实质也是一脉相通的。因而，作为现代警察，要重视和加强艺术修养，不断提高分辨是非、善恶、美丑的能力和水平。高尚的审美情趣有助于形成良好的行为方式和作风。7. 业务技术。这是警察履行职责的必备条件和手段。尤其是随着科学技术的发展，智能化犯罪活动越来越猖獗，犯罪分子越来越狡猾。如何始终做到“魔高一尺，道高一丈”，掌握和运用先进的科学技术在警务活动中显得越来越重要。8. 警体素质。过去我们认为警体就是简单的身体运动，较少论及它的文化属性。其实，体育活动是人的创造性行为，是满足人的生存需要和精神需要的文化活动。从文化方面看，体育又是文化内涵的生动体现。通过体育，不仅能强健体魄，而且对心理品质的培养和构建以及磨砺意志也会产生积极的影响，还能培育现代竞争意识，塑造更好的个性品质，从而提高民警的整体素质。

警察文化在精神层面的表现主要归结为上述八个方面，就这八个方面来说，归根结底还是集中反映在世界观、人生观、价值观这“三观”上，“三观”决定着人民警察的思维方式、价值取向和理想人格，支配着人民警察的思想境界、道德情操和行为准则。

警察基础文化自然不是无源之水、无本之木，也不可能脱离其他文化而独立存在，其必然植根于中国传统文化之中，又具有一定的特性并为警察素质的培养服务。那些具有普遍性的基础文化以及具有警察特色的基础文化为警察掌握后对警察人才的培养具有至关重要的作用。随着经济的发展和社会的进步，随着人民民主意识的增强和法律觉悟的提高，现代社会对警察的要求也随之提高。“任何人都能干”的简单粗暴的处理问题方式已经远远不能满足现实社会的需要。时代的进步需要高素质的人民警察。人民警察的形象塑造、素质提高和队伍建设显得越来越重要和迫切。综合素质不是凭空而来的，也不是短期的实训就可以一蹴而就的。它需要基础文化的浸润和熏陶，需要在基础文化的氛围中去启迪心智，坚强意志，增强能力。但基于警察工作的特殊性，绝大部分警察不太可能花费大量的时间来从事学术研究，不过，其可以广泛涉猎相关知识，力求成为“杂家”，也就是要一专多能，这就需要警察掌握基础文化知识，为提高多方面的素质打下坚实的文化基础。这也是今天公安机关努力打造“学习型”队伍的原因所在。忽视学习、不会学习甚至从不学习是不利于个人素质的提高和集体事业的发展的，也就适应不了社会的需求。得天时地利人和之势，当下中华民族正在经历一个飞速发展的黄金时期，如何在全球化席卷世界的现实之下保持中国独特的发展路数，对今天的中国来说就显得尤为重要。那么，在国际风云变幻、国内矛盾交叠的时代背景下，如何巩固党的执政地位、维护国家的长治久安和人民的安居乐业，警察将无疑起到举足轻重的作用。

## 二、警察基础文化门类探究

### （一）通修类

作为高等教育的重要组成部分，公安教育毫无疑问要遵循普通高等教育的基本规律，同时，基于本身的特殊性，公安教育又要研究和探索公安人才培养和成长的规律，不断探究和总结公安高等教育自身的特殊规律。作为普通高校的一个组成部分，公安院校的学生也必然要接受通修课程的学习，也就是上面所说的具有普遍性的基础文化知识，如马克思主义基本原理概论、马克思主义哲学、马克思主义政治经济学、毛泽东思想和中国特色社会主义理论体系概论、大学生思想修养、大学英语、大学语文、逻辑学、高等数学、计算机文化基础、体育（公安院校一般称为体能）、法律等。

当前，由于公安工作面临的形势不断变化，公安人才的培养也面临新的挑战，在校学生学习的内容也在不断进行调整和改革。现在，公安机关有越来越重视实际工作能力的倾向。但在校学习期间，学生上课的总课时基本上是一定的，实践实训课时如果有所增加，必然冲击理论课的时间，首当其冲的就是基础课，其结果必然是有些基础理论的课时有所缩减甚至大幅下降。面对这种状况，我们认为还是要进一步地科学论证，要通过不断地摸索来找到更为科学合理的方式，不能急功近利，急于求成。过于重视基础和理论容易造成动手能力差，与实践脱节，但如果过于强调实践而忽略、削减甚至取消基础文化知识和理论的学习，则不利于学生的综合培养和长远发展，是舍本逐末、得不偿失。一旦错过良好的学习基础文化的机会则很难弥补，而实训技能则可以短期内得以提高。

### （二）专业类

除了普遍性的基础文化知识，作为预备警官，还必然要学习公安业务知识。但因为警种的不同，学生所选择的专业也不同。“大公安”中的一些基础课程是必须学习的，如犯罪学，刑法学等。具体到不同的专业，除了在学习公安学基础理论和相关法律知识等通修的公安课程之外，还要学习不同的专业知识，如治安学专业的课程有《治安管理学》《治安秩序管理》《社区警务》等。侦查学专业的课程有《侦查学原理》《痕迹检验学》《法医学》等。公安管理学专业课程有《行政管理学》《警务信息化及应用》等，刑事科学技术专业课程有《证据法学》

《文件检验学》等。当前，公安工作正面临着重大的改革，公安院校学生的入警就业也从2016年开始实行全国统考，其中一项考察内容就是公安业务知识，涉及公安专业知识面非常广泛，需要公安院校的学生全面了解和熟悉掌握相关的业务知识。

### （三）心理学

公安院校开设心理学课程，且为必修课程，这里之所以专门提出来论述，是因为在当今的背景下，心理学对在校学生，尤其是公安院校的学生来说尤为重要，对于学生的身心健康以及将来的工作具有更大的作用，这也是强调其在公安工作中的特殊重要性。

在一个人的成长过程中，大学阶段无疑是非常关键的时期。在社会发展迅速，竞争压力日益增大的当下，不少大学生出现了或多或少的心理问题。开展心理健康教育，及时对大学生进行正确的心理指导，则有助于他们准确地认识自我、发展自我和进一步完善自我，有利于他们强化心理素质，提高抗挫能力，从而促进身心全面健康发展。不断重视和加强大学生心理素质和健康教育，是教育改革发展创新的时代之需，更是大学生健康成长的迫切之要。高等院校心理素质教育和培养所关注的不仅仅是学生的心理健康，更关注学生自我评价、情绪管理、挫折承受、个性发展、学科学习、人际交往、婚恋态度、潜能开发、适应发展等非常实际的大学生成长的课题。掌握好心理学，可以在未来的工作中提供帮助，同时也是自我调适和自我保健的需要。此外，帮助学生树立明确的学习目标，磨砺坚定的意志品质，培养浓厚的学习兴趣，充分激发他们的主观能动性，进一步挖掘学习潜力，也是心理健康教育的主要任务。

相比较普通高校的大学生来说，加强针对公安院校的大学生心理健康教育的任务更加重要，也更为艰巨。因为身份的特殊性决定他们既有一般大学生的心理特点，又有公安院校大学生的独特性。警察所从事工作的特殊性决定了警察的身心健康更为重要。他们每天面对不法分子和社会的阴暗面，长期超负荷地工作，再加上来自方方面面的巨大的身心压力，如果心理素质不过硬，不能适时地调整自身的身心状态，则很容易出现问题，从而给个人、家庭、集体带来很大的消极影响。这样的案例已不止一次出现，值得相关部门以及警察自身的重视、警惕，并要想方设法调节自己的身心，避免类似的悲剧重演，切实保障警察的家庭幸福，促进社会的稳定与和谐。

心理健康的首要标准就是认识自我、接纳自我，能体验到自己存在的价值，开朗乐观自信。这样的人才能用信任、友爱、宽容、尊重的态度与人相处，能分享、接受、给予爱和友谊，能与他人同心协力。为引导大学生关注自身的心理健康，2004 年教育部、团中央和全国学联办公室向全国大学生发出倡议，把每年的5 月 25 日（取谐音“我爱我”）确定为全国大学生心理健康日，健康日的意思是爱自己才能更好地关爱他人，关爱社会，让社会充满阳光。

相当长的时间里，由于传统观念的束缚，人们多重视识身体的疾病，对于心理疾病大多比较忽略甚至忌讳。人们通常认为一个人只要能吃能喝就是健康。然而根据实际调查得出的结论表明，心理压力疾病已逐渐成为生命杀手。根据世界卫生组织的统计，全球完全没有心理疾病的人口比率只有 9.5%。

科学研究表明，平时的言行举止也直接决定人们的心理，肢体语言是心理状态的外显，与心理的状态密不可分。如手指摩擦手心，为焦虑；而咬指甲，则是缺乏安全感；手插口袋，眼睛左顾右盼，不敢直视对方，表示紧张害怕，对自己没有信心；抿嘴唇、挠头，表示窘迫紧张，不知所措；眼睛向上看，为迟疑；嘴微张，眼睁大，表示对方错愕；而向一边撇嘴则表示不屑；在耳朵部位搔痒或轻揉，说明对方不想再听你说下去；用手指轻轻触摸脖子，说明对方对你说的持怀疑或不同意态度；把手放在脑袋后边，说明对方有意辩论；用手挡住嘴或稍稍触及嘴唇或鼻子，说明对方想掩藏内心的真实想法；轻轻抚摸下巴，说明对方在考虑做决定……作为警察，掌握这些肢体语言，可以及时洞察对方的心理状态，在将来讯问等工作中发挥积极的作用。

那么反过来，警察自身在工作中如何不断强大内心，提高心理素质，以便更好地应付各种复杂的情况？事实证明，保持抬头挺胸，会有助于增强自信，调整情绪，让心情变得更好，所以公安院校的警务化管理和日常的训练有利于培养学生这样的气质。公安院校强调学生的礼节礼貌，日常生活中得到别人帮助时，要求挂在嘴边的“谢谢你”，会使人心怀感恩，逐渐变得懂礼貌、有教养，长此以往，对自己身心的健康发展，也大有裨益。生活态度积极向上，处处心怀感激的人，除了有更高的幸福感、更加健康的身体，与人相处的也更加融洽。感恩的心态，使他们有着积极乐观的生活态度，面对压力与困难时也能平稳度过。

人际关系的好坏也是警察工作中的一项重要内容，建立和维持良好的人际关系有利于身心健康。从心理学上来说，遵从如下原则，有利于人际关系的改善：1. 保留意见，避免争执。在遇到不同意见时，最好保持冷静，凡事争个面红耳赤，分出输赢，以图在气势上压倒别人，既有失涵养，也有损人际，最终只会两败俱伤。2. 认识自己，准确定位。要清楚地了解自己的优势和不足，不妄自菲薄，盲目自卑，也不目中无人，自负张扬，要学会低调做人，自律克制。3. 调整自我，适应环境。在不同的环境中要快速适应，主动改变自己，维护好同事关系，不能怨天尤人，更不能挑拨是非，制造事端。4. 相互尊重，取长补短。尺有所短，寸有所长，“三人行必有我师”。和朋友相处，要能看到对方的长处，谦虚谨慎，把朋友当教师，认真学习别人的长处，不断提高自身的综合素质。5. 避免啰嗦，言简意赅。和朋友交流中，要努力做到说话清楚明白，不要啰里啰嗦，简洁使人愉快，啰嗦让人厌烦。6. 谦虚谨慎，低调自持。不论什么时候，都不要炫耀自己，不要自以为是，那种自我显摆的“炫富”等行为会使人更看轻你。7. 积极乐观，绝不抱怨。学会适应环境，改变自己，在困难挫折面前坚强乐观，不要动不动牢骚满腹，整天愤愤不平的“愤青”言行只会使你丧失信誉，令人厌烦。8. 诚实守信，言出必践。“言而无信，不知其可也”，在今天更是要求人们要做个言而有信之人，那种假话、空话、大话连篇，满嘴跑火车的人非常让人看不起。9. 目光远大，广交益友。这是一个多元的社会，身处其中，很难做到“不问世事”，也很难“独善其身”，所以要学会多交朋友。当然这里要指出的是，“人以群分，物以类聚”，交朋友也要学会选择，不能良莠不分，否则，只会给自己带来麻烦和伤害。

### （四）运动常识

在现代社会，由于交通方式变化，工作任务繁重，生活压力增大以及其他因素的影响，人们的运动时间变少，体能下降，身体的素质整体呈现弱化趋势，“过劳死”已成为威胁人们健康甚至生命的“杀手”之一。这种情况已经引起社会的关注，越来越多的人也开始重新重视健康，逐渐加强身体锻炼。作为警察，其工作的性质和在人们心中的印象决定警察必具备良好的身体素质，从而增加威慑力和安全感。而了解掌握一定的运动基本常识可以让自己在繁忙沉重的工作之余，见缝插针地锻炼身体，增强身体素质，并做到劳逸结合，张弛有度，提高工作效能，也为家庭和社会减少压力。另外，在平时的工作中如在接处警中，见到群众受伤或者犯罪嫌疑人通过自残想逃避法律惩罚等，只要不是必须专业人员到场处理的情况，则可以进行及时处理，提供力所能及的帮助，这样也就可以减少群众的痛苦，降低因延误带来的伤害甚至避免可能发生的危险。除此之外，通过运动塑造强健的体魄，也有利于改善警察形象，增进警民关系。但现实是绝大部分警察由于工作强度大，整天马不停蹄，奔波忙碌，每当休息时连觉都不够睡，更别提锻炼了。还有的警察没有养成好的运动习惯或不了解基本的运动常识，不知道如何去运动健身。有为数不少的警察常年疏于锻炼，身材臃肿，大腹便便，行动不便，身体素质不容乐观，近年来因积劳成疾，甚至牺牲在工作岗位上的新闻屡见报端，让人扼腕痛惜之余也更加思考科学运动、增强身体素质的重要性、必要性和紧迫性。

那么，要掌握哪些基本的运动常识呢？

1. 剧烈运动时和运动后不可大量饮水

大部分人认为，多喝水对身体有好处。但实际上喝水也是有讲究的。尤其在剧烈运动时，体内盐分随大量的汗液排出体外，这时如饮水过急过多就会使血液的渗透压降低，破坏体内水盐代谢平衡，影响人体正常生理功能，甚至还会发生肌肉痉挛现象。这是由于运动时，需要增加心跳、呼吸的频率来增加血液和氧气，以满足运动需要。而大量饮水会使胃部膨胀充盈，妨碍膈肌活动，影响呼吸；血液的循环流量增加，加重了心脏负担，不仅不利于运动，还会伤害心脏。此外，大量饮水会使胃酸浓度降低，影响食物消化。长期大量运动后饮水容易得胃病。

2. 进餐后不宜运动

常言道："饭后百步走，活到九十九。"其实这种说法并不科学。因为人体进食后，往往需要较多的血液流到胃肠道来帮助食物消化与养分吸收，如果这时参加运动尤其是剧烈运动就会造成血液流向四肢，从而妨碍胃肠的消化，久而久之，就会导致疾病（常见的如盲肠炎），起到了伤害健康的适得其反的效果。对于体弱者，进餐后血压还会降低，也就是餐后低血压，外出活动容易跌倒，发生危险。较为科学的方式是饭后半小时后再进行适量适度的运动。

3. 在不适当的地点运动会带来伤害

由于运动的基本功能是通过呼吸从外界摄入大量新鲜氧气，以满足健康的需求，故运动前一定要选择好地点，以平坦开阔，空气新鲜的公园、河滩、体育场等处最佳。近年来，由于环境的严重污染，雾霾日渐增多，而很多人由于居住地以及上班时间的限制，或者自身习惯的不同，他们往往在早晨雾气重时或在晚饭后去锻炼，这些做法都是对身体有害无益的。科学研究表明，通常在下午五六点的时间段运动较好，因为一天下来这个时候身体的各个部位都处于比较灵活的状态，此时运动不易受伤并且效果很好。而晚上，尤其是九点以后则不提倡大运动量的锻炼。

4. 不要在情绪不好的时候运动

运动不仅是身体的锻炼，也是心理的锻炼。当你生气、悲伤时，不要到运动场上去发泄。运动医学专家研究认为：人身体的生理机能受到情绪的直接影响，情绪的变化产生于大脑深部，并会扩散到全身，在心脏及其他器官上留下痕迹，这种痕迹将影响人体机能的健康。这一点，作为警察尤其要引起注意，因为工作经常会带来情绪上的消极。在此心境下去锻炼发泄，容易失控而伤害身心。

5. 选择最佳运动量

选择适合自身需要的运动量非常关键。量不足，起不到锻炼的效果。量过大，则可能事与愿违，带来负面的害处。由于每一个人的实际情况千差万别，安静心率相差15%～30%甚至更多，所以选择最佳运动量应根据自己的年龄、性别、职业特点、体力状况、健康水平、体育基础、生活环境、目的任务等不同情况来决定。为了使大家学会选择最佳运动量的方法，可以参考一些具有典型代表性的方法，通常我们选择最简单的心率测定法（靶心率测定），其计算公式是靶心率＝（220－年龄）×（70%～85%）。例如，20岁的靶心率通常介于140～170次/分钟之间，可以以此作为参考来决定运动量的大小。由于警察平时工作太忙，也许没时间锻炼。有时难得休息，则拼命锻炼，想把平时落下的“补回来”，这种“周末疯狂训练法”很普遍，但也会适得其反。周末锻炼太集中、强度太大，容易带来受伤，另外身体也不易恢复，从而影响下一周的工作状态。

6. 整理运动的好处

整理活动，是指在体育锻炼或运动之后，所采用的一系列放松身体的恢复手段，如按摩等，目的是缓解疲劳，恢复体能，提高运动效果。在运动中，肌肉毛细血管大量张开，肌肉高度紧张，如果激烈运动后立即静止不动，肌肉内奔涌的血液就不能及时流回心脏，肌肉僵硬，疲劳就不易消除。相反，运动后做一些整理活动，可以使一直紧张的肌肉得到一定程度的放松，使运动慢慢缓和下来，或通过按摩挤压肌肉和穴位，就可以使肌肉得到充分的放松和休息。这就是为什么做广播体操到最后时有一个整理运动，也像练习瑜伽或武术时最后的“收势”。

7. 运动后营养的补充与恢复

专业运动员经常是每天都要训练，接近比赛时甚至一天训练两次，参加比赛也经常需要一天连续出赛两三次，包括预赛、预决赛和决赛，如田径和游泳，或是在短短数天中每天连续出赛，如篮球，这时运动后的营养补充就变得非常重要，对于下次练习的成效或是比赛的结果有绝对的影响。对专业的运动员来说，运动后的身体恢复不应该是任其自然，相反应该是主动采取一定的措施，积极地及时补充运动所消耗的营养，以增加能量，为接下来的比赛或训练做好充分的准备。而作为业余爱好者，也同样不能忽视这个问题。否则，很有可能会伤害身体，影响健康。

除了掌握基本的运动常识外，作为警察，还应该掌握急救等基本知识，以便在专业人员到来之前能简单处理，为患者赢得宝贵的时间。

## 三、警察基础文化现状分析

基于公安院校的毕业就业政策规定，学生在毕业前要参加公务员录用考试。2001 年以前，在中央和国家机关招录公务员考试中，公共基础知识一直是公共科目笔试内容之一。2001 年以后中央国家机关公务员录用考试对考试科目和考核内容作了调整，取消了公共基础知识作为独立一科的考试内容，而增加了申论，同时，将公共基础知识的内容压缩作为常识判断在行政职业能力测试中加以考察。如此调整，大大促进了学生对基础知识的学习和掌握。了解公务员测试中对公共基础知识科目的考察要求就可以明白，其主要目的是考察应试人员对公共基础知识的掌握程度以及运用掌握的知识进行分析问题和解决问题的能力，以及履行公务员义务的必备能力和素质。

行政职业能力测试中公共基础知识的具体考试内容包括：

1. 马克思主义哲学原理：对立统一规律及方法意义、辩证思维方法、矛盾问题的精髓、历史唯物主义。

2. 毛泽东思想概论：毛泽东思想基本原理和主要内容、人民民主专政理论、社会主义改造和建设理论。

3. 中国特色社会主义理论体系。

4. 当代中国的政府与政治：中国政府与政治的基本框架、中国的国体与政体之间的关系、公民的权利与义务、政治制度、政府体系、政治关系、政府职能。

5. 国家机关工作人员的职业道德：职业道德与行为规范、职业道德的内涵、职业道德建设的意义和具体职业道德规范等。

6. 法律知识：法学基础理论、宪法、民法、刑法、治安管理处罚法、行政许可法、经济法、行政法及行政诉讼法等。

7. 语文基础知识：常用汉字、词汇、成语、语法修辞、句子选用、文学常识、古诗词鉴赏及应用等

8. 公文写作：公文的要素、功能、分类、特征和要求、常用公文写作要领、公文的处理等。

9. 经济知识和科技知识：宏观经济、微观经济、国际经济、金融经济、产业经济，科学前沿、科技创新、科技常识。

10. 历史知识：中国近现代史和世界现代史。

11. 其他知识：最新的时事政治知识和要点等

2015 年 12 月 8 日，人力资源社会保障部等部门联合印发的《关于公安院校公安专业人才招录培养制度改革的意见》（人社部发〔2015〕106 号），明确要求加强公安院校学生的警务能力培养。坚持以优化学生包括公共科目和公安专业科目的知识结构为抓手，来提高学生的综合素质。

由此可见，国家对警察的基础文化知识要求很高，可以说是囊括了很多方面。但综观公安院校学生基础知识来的掌握情况看，情况不容乐观。首先是态度上就不够重视，课程设置上不是很合理很科学，课时量偏少，在目前公安院校教学向实训倾斜的大趋势下，基础课更是被严重压缩和削减，有些课程甚至有被取消的可能。其次是教学上也流于形式，浅尝辄止，有些教师在教学态度上也不够重视，敷衍应付了事。最后很多学生也不在乎基础知识的积累，认为没有用、学不学都一样。这种急功近利的思想严重影响学生的学习热情和欲望，很多同学都是到毕业前，公务员考试备考期间才临时突击，死记硬背些相关知识去应付考试。考试结束，学习也宣告结束，过不了多久，临时抱佛脚记下的也就基本上忘光了。这些情况严重制约了高素质警用人才的培养，大部分学生毕业后忙于应付日常琐碎工作，渐渐地也就沦为无多少发展潜力和可塑性的人员。基础知识的欠缺，制约了思维的深度和广度，也必然影响个人的发展和进步，进而也影响公安队伍整体素质的提升。

# 第二节 警察基础文化的功能与特点

## 一、警察基础文化功能认知

公安院校的文化素质教育尤其是基础文化对学生开阔视野、增长见识、美化品德、磨炼意志、培养健全人格，浓厚人文情怀等具有非常重要作用，只有重视和加强基础文化素质教育，突出人文精神和职业精神的养成，实现学生的个性发展和综合素质的全面提高，才能培养出具有过硬的政治素质、良好的人文素养、较强的学习能力以及创新精神和实践能力的高素质的警务人才，可以说，基础文化的素质直接决定警察人才的整体素质。

### （一）思想政治教育功能

警察基础文化能够增强政治素质。公安院校的学生毕业后直接面对的是一个处于深刻变革中的复杂的社会，所接触的很多方面都是“负面”的，面临的消极影响和各种诱惑也非常大。而作为一名合格的人民警察必须具备过硬的政治素质、正确的道德观念、强烈的社会责任感以及良好的权力观和法律观。而这些素质的培养都是以文化素质特别是基础文化素质蕴含的人文素质教育为根基的，在这方面，基础文化教育发挥着不可替代的作用。掌握了扎实的基础文化，警察就为进一步提高政治素质打下了坚实的基础。了解中国传统的文化知识，就拥有了不断提高政治素质和政治觉悟的前提。中国传统文化中有数不胜数的为国为民的仁人志士以及强调忠诚奉献，爱国爱家的良言佳句。这些都会让预备警官在潜移默化中强化政治责任感和使命感，增强职业的荣誉感并提高防腐抗变的意识和能力，从而在几十年的从警生涯中保持信仰不动摇。

归根到底，警察基础文化是通过基础文化的熏陶，在无形中陶冶和提升警察的个人修养和整体素质，并且为达到这个目的而创建一个良好适宜的氛围。众所周知，一个人的个体行为、修养和周围的环境有很大的关系。舍弃氛围谈提高素质无疑是不切实际的空谈。只有在适宜的氛围里，文化的潜移默化的巨大作用才能发挥出来。重视警察文化中的基础文化，是警察文化建设中不可缺少的关键环节。

公安院校基础文化活动作为教育活动的有效载体，成为思想政治教育的必要方式和辅助手段。在公安院校，实施基础文化学习的过程，同时也是一个政治思想教育的过程，是一个教育者和受教育者双方共同参与、共同提高的教学相长的过程。基础文化的学习是最简单却又是最具潜能的行为，在学习中，诸如文学、历史、经济等所提供的知识营养会产生强烈的“磁场效应”，使参与者的情感和倡导的主题吻合同一，在此情境下，学生作为参与者成为其中的一分子，在特殊的教育氛围中，往往能够暂时摆脱日常生活的困扰，摆脱对各种具体问题的思考，从而通过活动中的文化符号耳濡目染，透过朗读、背诵、反思、总结多种方式达到兴奋状态，在情感作用下自觉地对教育内容进行探究和领悟，激发乐于奉献的精神，触动追求真善的心灵，唤起对终极目的和神圣事物的意识与激情，获得深刻的情感体验，最终上升到意识高度，在思想情感上得到陶冶和升华。

### （二）价值传承和导向功能

社会的飞速发展，时代的不断进步，国民整体素质的日益提升，都对我们人民警察的各项综合素质提出更高的标准和更严的要求。没有这种较高的综合素质，他们很难和时代相适应。没有先进文化的氛围，警察的整个队伍素质的提高以及和社会适应的水平都将大打折扣。通过对警察基础文化的重视，能够增强警察对本职工作的热爱，抒发他们对警务事业的崇敬之情，揭示他们亲切、热情、疾恶如仇的内心世界，展现他们工作中勇敢无畏的真实、感人事迹，体现他们积极向上的精神风貌。重视和加强警察基础文化，对树立人民警察的良好形象起到积极良好的作用。

无私奉献、终身学习、勇敢智慧、不怕牺牲等所蕴含的政治理念、人生信仰、精神追求、行为方式和理想内涵等，是警察这个行业所特有的，更应该形成以此为中心的警察文化的大的社会氛围。并且，随着警察文化建设的深入开展，正气观念应当深入每一名警察的意识中，影响他们的人生观，改造他们的世界观，使这一职业向着更为积极的方向发展。

公安院校的政治教育通过各种文化符号和身份象征载体的展演将公安院校的办学理念、文化内涵、价值追求、信仰和愿望紧密联系在一起并相互融汇，揭示公安院校的价值体系，不断向参与者表达和传递社会所倡导的崇高价值追求，使参与者的思想在这种价值和意义中得到浸染和升华。借助基础文化活动所营造的精神氛围能充分调动参与者的感知、情感和理智诸方面的能力，因而容易给参与者造成强烈的心理暗示，产生共鸣，并对他们具有明显的价值导向作用，它使个人的理想信念、思维方式、价值追求和行为方式与公安院校的发展趋于一致，将其传递的文化观念内化为个人的自律意识和行为，并合理实现个体角色转化和身份认定，唤起公安院校大学生的社会责任意识，促使他们深切意识到自己对于整个群体的发展、学校发展乃至国家建设和发展的使命，从而把自己的被关注程度和影响力转化为一种重要的力量，形成强烈的感染力和持久的内驱力，增强对公安院校教育目的和社会主义核心价值体系的认同和接受，使公安院校大学生的理想、信仰、行为符合社会主义的发展要求。

## 二、警察基础文化特点探析

警察基础文化作为警察人才培养的基础，具有其鲜明的特征。

警察基础文化应该以积极的态度反映警察现实生活中最美好的追求、风貌和道德情操。警察不仅有自己悠久、辉煌的历史，也有自己独特的文化内涵。作为社会群体中一个特定的组成部分，人民警察也在积极地创造着具有自身特点的“行业文化”，逐渐形成了独具鲜明特色的政治理念、精神内涵、价值取向、人生追求、职业规范和管理模式。警察基础文化所体现的不仅仅是一个概念，它更是一种承传、一种精神、一种活力、一种风貌。以基础文化为载体，培养警察的时代意识和人文素养，是历史对警察提出的新课题、新使命。

在社会主义现代化建设的伟大实践中，人民警察是以特定的职业身份来参与其中的。按社会的职能分工，这是一个特殊的群体，那么其所创造的文化和反映这个特殊群体的文化必然具有更强的特殊性。特别是在和平建设年代，也正是由于这种特殊性，警察文化才独具魅力，引人关注。无论是警察群体实际的工作生活，还是反映警察工作和生活的艺术作品，那种疾恶如仇、正直无私的品格，随时体现在他们的行动中，那种为了人民利益默默奉献甚至不惜流血牺牲的故事几乎每天都在发生。可以说，爱国主义、英雄主义、集体主义精神，不怕流血牺牲的精神，为民奉献的精神在警察队伍中随时会以更加强烈、更加直接的方式表现出来。

鲜明的时代性。唯物主义的历史观认为，历史性就是时代性。文化在具有一定的超越时代的共性的同时，在一定的社会条件下，不同的时代总会有不同的文化产生，也就是说文化也是随着历史的发展而发展的。在历史进程中，人民警察总是站在时代的最前沿，维护着人类的和平与安宁，守卫着社会的良知与正义，所以警察文化必然要打上时代的烙印，更具有鲜明的时代特点，有时甚至成为这个时代社会形势的晴雨表。比如从中华人民共和国六十多年人民警察服装的变化上，就能准确地透视出时代的变迁，以及各个时代的历史风雨。再如关于警察的几部有代表性的影视作品，二十世纪五十年代末的电影《今天我休息》，人民警察于一件件小事中践行着为人民服务的宗旨的形象深入人心；二十世纪八十年代的电视剧《便衣警察》，以独特的视角对“文革”后期及改革之初的公安工作进行了深刻的反思，同时通过塑造逆境中信念不改，追求不变的警察的形象，让人们看到了即将到来的新时代的警察形象，充满了理性的前瞻；九十年代的作品《英雄无悔》和《大雪无痕》等一批优秀作品，无不体现人民警察在打击犯罪、保护人民的同时坚定不移反腐败的新的历史使命。

多元的实用性。在建设社会主义宏伟事业中，文化对社会发展和经济增长的促进和推动作用十分明显。首先，警察基础文化是社会主义先进文化的重要组成部分，为整个社会和全体警察队伍提供了强大的不可缺少的精神食粮和力量支撑，这种支持在为全社会提供丰富的教育人民、鼓舞人民斗志的精神食粮的同时，也使全社会更加关注、关心、理解、支持警察队伍，使警察们从中获得了不竭的精神动力。其次，警察基础文化为警察队伍的建设提供了强大的智力支持。没有文化的队伍是愚蠢的队伍，这样的队伍是无法打胜仗的。时代的发展和斗争形势要求我们，必须尽快建立起一支有较高科学文化素质的警察队伍，使队伍建设跃上一个新台阶，以适应二十一世纪复杂的工作，所以说开发全体警察的智力资源，用先进的科学技术武装警察，加强警察文化建设是行之有效的途径。最后，警察基础文化为新时期警察队伍的思想政治工作搭建了一个新的平台，进入二十一世纪以来，一些基层公安机关的政治工作者大力提倡文化育警，一系列丰富多彩的文化活动寓教于乐，为警察队伍的思想政治工作找到了又一个有效的载体。

## 三、警察基础文化创新发展

警察基础文化总体来说是保持相对固定的，因为长期以来有些内容逐渐成为警察成长的必修课。但随着时代的发展和社会的变化，警察的基础文化也要与时俱进，不断创新，相应地做出一些调整和变化。如马克思主义理论的指导性不容置疑，但在新的历史形势下，也要赋予其新的内涵。警察所学习的政治、经济等知识也要根据需要补充新的内容，而不能抱残守缺，僵化不变。

课程教学是高等学校实施文化素质教育的最主要的途径，而当前国内的众多省属公安院校都是由当初的专科院校升格为本科院校，学院规格上去了，但课程设置上却没有能做到同步“升格”，很多院校的文化素质教育课程体系不完整，课程和课时都偏少，难以满足提高人才综合素质的需要和学生个性化的兴起爱好的需求，课程设置面临着重大调整的问题。另外，作为具有明显职业教育特征的高等院校，公安院校多年来更加注重的是人才专业知识和专业技能的培养，尤其是目前，公安院校的教育经历着重大变革，开始更多地向实战化倾斜，结果就是基础课被大量压缩，带来的后果就是基础文化课程的地位和教学效果大大削弱，学生本来就不够强的基础文化变得更为薄弱。因此，采取切实可行的措施，大力保障文化素质教育的基础地位，构建科学合理的课程体系显得非常迫切和重要。

从人才培养的实际需要出发，根据教育部的有关文件精神，借鉴国内外普通高校的教育经验，结合公安院校的特点，公安院校应该遵循教学规律，进一步拓宽文化素质尤其是基础文化教育的领域，科学合理地构建课程体系，应当保持并尽可能提高基础文化素质课程的比重，注重学科间的联系，着力开发语言、思维、心理、宗教和社会等领域的素质课程，并积极探索文化素质教育和专业教育相结合的途径，形成具有鲜明公安特色的文化素质教育课程体系。

## 第三节　警察基础文化与文化育警

大学以育人为本，而大学文化则是育人的最重要力量。随着人们对大学文化育人功能的认识逐步深化，大学文化的建设工作越来越受到各方面的高度重视，但由于经济发展不平衡，地域差异明显，我国不同大学之间的文化建设水平参差不齐，差别很大，总体水平也并不是很高。作为高校本身，大学应该着力加强自身组织建设和顶层制度设计、着手教学内容整合和方法手段创新、注重历史总结凝练和未来发展规划等基础工作，实现思想上重视、行动上落实，进行长期有计划的系统建设，在传承历史的基础上不断推陈出新，永葆活力，不断提升大学文化的育人功能，提高人才培养质量。

胡锦涛同志在庆祝清华大学建校 100 周年大会上发表的重要讲话曾指出：“要积极发挥文化育人作用，加强社会主义核心价值体系建设，掌握前人积累的文化成果，扬弃旧义，创立新知，并传播到社会、延续至后代，不断培育崇尚科学、追求真理的思想观念，推动社会主义先进文化建设。”① 习近平同志也高瞻远瞩，在不同场合强调“文化自信”，非常重视文化的育人作用，还专门召开了具有重大历史意义的文艺工作座谈会。由此可见，“文化育人”在教育思想中发挥了极其重要的作用，虽然这种思想是针对高等教育提出的，但在系列教育中，却对整个教育系统有普遍的意义。优秀传统是教育肥沃的土壤，基础教育是提升综合国力和国民整体素质的关键，对于贯彻落实“文化育人”的思想具有更加紧迫的意义。学校要充分发挥“文化育人”的作用，就是要求教育者要切实树立文化育人的教育理念，在学校里营造一种浓郁的健康向上的文化氛围，让学生在这种环境下和氛围中感受和吸收中华文化、中华精神乃至整个人类的一切文明成果。

重视和加强“警察文化建设”，做到“文化育警”，从本质上讲，就是要努力创建具有警察特色的文化环境，影响和引导广大人民警察逐步建立起符合时代需要和职责要求的比较高层次的精神需求体系，而各级公安机关则应努力构建能满足这些精神需要的环境、条件，采取能满足这些需要的精神利益举措。同时，各级公安机关及其警察个体，要在履行对社会、对人民群众服务的职责过程中，让被服务者获得更多的精神享受。可喜的是，现在公安机关越来越意识到文化育警的重要性，也采取了越来越多的措施来加强警察文化的建设，这里面也包括了对警察基础文化的重视。

## 一、夯实文化基础，全面提高素质

社会的进步和时代的发展要求警察的素质要不断地提高，警察的形象也应不断地改善。实际上，警察并不是有些人所认为的“是个人都能干”的没什么技术含量的简单职业。时代在快速发展，社会在飞跃进步，人们的文化水平、法律意识等的整体觉悟和综合素质也在不断提升，社会的文明程度也越来越强，在此背景下，过去那种简单的工作方式方法已经远远不能满足现实的需要。今天出现的一些警民矛盾或冲突一定程度上也是警察执法素养等滞后的结果。因此，具有文化知识和人文素养的高层次、高素质的警察越来越成为时代的必然要求。这样的警察会很大程度上改变一部分人心目中所形成的对警察群体的某些偏见，从而重塑善良正义、儒雅俊秀、博学多才、文武兼备、智勇双全而又谦虚礼貌的新时代

① 胡锦涛：《胡锦涛在庆祝清华大学建校100周年大会上的讲话》，2011年4月24日。

警察的良好形象。

## 二、掌握业务知识，提高业务能力

警察，如医生等一样，是职业特征明显，业务性质很强的职业。但警察和医生又有所不同，医生更重视技术，掌握了一定的医术可以受用一生，不需要去过多考虑其他。而警察则不同，随着社会的飞速发展和形势的不断变化，警察所面临的执法环境越来越复杂，社会期望和职业诉求也越来越强烈。在此情况下，警察的业务能力和水平都需要相应地水涨船高。而掌握基础文化会为警察综合素质的提升和业务能力的提高打下坚实的基础，基础文化的熏陶和影响更能有助于警校学生从内心里自觉端正学习态度和养成良好的学习习惯，激发他们的学习兴趣和求知欲望，增强自主性学习和探究性学习的主动性和自觉性，让他们在繁重的工作之余还能保持学习的热情，主动学习新的知识，并在实践创新中增长知识和才干，从而不断提高业务水平和工作能力。

## 三、增强健康意识，促进身心发展

对于二十一世纪的大学生来说，健康是学业有成、事业成功、生活幸福的保障。世界卫生组织对健康的定义不只是没有疾病，还包括躯体健康、心理健康、社会适应良好和道德健康。这个新概念的特点是：强调人的生理与心理、自然性与社会性的不可分割。

心理健康是完整健康概念的一部分，人处在心理健康的状态下，不仅有安全感，自我状态良好，而且能以社会认可的方式适应外部环境，与社会和谐契合，情绪稳定，心智成熟。

大学生心理健康的标准还是一个有待继续探索的课题，但通常来讲应具备如下几点基本要求：一是心胸宽广，不过分苛责自己和他人，不求全责备；二是热爱生活，乐观向上，相信自己，也相信他人，相信未来；三是对社会发展反应灵敏，并能积极地适应和参与；四是好学乐学，有较强的求知欲和较高的学习效率；五是情感健康稳定，善于自我调节；六是有理想抱负和实现理想、不怕困难挫折的毅力。

有研究者对世界上 320 名诺贝尔奖获得者的素质进行探究，发现他们所具有的内在素质，即心理素质可以归结为以下六个方面：一是高瞻远瞩，把握时机；

二是目标坚定，坚持不懈；三是勤奋努力，注重实践；四是富于幻想，大胆探索；五是排除干扰，勇往直前；六是兴趣浓厚，好奇心强。

心理素质强弱对人的成功与否非常重要。美国心理学家曾经对1500名智力超常学生进行长达30年的追踪研究，其研究结果验证了这一点。他们对其中150名最成功者（高成就组）和150名最不成功者（低成就组）进行了详细的分析比较，结果发现两者之间在智力上相差无几，而在意志品质、自信、毅力、情感、适应社会能力以及实现目标的内驱力等非智力因素方面的差异却非常大。高成就组具有较强的进取心、自信心、责任心，有不屈不挠、坚忍不拔的意志，良好的人际关系以及社会适应能力以及创新精神。而低成就组却主要表现出意志薄弱，耐挫折能力差，对环境则常常表现出被动、退缩，害怕失败，在机遇面前又表现出患得患失，在困难面前畏缩不前，从而丧失了发展和成功的机遇。

警察工作的环境是纷繁复杂的，如果没有明确的价值观和判断能力，心理困扰就在所难免，如经常的挫败感，较多的不良情绪体验，难以沟通的人际关系等。一旦遇上这些心理上的困扰，而又调整得不好，后果也往往会很严重。这样的例子已经不止一次地出现。我们要以强健的体魄和健康的心态走上工作岗位，迎接未来，迎接各种挑战和严峻的考验。

# 第二章　警察认知能力与警察人才素质

## 第一节　探究警察认知能力的内涵及特征

### 一、警察认知能力的内涵

对于什么是认知，迄今没有被普遍接受的看法。美国心理学家豪斯顿（J. P. Houston）等人对心理学界关于“认知”的定义考察后，归纳出具有代表性的5种定义：

1. 认知即信息加工，即转换、简约、加工、储存、提取和使用感觉输入的所有过程。

2. 认知即心理上的符号运算，包括对言语符号、关于物质客体的符号等的心理运算。

3. 认知即解决问题，包括我们为了解决问题而选择、接收、运算和使用外部环境中的信息和自己内部储存的信息的活动方式。

4. 认知即思维。

5. 认知是一组相关的心理活动，包括感觉、记忆、判断、思维、推理、问题解决、学习、想象、概念化和使用语言等。

我国心理学界的研究者通常从广义和狭义来界定“认知”的概念。从广义上来说，认知是指人们获得知识或应用知识的过程，或信息加工的过程，这是人的最基本的心理过程。它包括感觉、知觉、记忆、思维、想象和语言等。人脑接受外界输入的信息，经过头脑的加工处理，转换成内存的心理活动，进而支配人的行为，这个过程就是信息加工的过程，也就是认知过程。狭义上的认知即再认，是记忆过程中的一个环节。一般所说的“认知”是就广义而言的，即信息加工的过程。

认知能力指人脑加工、储存和提取信息的能力，即人们对事物的构成、性能、与他物的关系、发展的动力、发展方向以及基本规律的把握能力。它是人们成功地完成活动最重要的心理条件。知觉、记忆、注意、思维和想象的能力都被认为是认知能力。

美国心理学家加涅（R. M. Gagne）提出3种认知能力：言语信息（回答世界是什么的问题的能力）；智慧技能（回答为什么和怎么办的问题的能力）；认知策略（有意识地调节与监控自己的认知加工过程的能力）。

认知能力包括许多方面，但其基本点用两句话就可以概括。一是我们所吸收的信息“够不够”，二是我们所吸收的信息“对不对”。认知能力就是吸收更多、更准确的信息的能力。

通常来说，人的认知能力包括观察力、记忆力、想象力、注意力和自制力5个方面。

第一，观察力即发现世界的能力。观察力是一种非常重要且十分有效的搜集信息的能力。观察能力和基础知识的储备有着密切的关系。毛泽东曾经说过：“只有理解的东西才能更好地感知，感知的东西不一定理解。”[①] 观察的效果与观察者的知识储备程度关系密切。例如，众所周知的苹果落地引发牛顿发现万有引力就是一个典型不过的例子。为什么牛顿会观察到这种情况从而启发他发现万有引力而普通人则不会呢？这是因为牛顿具有扎实的力学基础，并且正在研究思考这个问题，所以这样的观察才能起作用。观察，既要做到系统全面，又要做到细致入微，这样才能从根本上把握事物的脉络，作为行动的先导。然而，现在不少人尤其是年轻人不屑于观察事物的细节问题，总是片面地认为这些东西没什么用处，因此就忽略了。其实它是与成功密切相关的，只要你把这些细微的部分搜集起来，然后按照一定的系统整理，你就会发现它是一条极为重要的信息或你目前正在寻觅的信息，所以，这种细节我们也要处处留心，正可谓“世事洞明皆学问”。当信息积存多了的时候，你就会发现有的信息之间是可以互相依赖的。用眼睛看世界，用心发现世界，同样的世界也会给我们带来惊喜、带来酬劳。那么，该如何培养观察力呢？通常要做到如下几点：（1）目的明确。无目的地观察是不会有收获的，常常是走马观花，视而不见、充耳不闻，既浪费时间，又浪费

---

① 毛泽东：《毛泽东选集》第1卷，人民出版社1991年版，第283页。

精力。例如，参观展览会，有的人参观展览会有明确的观察目的，参观后有很多收获；有的人漫无目的，走了一圈后，什么也没得到。一般来讲，观察的目的越具体、越明确，观察的效果就越好。（2）方法得当。我们都听过“盲人摸象”的寓言故事，他们专注一点、各执一词却自认为完全正确。生活中，我们又何曾没充当过“盲人”的角色呢？片面的观察常使我们以点代面，以偏概全。因此掌握好的观察方法是非常重要的，好的方法常常事半功倍。比较好的观察方法有如下几种：①注重顺序。观察事物要按照一定的顺序。一般观察有从上到下，从左（右）到右（左），从前到后，从远（近）到近（远）以及整体—部分—整体等多种形式。只有这样才能使观察有条有理，不会疏漏。看过《最强大脑》等电视节目的人会惊叹于他们敏锐如鹰的眼睛和过目不忘的记忆力，但其实除了天生的能力之外，掌握观察的方法也是关键。②抓重点。根据观察的目的，观察应该抓住事物主要的、关键的特征，进行认真、仔细、反复的观察和比较。对其他特征则可一般地观察，这样的观察既省时又省力。③进行对比。这种观察方法是指对观察对象进行比较，达到认识事物的普遍特征与个别特征的目的。这种观察方法可以对两个以上的事物进行比较，找出其共性与个性差别，也可对一个事物的不同方面进行比较，找出该事物的主要特征。④全面性。观察时要观察对象的各种特征，对各种特征逐一地进行观察。观察的事物还要注意有一定的数量，只有这样才能防止和克服观察中的片面性。上述各种观察方法不应该孤立地使用，应与其他方法配合使用。当然，观察时可以重点选择一种方法为主要观察方法。（3）善作观察笔记。笔记在观察中有很重要的作用。首先，观察笔记非常有助于观察资料的长期积累和妥善保存；其次，观察笔记有利于观察有条不紊地进行，提高语言表达能力，使之更具有逻辑性。此外观察笔记有利于思维的发展，有时还能悟出新的灵感。观察笔记应该写得具体、真实、准确，要抓住观察对象的主要特征。在记观察笔记时也可对事物的初步研究写出一些自己的看法。观察笔记的内容可以记录一次性的观察，也可以记录连续性的观察。

只要能持之以恒，人的洞察世事的能力就会提高，内涵也随之深厚，知识储备也一定会日益广博。

第二，记忆力——记载人类的进步。心理学大师卡尔·荣格说：“人类的所有思想不过是人类的集体回忆而已，人类历史也是如此。”大师用这一句话总结了“记忆”一词。记忆到底是什么？记忆就是过去发生的经验在人们头脑中的反映。你曾经游历过许多处名胜古迹，你曾经观看过许多场戏剧、电影，你曾经听到过许多首流行歌曲，你曾经思考过许多种疑难问题，你体验过喜怒哀乐，你学习过公式定理，你背诵过外语单词……虽然有些事已经过去了，但有时候它们会浮现在你的脑海里。这种经验在大脑的再现，就是记忆。那么，对“记忆是过去发生的经验在人们头脑中的反映”作何理解呢？这是因为非“经”非“验”过的事物、事情是无法“记”得住、“忆”得出的。打个比方说，人脑就像一个图书馆，如果图书馆的书库中根本没有进过那本书，怎么能借给你呢？记忆也是这样。试想，如果问你“空中飞碟”什么形状？印第安人的文字如何写？原始大森林中的道路怎么走？你一定无法确切地回答。原因很简单，就是你没有亲自看过或亲自干过、亲自“经验”过。所以，记忆作为人脑的一种反映形式，它只能反映过去所经验过的事物。说来有趣，尽管记忆是众人皆知、谁都熟悉的心理现象，但至今没有人能够揭开记忆的“庐山真面目”，人们只是对其有了一些粗浅的认识。那么，记忆的本质到底是什么呢？有没有规律存在？究其实，记忆，顾名思义，先有“记”，而后有“忆”。识记和保持就是“记”，再认或再现就是“忆”。“记”是“忆”的前提，没有“记”绝不会有“忆”；“忆”是“记”的验证，“忆”不出来或不准确就是“记”得不好。因此，“记忆”是个“记”与“忆”二者彼此联系，紧密相关的完整的心理过程。说得具体一点，它包括识记、保持、再现三个过程。这好比电脑的输入、储存和输出的过程。输入的信息能否顺利地提取储存的编码是很重要的。编码水平高，提取就容易。反之，提取就困难。编码是有规则的，人脑记忆也是有规律的。如果按照记忆规律去进行记忆，那么记忆力就能很快增强。这就是记忆的诀窍。

第三，想象力——人类的翅膀。想象力能使那些常被认为是不可能的东西变为现实。这就是人的伟大之处。虽然，我们对人类是何时和怎样具备了这种不可思议的力量还不了解，但不能不承认，想象力极大地丰富了人类的历史和文明。在万物当中，最不可思议的创造物，也是最杰出的创造物就是人。因此，人是万物的灵长，是神之第一的作品。可以说，人的创造范围完全是由人对自己的想象和认识所决定的。爱因斯坦曾说：“想象力远比知识更重要。”智慧比知识的水平更高，因为智慧就是创造力。那么，决定创造范围的想象力当然比知识更重要。但我们必须记住，知识是基础，也是绝不容忽视的。创造力就是让人们想那些不敢想的，做那些不敢做的事情，也就是自由、任意地发挥自己的想象。开始时，也许是空想，但如果你能全力以赴地为之奋斗，也许理想就能变为现实。这种空想或幻想就包含在理想之中，我们称之为想象力。用更具特色的词来形容的话，可以称之为“构造力”。为了使人类社会有更大的发展，我们需要极大的想象力。这就要求我们必须不断地进行思考训练，使自己的思想有飞跃的发展。由此，我们可以获得丰富的想象力。只要我们的想象力不衰竭，我们的创造力就永远不会枯竭，使人生能够长久地停留在“保鲜期”，保持活跃的思想、敏捷的行动。那么，在加强想象力的培养方面，应注意以下几点的日常练习：(1）涉猎广泛，储备丰富。想象是在已有的表象上展开的，任何想象都不能离开已有知识基础。一个人的感性知识越丰富，就越能产生丰富生动的想象。对已储备的知识，要善于在实践中运用，在实际应用中加深印象，并在运用中提高想象的积极性。(2）徜徉书海，纵横想象。阅读是培养想象力的有效途径。阅读时要根据阅读材料的性质提出不同的要求。阅读文学艺术作品要根据作品的描绘，在头脑中形成生动具体的形象，同时努力提高阅读水平和文字表达能力；阅读科技读物应在读懂作品文字说明的基础上，进一步全面了解各种现象的相互关系，努力领会所讲述的科学原理、原则，不能浅尝辄止、一知半解；阅读历史、地理、经济、政治类读物，不能死记硬背，要厘清头绪，展开想象，争取做到上下五千年、纵横八万里尽收腹中。(3）创造想象，积极有益。一切科学发明、技术革新、文艺创作都离不开创造想象。创造想象的产生需要下列条件：首先，原型启发。原型启发的事例在各种创造发明中是屡见不鲜的，通过联想可把旧有表象结合起来或把旧有表象典型化而产生新形象。这往往需要从思考其他事物中得到解决问题的启示，并进而找到解决问题的方法。其次，出现“灵感”。灵感是人的全部精神力量和高度积极性的集中表现，它同人的创新动机和对解决任务的方法的不断寻觅和探求直接联系。在灵感状态下，人的注意力完全集中在创造活动对象上，意识十分清晰而敏锐。只有经过积极、正确的思维，想象才能沿着正确方向顺利进行，也只有这样的想象才是积极的、有意义的。

第四，注意力——行动的先导。由于注意的表现在各个人身上存在差异，人们注意的品质也有不同。如有些人注意转移与分配的能力较强，而有些人则较差；有些人注意的范围较广，有些人则较窄；有些人注意比较稳定，有些人则不甚稳定。但是良好的注意素质是可以培养的。为了使自己有一个良好的注意素质，应做到以下几点：首先要有相当广泛而固定的兴趣。如果一个人对什么都不感兴趣的话，也就很难产生注意。因为对同一事物，不同的人有不同的态度。比如一张音乐会的广告，马上会引起音乐家和音乐爱好者的注意，可是对音乐毫无兴趣的人，对此就可能视而不见。其次要做注意的主人，不做注意的奴隶。譬如：新东西很容易成为注意的对象，而千篇一律的、多次重复的东西就很难吸引注意。但是在有的情况下却需要重复，“重复是学习的母亲”，要迫使自己摆脱新东西的诱惑，把注意集中到需要的客体上，既能够拿得起，又能够放得下。再次要善于集中自己的注意范围。因为注意的范围越大，把握的对象越多，要达到高度水平的注意也就越困难；反之，注意的范围越小，把握的对象越少，要达到高度水平的注意就越容易。世界上凡是有成就的人，乃是能始终把自己的注意力和注意范围集中在某一点上的人。当然，这并不是说注意范围越小越好，关键是要适当。最后要了解和掌握自己注意的优缺点，扬长避短。例如：注意力转移较差的人，做事时要尽力安排得集中一些，时间长一些；反之，注意力转移好的人，在一段时间内可以同时安排几项事情，前一项告一段落后，即可开始下一项，这又是前一项的积极休息。

人的动机——注意品质同人的需求品质、情感品质等是紧密相关的，它是一切认识和行动的开端和前导。聚焦意志是实现聚焦效应的自控力、自制力。有了坚强的聚焦意志，就能自觉地制约自己，迈向设定的目标。(1) 目标如一，穷追不舍。要瞄准既定目标，向主峰冲刺。皮埃尔·居里曾说过：“要将自己当作一个陀螺，只围绕一个中心旋转。”保证重点是成功的规律。要巧妙运筹，随时将次要目标让位于首要的目标。在攻克重点时，不要左顾右盼，徘徊彷徨，而要穷追不舍，直逼主攻目标。将你的全部精力倾注在你某一方面的才能上，并给它不断地积累、加码。只要你认准了目标，始终如一，并深信这个目标适合于你，那么，就能排除万难，用辛勤的耕耘，收获成功之果。明确目标即焦点强化，聚焦实际上就是将精力、才华聚焦在攻击目标上。聚焦是一个不断调节，使目标越来越明确，精力越来越集中的过程。人才学者王通讯说：“聚焦可以分级进行……焦点可以逐步缩小，亦可反向放大。初学者，眼界宜宽，基础宜实，焦点宜小。善聚焦者，也善移焦，一旦认准，则全力以赴，突破一点，取得经验，触类旁通，全局皆活。”[①] 这是颇有见地的。我们要集中力量专攻既定的目标，但并非说相关学科的知识信息都不用涉及。大量成功者的实践证实，要在某一领域有所作为，不仅必须在主攻方向上下足功夫，还需了解相关学科的知识，力求做到博而有核（中心），杂而有序（讲规律），做到为预定目标积累知识。这样布局才是最“经济”的、最有成效的。开发与限制并重，是人生的睿智。所谓

---

① 《王通讯人才论集》第1卷，中国社会科学出版社2001年版，第254～255页。

开发，即将人的潜能极大地调动、唤醒，得以最大限度的发挥。而限制，则是要学会分清轻重急缓，做到善于存大略小，求本舍末，祛除芜杂，直探精髓。这也是成才的重要战略之一。（2）限制自己，终成大器。一个精力不集中的人，是难以在某一领域取得突破的。因此，必须约束自己，制约自己。一个人若不能控制自己的头脑，思想总被其他各种思想干扰、左右的话，这样的头脑就成了大杂烩。男高音歌唱家帕瓦罗蒂在介绍自己的成功经历时曾说到他在家乡跟一位专业歌手学唱歌，同时还在师范学院上学。毕业时，他问父亲自己今后是当教师还是当歌唱家。当时他父亲没有直接回答他，而是跟他说如果他想同时坐两把椅子，那么只会掉到两把椅子中间的地上。在生活中，应该选定一把椅子。结果帕瓦罗蒂选择了唱歌，经过 14 年奋斗，终于获得了成功。成功的决策者不仅明确坚决做什么，而且能够坚决地不干什么。果断取舍，懂得不干什么，确是一种大智慧，一种睿智，在种种诱惑面前还能"咬定青山不放松"，目标始终如一，这就是难能可贵的了。将一把椅子一坐到底，确是一种执着。会限制自己的人，就会发展自己；会发展自己的人，也会限制自己。正如女作家三毛说的："坚持自己该做的事情，是一种勇气。绝对不做那些良知不允许的事，是另一种勇气。"

第五，自制力——自我强大的表现。自制是指一个人主动自觉地调节和克制自己行为习惯的能力和素质。自制力强的人，能够理智地对待周围发生的事件，有意识地控制自己的思想感情，约束自己的行为，成为驾驭现实的主人。自觉地调节控制作用，通常表现为发动行动和制止行动两个方面。所谓发动行动是指激励和推动人们去从事达到预定目标所必需的行动。所谓制止行动是指抑制和阻止不符合预定目标的行动。这两者是对立统一的。每个人的成长都需要有坚强的自制力品质。一个人在集中精力完成某项特殊任务时，在自制力的作用下能排除干扰，抑制那些不必要的活动。在自制力的调节下，能够帮助人选择正确的活动动机，调整行动目标和行动计划。自制力强的人，能理智地控制自己的欲望，分轻重缓急去满足那些社会要求和个人身心发展所必需的欲望，对不正当的欲望坚决予以抛弃。自制力强的人，处在危险和紧张状态时，不轻易为激情和冲动所支配，不意气用事，能够保持镇定，克制内心的恐惧和紧张，做到临危不惧，忙而不乱。自制力强的人，在崇高理想的支配下，能够忍耐克己，为社会做出惊天动地的大事。邱少云在侦察敌情时，为了不暴露目标，忍受着烈火烧身的痛苦，直至英勇献身。这是高度自制力的光辉典范。自制力薄弱的人遇事不冷静，不能控制激情和冲动，处理问题不顾后果，任性、冒失。这种人易被诱因干扰而动摇或惊慌失措。可见，培养和锻炼自制力，克服自制力薄弱的弱点对生活、对工作是多么的重要。

许多人特别是青少年朋友情绪丰富不稳，自制力较差，往往从理智上也想自我锤炼，积极进取，但在感情和意志上控制不了自己。专家们认为，要成为一个自制力坚强的人，需做到以下几点：(1) 自我分析，明确目标。一是对自己进行分析，找出自己在哪些活动中、何种环境中自制力差，然后拟出培养自制力的目标步骤，有针对性地培养自己的自制力；二是对自己的欲望进行剖析，扬善去恶，抑制自己某些不正当的欲望。(2) 提高动机水平。心理学的研究表明，一个人的认识水平和动机水平会影响一个人的自制力。一个成就动机强烈、人生目标远大的人会自觉抵制各种诱惑，摆脱消极情绪的影响。无论他考虑任何问题，都着眼于事业的进取和长远的目标，从而获得一种控制自己的动力。(3) 从日常生活中的点滴小事做起，勿以善小而不为。高尔基曾说："哪怕是对自己小小的克制，也会使人变得更加坚强。"人的自制力是在学习、生活和工作中的千百万小事中培养、锻炼起来的。许多事情虽然微不足道，但却影响着一个人自制力的形成。如早上按时起床、严格遵守各种制度、按时完成学习计划等，都可积小成大，锻炼自己的自制力。(4) 绝不让步迁就。培养自制力要有毫不含糊的坚定和顽强。不论什么东西和事情，只要意识到它不对或不好，就要坚决克制，绝不让步和迁就。另外，对已经做出的决定，要坚定不移地付诸实践，绝不轻易改变和放弃。如果执行决定半途而废，就会严重地削弱自己的自制力。(5) 经常进行自警。当你学习时忍不住想看电视时，马上警告自己管住自己；当遇到困难想退缩时，不妨马上警告自己别懦弱。这样往往会唤起自尊，战胜怯懦，成功地控制自己。(6) 进行自我暗示和激励。自制力在很大程度上就表现在自我暗示和激励等意念控制上。意念控制的方法有：在你从事紧张的活动之前，反复默念一些建立信心、给人以力量的话或随身携带座右铭，时时提醒激励自己；在面临困境或身临危险时，利用口头命令，如"要沉着、冷静"，以组织自身的心理活动，获得精神力量。(7) 进行身心放松训练。有研究表明，一个人行为情绪等失控或减弱，往往发生在紧张或过度兴奋等心理状态下。若此时进行些放松活动、按摩、意守丹田等，则可以平静言行，提高自控水平。

人的认知能力分成事、人、哲学这三个层面。一般刚进入社会的学生首先接触到的是"事"这个层面，也就是你要把事情做好，这个时候可能人际关系还相对来说简单，等到你坐上管理者的位置，这个时候就是人这个层面，大部分人基本上就到这个层面为止了。那么研究也是一样，先是比较务实地把事情做好，比如收集信息解读信息，紧接着就是要从人这个层面去思考这些信息，因为这个世界是由人组成的，任何事件背后都是体现的人的意志。然后把人的意志进行集中和分析，就是哲学，哲学研究的就是人的思维的共性。哲学又分成理论哲学和实践哲学，以前大部分哲学的过程都是从理论哲学到实践哲学的，我们现在在做的是从实践哲学进入理论哲学，这样我们感觉更务实。

现实生活中，智力就是人认识、适应和改变客观世界时表现的认知能力。它是人的认识能力方面的心理特征，而不是人的能力的全部。作为人的认识能力的智力是一种综合的能力，一般包括思维能力、感知力、注意力、想象力、观察力、记忆力和语言能力等。其中，思维能力是智力的核心组成部分，从这个意义上说思维能力是人的智力发展水平高低的标志。

如果要来全面了解和衡量一个人的认知能力即智力水平，我们通常是用一套较为完善的自我认知能力系统来进行测试。自我认知能力测试是具体测试一个人学习能力以及完成一项工作的能力的测试。而我们知道完成一项工作所需要的能力通常包括语言能力、计算能力、感知空间、速度能力以及逻辑推理能力。这也和公安院校学生入警前参加公务员考试中行政职业能力测试中的要求相类似。一般来讲，语文测验包括：（1）常识，也就是有关人类日常生活的开放式问题。（2）理解，即有关人们对各种社会规则的了解。（3）数学推理，可采取故事和问题形式，以答案的正确性和需要的时间计分。（4）记忆跨度，如由主试者读一个较大的数字，由被试者依靠记忆重复。（5）字意，被试者需将几十个难度逐渐增加的字加以定义。认知能力系操作测验主要包括：（1）完成图画：被试者需指出若干张图画中遗失的内容。（2）实物拼接：将一些不同颜色的小方块按规定时间依据图示拼凑完成。（3）形数交替：一串符号均有相应的数字作为标记，在限定时间内依符号写出其正确的数字标记。

自我认知能力类试题的考查目标主要是通过考查检验和确认考生的性格特点、志向情趣、理想信念、为人处世等方面的立场原则和价值取向是否符合所报考岗位的相关要求和发展需要。新时期的公务员要全面贯彻落实社会主义核心价值观，作为人民警察更要不折不扣地遵循“对党忠诚，服务人民，执法公正，纪律严明”的十六字总要求，全面客观地认识自己，全力打造新时期公务员的良好形象。

具体来讲，自我认知能力试题考查的具体目标分别是：

1. 性格特点。要求热情向善、忠诚正直；勤于学习、勇于创新；自动自发、团结协作。因为公务员职业的特点决定了作为一名公务员应该具备这样的性格特征：对于领导，强调尊敬和服从；对于同志强调尊重和协作；对于人民、对事业，强调热诚服务、艰苦奋斗、勤勉敬业、甘于奉献、学习创新。这些都要求公务员要具有以上相关的性格特征。

2. 志向情趣。

（1）价值观（即荣辱观）。也就是正确看待价值的问题（什么是有价值的、光荣的，什么是无价值的、耻辱的，价值的大小与实现）。公务员应该树立正确的价值观。公务员的职业道德规定了公务员职业必须树立“绝对忠诚党和祖国、热诚服务人民群众、顾全大局团结协作、坚持原则遵纪守法、锐意求真务实创新、恪尽职守廉洁奉公”的价值观，把这些要求作为自己价值观取舍的基本立场。符合这些立场的观点都是有价值的，是值得追求和坚持的，不符合这些立场的观点都是没有价值的，是不值得追求和坚持的，而且是注意警醒和防范的。

（2）成败观（即得失观、挫折观）。也就是正确看待成功和失败、机遇和挑战、困难与挫折的问题。公务员的职业要求作为一名合格的公务员要正确地看待成功和失败，坚持认为成功是正视现实、科学规划、艰苦奋斗、善用时机和综合把握的结果。成功属于过去，成功具有偶然性、成功不会永恒。这就要求公务员在成功的时候不骄傲自满、目空一切，而要谦虚谨慎、戒骄戒躁、总结经验、再接再厉。坚持认为失败是不能求真务实、科学规划、艰苦奋斗、善用时机和综合把握的结果。失败是成功之母，失败是最好的老师，失败属于过去而指向将来，失败是短暂的。这就要求公务员在失败的时候不能气馁自弱，不能一蹶不振，而要研究和学习失败，吸取教训，变压力为动力，变挫折为转折，变挑战为机遇，失败是暂时走了弯路，而不是走进了死胡同。当然，看不到路，拐不过弯儿，就成了死胡同。失败应当成为我们的老师，而不是掘墓人。“自知者明，自胜者强。强行者有力。不失其所者久。”绝大部分的失败者其实不是被对手打败，而是自己放弃了追求和前进的动力，自己打败了自己。

3. 理想信念。理想信念是前进的灯塔。作为一个人、一名公务员，应该具有什么样的理想、应该坚定什么样的信念非常关键，这直接决定其方向。理想信念主要包括世界观、人生观、群众观、责任观、权力观、政绩观和财富观几点。马克思主义是我们党和国家的指导思想也是我们作为个人和公务员正确看待世界、人生、责任、群众和事业的指导思想。作为社会主义国家的一名公务员，要更加自觉地牢固树立正确的世界观、人生观、群众观、责任观、权力观、政绩观和财富观。

正确的世界观：遵循马克思主义的世界观，坚持辩证唯物主义和历史唯物主义。世界上的一切事物都处在日益发展的普遍联系之中，没有也不可能有自绝于世界和时代的国家和民族，没有也不可能有自绝于他人和时代的个人，这就要求我们树立改革开放和学习创新的观念，而不能故步自封、抱残守缺。

正确的人生观：人的本质属性是社会性，一个人应该属于社会，不能陷于“自我中心”不能自拔。作为公务员来讲就是要有大局观，克己奉公，以为国家、民族、社会、事业而不懈奋斗，为党和人民的事业做出自己应有的、最大的贡献为人生的最高追求。

正确的群众观：群众观是马克思主义政党对待群众的立场和态度。马克思主义认为，人民群众是历史的创造者，人民群众不仅是物质财富和精神财富的创造者，而且是社会变革的决定性力量。是否为最广大人民群众的根本利益而奋斗历来是检验一个政党是不是马克思主义政党的标准。宗旨意识、群众观点和群众路线是我们党的基本政治立场和价值追求。作为新时期的公务员，一定要牢固树立全心全意为人民服务的观点，把解决人民群众的利益问题当作根本任务。一切为了群众，一切依靠群众，从群众中来，到群众中去；要深入实际、深入基层、深入群众，恪尽职守，勤勉工作，坚持权为民所用、情为民所系、利为民所谋，认认真真解决好人民群众最直接、最现实、最关心的实际问题，进一步实现好、维护好、发展好最广大人民群众根本利益，努力做到发展为了人民、发展依靠人民、发展成果由人民共享。

正确的责任观：作为一名公务员要科学、正确地看待自己所肩负的社会责任和政治责任。对于自己要承担起自立自强、自我成才、作出最大贡献、争取最大光荣的责任，而不能放任自流、妄自菲薄；对于亲人和朋友要承担起赡养长辈、扶助亲友、养育晚辈、与人为善的责任；对于领导要肩负起维护领导权威、促进领导正确、完成领导任务的责任，要努力做好贯彻落实、出谋划策的工作，要树立光荣和业绩归于领导的观点；对于同志要坦诚相待，互学互助，肩负起团结协作、沟通协调、共同进步的责任，杜绝个人英雄主义；对于下级要尊重重视，率先垂范，肩负起正确领导、正确教育、促进发展的责任。

正确的权力观：要树立权力来自群众的观点，知道权力是人民群众赋予的，要确保人民赋予的权力要用来为人民服务而不能为个人利益和集团利益服务，不能为人民的对立面服务。要知道权力是有层次的。层级不同、岗位不同，公务员的权力也不相同。作为一名公务员要服从上级、尊重平级、重视下级，要严格在自己的权责范围内行使权力，不能越位行使权力，要跑快车不抢道、到位而不越位，不能种了别人的地、荒了自家的田。要知道权力的运用是有规则的。总体来讲要坚持科学执政、民主执政、依法执政的原则，做到靠党性干，按原则办。

正确的政绩观：本质上是求真务实的政绩观，就是用辩证唯物主义和历史唯物主义的科学态度看待政绩，用解放思想、实事求是、与时俱进的思想路线指导政绩，用兢兢业业、真抓实干的良好作风创造政绩。在科学发展观的指导下，有“功成不必在我任期”的理念，从事关群众长远利益的事情做起，尽力而为，量力而行，不片面追求政绩，不搞劳民伤财的形象工程。工作中以身作则，带头恪守“三严三实”，立志做大事而不是立志做大官，着力研究解决群众最关心、最直接、最现实的利益问题，着力研究解决党的建设的突出问题。要落实科学发展观的要求，突破传统的发展理念造成的经济发展的“瓶颈”制约、体制障碍、结构束缚，增强发展的人本性、协调性、可持续性，进一步转变经济增长方式，进一步加强民主建设、文化建设、社会建设和生态建设。

正确的财富观：要看到金钱不是万能的。反对一切形式的拜金主义，坚决防范和杜绝权力寻租、权钱交易、权色交易。要看到一个人的基本生活需求是有限的（夏日之裘，无用于己），而人的欲望是无限的，要克己奉公、遵纪守法，不能玩物丧志、因物丧身。马克思主义认为最大的财富是人的能力，而不是金钱、商品和资源。

4. 能力结构：组织能力、沟通能力、协调能力、学习能力。

5. 正确的方法论：实事求是、科学规划；辩证分析、联系发展；学习创新、重在执行；坚持原则、遵纪守法；管理的制度化、规范化、科学化、现代化；目标管理责任制。

自我认知能力类试题主要从考生对自我性格特点、优缺点，或者面对一些基本问题的看法及观点等方面进行考查，主要围绕个人经历、岗位职责、组织文化、价值理念等方面设计题干，考查核心是考查求职者是否有一个正确的、明确的、积极的、值得信赖的目的，是否有一个健康的、向上的、成熟的、经得起考验的良好心态，是否有一个端正的、合理的做事态度。具体来讲，这类试题的出题思路主要有三个：一是你对自己的评价；二是你对别人（事物）的评价；三是别人对你的评价。而这一切，很大程度上来源于基础文化知识的积累和浸润。

### 二、警察认知能力的特征

自我认知是心理学的内容，指的是对自我的认知、评价的能力，是情商（EQ）的表现之一。警察认知能力首先具有一般认知能力的基本特征。如何提高自我认知能力，首先，要做到的就是心要静，不能浮躁。人只有在冷静的时候考虑问题才能不被情绪所左右，所以冷静是前提。其次，要多接触社会，多学习各种方面知识，多解决一些困难的事情，有了这些积累，对自我认知能力的提高也是非常有益处的。要不断地学习新的知识，这样才能够不断充实自己，不至于夜郎自大，因为只有不断地求知，人才能不断重新认识自己，然后对自己提出新的目标和要求。总之人的进步不是一朝一夕能够完成的，需要我们用心去体会，不断完善。最后，警察从事的工作决定了警察在面对各种复杂的情况时要有不同于常人的冷静和沉稳，要能“泰山崩于前而色不变”，处变不惊。警察的工作是与人打交道，每天接触的人三教九流，甚至大部分人带有“阴暗面”，如果认知能力不强，很难做到身心健康。所以警察的认知能力又有别于一般人，更加需要高度的自觉性、敏锐性、坚定性和自我管控力，从而有利于使意志品质强大，锻造韧性和作风，不断提高自身的综合能力和全面素质。

## 第二节　提高警察人才素质的方法与途径

随着时代的进步和社会的发展，警察队伍的素质要求也是越来越高。警察人才素质的高低关乎整个队伍的形象，作为国家法律法规的执行者之一，其执法素质和水平更是关乎法制化建设的进程，也是建设法治国家的需要，所以要切实采取各种措施，多途径提高警察人才队伍的整体素质。对于在校生而言，打牢思想基础，提高文化水平和综合素质尤其重要。在公安院校，可以重点从以下几方面着手提高公安人才的培养质量和整体素质。

### 一、加强公安类学科建设

对于学校教育而言，人才队伍的培养离不开学校建设，学校发展离不开学科专业建设，学科专业建设的目标是提高办学水平和人才培养质量。那么对于公安院校来说，公安类学科专业建设要服从、服务于公安院校的人才培养目标，要注重凝练学科方向，突出公安特色，充分发挥高等院校多学科的优势，不断强化、优化、深化公安学科建设，为学生打牢理论基础，储备发展潜能。中华人民共和国成立以来，经过几代公安人几十年的艰苦摸索探求和不断总结创新，今天的公安学科专业建设取得了长足的进步，理论逐渐体系化，内容日益丰富，为公安人才的培养提供了强大的理论支撑。经过教育培养，高素质的公安人才也不断涌现，在当今纷繁复杂的治安环境中能维护高度的稳定，应对现实的严峻挑战也是功不可没。当然，鉴于现实的快速变化和发展，理论有时会滞后于实际，这也要求公安院校的理论研究者不能满足于现状，而是要始终如一研究探索，不断加强公安学科专业建设，这样才能始终引领实践，才能为人才培养输送养分。

## 二、注重警察意识养成教育

入学教育是公安院校大学生警察意识养成的第一课，是帮助学生明确入警动机、树立良好警察意识和锻造严明纪律作风的起步期。好的开始是成功的一半，这个阶段非常关键。由于各种因素的影响，公安院校的很多学生起初并不是怀着单纯的警察梦想主动报考的，有相当一部分是顺从父母的想法，为了就业和工作稳定甚至公务员的身份等现实的考虑来的。当然，这其实也可以理解并无可厚非，但如何通过入学教育让他们改变模糊认识，摈弃不当的想法，化被动为主动，让理想主义重新在心里占据主导地位并扎根，就是摆在公安院校面前的一个课题。为了实现上述目标，公安院校通常会采取多种行之有效的措施来不断加强对学生的教育和管理。其中最主要也是最具效果的就是独具警院特色的为期一个月左右的严格正规的军训，包括队列动作、紧急集合、拉练、项目演练、会操等不同内容和形式的磨炼。目前在校的学生基本上都是“90 后”，不论生活在城市还是农村，绝大部分基本上是生活无忧的，没有受过多少苦，加上社会上、媒体上各种不同思想的影响甚或侵染，他们的觉悟、意识、品质、性格等都呈现出多元化的倾向，不能机械地以过去的思维进行简单的说教和管理。但是通过严格的军训的洗礼，烈日下的暴晒脱皮，风雨中的方阵向前，体能训练中的突破自我，都可以充分调动学生的英雄主义情怀，激发学生内心的潜能，培养吃苦坚韧的意志品质，形成服从命令听从指挥的觉悟意识以及团结协作的精神态度，也会让学生在潜移默化中更直观、更深刻地理解警察的角色内涵，从而逐渐地转变观念，主动认同和自觉接受警务化管理并严谨自律地提高自己。“一个月军训管一年，一年严管管四年”是有一定道理的。除此之外，学校还可以配套以形式多样，富有效果的专题讲座，丰富教育内容，如聘请杰出校友和实践教官以及邀请公安机关涌现出来的英雄人物来校开设讲座，请校内专家学者就大学生活适应性教育、人民警察职业概论教育、文明修养警容礼仪教育、警体训练纪律作风教育和专业思想学习方法教育等进行专题论述和解读，来全方位提高学生的从警意识以及自我要求和自我约束的能力。通过入学教育，可以让学生尽快调整心态和状态，快速转变角色，从一名普通的社会青年向预备警官转变，通过熟谙警察行为规范并对职业生涯进行规划进而加强对警察身份的理解和认同。需要指出的是，在此过程中，学生管理干部应该承担起更多的责任和任务，要给学生传递正能量，要能以身作则，率先垂范，要给予学生应有的正面教育和引导，帮助他们树立成为一名人民警察的光荣感、自豪感、责任感和使命感。要给学生树立比较具体明确的目标，维护他们难能可贵的青春活力，激发他们追求的动力，而不是让学生很快对现实困惑、不满甚至失望，从而丧失斗志、满足现状、不思进取。榜样的力量是无穷的。作为公安院校直接的教育管理者，一定要增强这方面的责任感，率先垂范。桃李不言，下自成蹊。

充分利用政治仪式的教育作用。在现代社会中，政治仪式普遍存在，其对人的政治觉悟、思想观念、认识水平等都产生着巨大而潜在的影响。有些时候，仪式的教育作用会远远大于简单的说教。公安院校在日常的学习生活中贯穿着各种政治仪式。作为具有鲜明特色和光荣传统的高等院校，其政治仪式的作用显得更加明显和重要。如新生入学仪式，这是首先给学生一个明确而严肃的心理暗示，明白自己的身份发生了变化，从此以后自己就要以学生的行为方式从事学习、工作和生活了。在此之后，学校通过思想引导和行为管理相结合、灌输教育和自我教育相结合以及学管主导和全员参与相结合的方法以及系统的理论教育、规范的警体训练、严格的行为约束和日常的生活训练来端正从警动机、培养纪律观念、养成服从意识和提高自理能力，逐渐为学生打开警察意识养成的大门。授装仪式在新生教育中的作用举足轻重。很多学生表示，授装仪式虽然简短但意义重大，穿上警服举起拳头宣誓的那一刻对心灵的冲击和震撼非常大，因为这表示学生可以正式穿着象征身份和责任的警服，正式从一名高中生转变为了预备警官，身份发生了质的变化，也就同时激发了他们内心的强大的责任感和自豪感，会自发地强化对警察的认同感，也为其素质的提高打下坚实的基础。毕业之前举行的毕业仪式教育是进一步增强和巩固学生的警察意识的重要环节，不可忽视。在大学生涯中，因为环境和形势的变化以及各种各样因素的冲击，学生的思想觉悟、警察意识都会面临着挑战，他们会对在学校期间接受的教育感到困惑、怀疑甚至反感和抛弃，如果这时不加以纠偏则会对学生将来的从警之路带来负面影响。为此，学校在学生即将踏上社会，开启从警之路之际举行毕业仪式就显得非常重要。在此期间，学校可以邀请有关专家加强大学生从警职业指导、公安大学生廉洁从警教育和公安大学生毕业主题教育来帮助他们迈好从警第一步，以便在漫漫从警路上走好每一步。这些年，很多能力出众的青年民警就因为在工作中没有注意细节，没有守住底线，没有抵制住诱惑，结果因小失大，葬送自己的大好前途，给自己、给家人也给公安事业带来了一定的损失，值得反思和警鉴。除此之外，在公安院校还有很多仪式，如入警宣誓仪式、升旗仪式、各种表彰仪式、祭奠英烈仪式、重温入警誓词仪式、大型安保的动员大会等，都会让学生在自始至终的全方位的仪式中耳濡目染，"随风潜入夜，润物细无声"，逐渐接受潜移默化的教育和熏陶。当然，需要严加注意的是，这些政治仪式必须当成警察意识养成过程中的一个重要环节，当作人才素质提高的重要措施去抓，严肃认真，周密策划，规范操作，适度适当，绝不能敷衍了事或流于形式，尤其是不能出现视同儿戏的状况，否则会产生事与愿违、适得其反的效果。

## 三、充分利用实践平台

近些年，因为社会的快速发展，社会治安形势的不断变化，警察工作面临前所未有的挑战，警用人才的素质也急需提高。目前，公安院校的教学有逐渐向实战倾斜的趋势。学生的见习和实习也在改革和变化之中，如实习的时间延长，实习的内容和形式更加丰富多样，实习的制度更加规范等。由此而带来的校局合作也是开展得有声有色，不断壮大，并逐步制度化、常态化。已经制度化、常规化的实践教育是锤炼学生警察意识的重要途径。学生在实践中接触公安知识，了解公安工作的性质、特色和内容，知晓公安工作的酸甜苦辣，真切感受社会问题，了解人民群众的疾苦诉求和社会问题的复杂多样，这会在很大程度上增强他们的职业认同感，强化警察意识，提高个人的综合素质和能力。由于安全的需要和警力的不足，当前很多大型活动的安保都要借助公安院校的学警，如 2008 年的北京奥运会火炬传递、2010 年的上海世博会、2011 年的深圳大运会、2013 年的南京亚青会、2014 年的南京青奥会、2015 年的苏州"16 + 1"论坛、2016 年的 G20

峰会以及2017年的厦门金砖五国会议等，很多公安院校都是派出大量学警前往增援。在增援工作过程中，学警通过具体的实际工作更加真实地了解了公安工作并能发现其中的优点和不足并不断地提高自己，这就在无形中提高了学生的意识、能力和素质。此外，还可以通过丰富第二课堂、开展警民共建、开展暑期实践等来不断培育学生的实践动手能力，从而提升在校生的整体素质。

### 四、建设丰富的校园文化

作为公安院校，校园文化应该具有得天独厚的环境和条件，应该开展得更好并为人才的素质提升提供肥沃的土壤。近些年，各级公安机关也越来越重视警营文化对丰富民警生活，提高工作效率，进而提升整体民警素质的重要作用。有的组建警官艺术团定期或不定期进行训练、演出甚至外出交流，既丰富了民警的生活，还加强了与人民群众的联系，拉近了彼此之间的距离，增进了理解，融洽了警民关系。有的基层派出所在所里设立健身房、阅览室、活动室，在建筑走廊、室内布置张贴具有教育引导或警示意义的图文，营造良好的浓郁的工作环境、舒缓身心、提高工作效率的同时也无形中提升了个人的素质和整个公安队伍的素质。这些反过来也都给公安院校很大的启发。作为培养公安人才的摇篮，更应该加强这方面的投入和建设。要利用一切可能的手段来创建丰富多彩的校园文化。像成立各种主体健康有益的社团、经常举行巡演活动，学校定期举办的校园文化月、科技文化月、各种各样的文体比赛、竞赛、晚会以及合理利用建筑和空间创设的展板、标语等都是校园文化的重要形式。丰富多彩的具有警院特色的校园文化是公安大学生警察意识养成的重要载体。身处这样的氛围中，会不由自主受到感染和熏陶，无形中也就会增强警察意识，进而全面提高学生的综合素质。毋庸讳言，目前很多公安院校这方面做得还不够充分，还需要进一步求真务实，开拓创新，根据现实发展，与时俱进，不断丰富和完善校园文化的形式和内容，从而为培养出更加高素质的人才提供良田和沃土。

在和平建设时期，警察承担着维护社会主义建设和社会稳定的历史重任，“思想决定行为”，其政治素质和警察意识在其职业和工作中起着至关重要的导向作用。在新的历史时期，全国公安机关和广大公安民警紧紧围绕全党全国工作大局，奋发进取，顽强拼搏，为保障广大人民群众安居乐业，维护国家安全和社会稳定，促进社会主义政治文明、精神文明和物质文明建设，作出了重大贡献。实践充分证明，我国的公安队伍是一支政治过硬、业务过硬、责任过硬、纪律过硬、作风过硬的队伍，是一支党和人民完全可以信赖的有坚强战斗力的队伍。之所以能有这样一支队伍，主要得益于多年来公安院校和公安机关一直孜孜以求探索公安人才的成长和培养规律，培养了一大批高素质的人才。

公安人才关乎国之稳定，不可等闲视之。公安人才培养须从实际出发，按规律办事。公安院校在高素质的公安专门人才培养中作用重大，在教育发展过程中不可能一帆风顺，也没有现成的路可走，必须不断地摸索总结。面对发展中的困惑和挑战、甚至不同的声音，不能举棋不定、无所适从，更不能迷失方向、随波逐流，相反要在困惑中思考，在思考中摸索，在摸索中总结，在总结中前行，并瞄准正确的方向坚定不移走下去。“雄关漫道真如铁，而今迈步从头越。”在这个系统的工程中，唯有齐心协力，共同探索，方可让公安教育之花怒放，让公安人才出类拔萃，层出不穷，为国家民族的繁荣富强提供智力支持和人才保障。

## 第三节　增强警察认知能力的前提和基础

具有较强的认知能力是作为一名警察必备的素质，特别是在社会治安环境日益复杂、工作面临的挑战越来越大的今天。具有较强的认知能力不仅仅是知道如何处理好工作中的各种问题、矛盾，还可以及时了解自身的身体、情绪、心理等状况，可以帮助自己及时应对，避免出现意外和遗憾。那么，如何增强和提高认知能力？

前面已充分论述了认知能力的特征，为了更好地适应现实工作，提高自身的综合素质，作为人民警察，应该着力提高自身的认知能力，以便能够在复杂的环境中和巨大的压力下做到信仰坚定，原则清楚，坚决拒绝诱惑，全力抵制侵蚀，保证身心健康，从而在从警之路上走得更好更远，做出更多更大的贡献。

### 一、加强基础知识和专业知识的学习

提高认知能力的前提是需要具有足够的知识和信息储备，认知其实就是对接受的信息进行加工、整理、储存、反馈并最终归化为能力。有了一定的知识储备、一些实践经验，认知能力自然会有所提高。信息来源于知识，而基础知识则是提高认知能力的前提和基础。这里，我们不难理解为什么一个人从孩提时代开始学习的都是基础的知识，在循序渐进中慢慢具有了一定的认知能力，这种认知

首先是对一个国家、一个民族的文化、传统、社会、习俗、礼仪、信仰等所形成的基本认同和接受，人们常说的“三观”（世界观、人生观和价值观）也是基于这种知识而慢慢成形的。这也是一个社会能保持和谐秩序的基本保证，即遵循基本的文化传统。在中国，很多孩子从小就学习中国传统文化，一度沉寂的国学在当今又开始掀起热潮，方兴未艾，包括在世界各地，弘扬中国文化的“孔子学院”也是全球遍地开花，《弟子规》《三字经》等传统经典再次受到人们的重视和推崇。出现这种现象，是由于人们在经历各种文化思潮尤其是国外一些不良思想的冲击，其思想行为等出现问题之后，人们再次理性思考后的及时纠偏。人们在学习这些基础文化的同时也就受到了教育和熏陶，逐步形成一定的认知能力。随着年龄增长，再继续不断扩展学习不同门类、不同科目的基础文化知识，不断开阔视野，扩大知识面，进一步增强和完善自身的认知能力并逐渐固定而持久。作为警察，因为自身工作的特殊性，面临的挑战更大，诱惑更多，掌握了牢固的基础知识，形成较强的认知能力就可以在复杂的事务面前保持清醒的头脑。

作为培养公安专门人才的摇篮和主阵地，公安院校的作用不言自明。公安院校也承担着越来越大的责任。目前，全国绝大部分公安院校还是招收高中毕业生。这些学生进入公安院校后，除了要学好基础知识之外，还要更多地接触和学习公安业务知识，并因此而更多地了解公安，了解警察，知道警察工作所面临的形势、风险和应有的坚守，这样也就会进一步强化自身的认知能力，在学校中也会主动去学习相关知识。这对于学校的教学也具有一定的反作用效果。学生对事物的认知能力，直接影响着课堂教学的效果。在现代教学中，教育者更加注重研究如何促进学生的认知能力和理解能力的提升，更加重视对学生认知能力的科学培养。这在根本上符合现代教育对人的发展的基本要求。传统教学主要采用讲授法，习惯上称“填鸭式”，即教师以讲授、传授知识为主，学生主要是被动地通过听讲来学习，其认知过程通常为某一学科的知识内容，通过教学活动使学生接受，经过内化形成学生自己的认知结构。这里教学活动是认知过程的中间环节，也是中心环节，是学生发展认知的主要途径。这种教学活动的弊端是显而易见的，那就是学生没有处于“主体”地位，而是被动地接受，这种教学的负面作用是很大的，对学生认知能力的提高也有很大的制约。后来，随着教育的不断发展和进步，国外教育界首先提出“发现学习”的理论。“发现学习”是通过提出问题，让学生分析问题，进而做出猜想或假说，使之上升到概念，最后验证结论。这种方法能够提高学生学习的主动性，有助于培养学生的推理能力、观察能力和创造能力。“发现学习”的认知过程是“发现问题”，主要是把学科内容转化为问题情境，通过问题去发现，最后融化吸收，形成学生的认知结构。有人在此基础上进一步提出了创造教育理论。“创造学习”实际是对学科知识的再认识，其认知过程通常为“创造学习”，主要是在原认知基础上，通过扩展、迁移，形成更广泛的认知结构，它是在原认知基础上的创新，是对学科内容的再发现、再认知。这种教育教学理论后来已逐渐被国内所采纳并开始被广泛应用，但在很多学校，包括很多高校以及公安院校，由于方方面面的因素影响，“填鸭式”的教学方式依然存在，“发现式”教学、探讨式教学的完全施行还有很多困难和压力，这也不利于警察认知能力的培养。

## 二、加强实践知识和实践经验的学习

当然，因为公安工作的发展和现实的状况，目前在公安院校，教学已逐渐向实践倾斜，从一线公安机关遴选出的具有丰富实践经验的实战教官成为学院教学的一道特别风景线，他们的授课案例鲜活，讲解真实，使得教学更加贴近实战，学生对公安工作的实际情况也了解掌握得更加直观全面，这非常有利于提高整体教学质量，激发学生学习兴趣，提高学习效果。不过，因为课时的限制以及条件的不足，这类实践课的普及以及效果还需要时间去进一步地总结和完善，以便扬长避短。不过，学生要提高自身的综合素质，不能完全依赖于课堂。功夫更主要在课外。平时在学习业务课程之外，同学们还应该广泛地涉猎书籍，争取做个“杂家”。当今，书籍是多如繁星，信息是浩如烟海，一个人即使穷其一生也难以阅其一粟。即使做不到博览群书，也应尽可能看一些好书，这对自己是大有裨益的。要尽可能少读些娱乐八卦的闲书，多读些具有基础文化知识的书籍，如历史书籍。常言道：“读史使人明志”，鉴古通今知兴衰。如通读《全球通史》，你可以知道罗马帝国的兴衰、波斯帝国的兴衰、马其顿王国的崛起等，看一看中国的近代史，了解中国共产党的创立、发展和带领中国人民建立新中国的历史，你就会更加真实地感受到党的光辉与伟大，也就会更加拥护和信任党并坚定政治立场。当然，电视的普遍存在和新媒体的广泛应用，不少人闲暇之余也会看些电视剧等。抽空可以看看比较忠实于实际的好的电视剧，如看看连续剧《刑警本色》《荣誉》《公安局长》《营盘镇警事》《中国刑警 803》《非凡任务》等，你可以了解人民警察的工作。这里需要指出的是，不是什么电视连续剧都可以看、都可以信，有些粗制滥造的作品不值得浪费时间和精力，观看它们不但不会提高你的认知能力，相反会影响甚至弱化你的认知能力。能够甄别出是非优劣本身就是认知能力高低的体现。

开卷有益。在信息化的今天，我们提倡多看好书，培养活到老、学到老的终身学习的意识，养成良好的学习习惯。在今天，公安机关也在打造学习型的队伍，那种走出校园后不读书，不学习，仅凭经验办事，满足现状的人已经越来越不适应现实工作的需要。因为社会在发展，科技在进步，犯罪分子也越来越“与时俱进”，智能化犯罪越来越多。如果还仅凭着原来的老办法去应对，就会被无情地淘汰。所以必须养成终身学习，坚持学习的良好意识和习惯，及时吸收新的知识，这样才有资本和犯罪分子“斗智斗勇”并处于不败之地，做到“魔高一尺，道高一丈”，始终将犯罪分子的嚣张气焰打压下去。当然，这里也要辩证地、理性地看待“开卷有益”的古训，特别是在今天泥沙俱下、鱼龙混杂的书籍市场，更需要慧眼识珠，明辨是非优劣。看书本来是为了开阔视野、扩大知识面，但很多人看书非常容易“陷进去”，思想容易被别人左右，导致进去容易出来难，甚至沉浸其中难以自拔。出现这样状况，就是由自己意志力或者是认知能力不足或欠缺所导致的，就像平时生活中有些人容易上当受骗一样。假如没有这个意志力和甄别力，那么就要时刻提醒自己：书和资料都是服务自己的工具，要努力成为工具的主人，而不是被驱使的奴隶。要“拿得起，放得下”，要“进得去，出得来”。有些人看了几本书后就陷在书里面去了，被书中的思想所左右，结果给自己的生活等带来了负面影响。尤其对于警察来说，把控不了自己的思想意识和明辨是非的能力，非常危险。因为在执法过程中，警察接触的通常会是三教九流的形形色色的人，如果没有坚定的立场和原则，没有高度的认知能力，则极容易误入歧途，悔恨终生。

我们在学习过程中、在研究一些内容时，一定要秉持客观公正的立场，站在政治这个高度去思考这些问题，而不是单单凭感情用事，这就是从基础文化学习中形成了基本认知能力的体现。另外看待国内国外的事情，也要能够站在政治的高度看待问题。当今的国际社会可谓波谲云诡，变化多端，各种利益纷争、思想领域之争是纷繁复杂，国内外的敌对势力、分裂势力等是一刻没有停止对我国的侵扰、破坏和渗透，我们在思想领域、文化领域、意识形态领域都面临着前所未有的严峻的挑战。作为将来从事公安工作的人民警察来说，在这种问题上必须时刻保持清醒的头脑和明辨是非的能力，拥有强于一般人的认知能力，明察秋毫，不能被谎言蒙蔽双眼，更不可以丧失立场。看问题的高度决定了思维的角度。

常言道，“读万卷书不如行万里路，行万里路不如阅人无数”。这个说法的意思其实就是人生阅历很重要。没有阅历，你永远是坐井观天，鼠目寸光，你的认知能力也会限于固执和僵化，不利于认知能力的提升。中国的文化可谓博大精深，辉煌灿烂，能经由五千年而不衰并对世界文明的进步作出不可磨灭的历史性的贡献。在中国，有一本“奇书”一直为人们所津津乐道，那就是《易经》。假如你阅历足够，就可以去看《易经》，那是中华传统文化的瑰宝。假如用心去阅读，去品味，去研究，你会发现其实《易经》的核心就是一个字：“变”。在辉煌浩瀚的中华文明中，周易、儒家学说、道家思想等是最重要的组成部分，这些学说和思想都无一例外把这个“变”相对固定下来。因为在中国人的传统意识中，“变”这一思想总的来说不容易被人们所接受，在过去那种历史条件下，如果能形成一个相对稳定的理论，就能够推广和被大众所理解和接受。那么今天，我们照样可以依照目前的局势形成一套符合现实需要的解读，这就是与时俱进，促进理论的升华。探讨这个貌似高深的话题好像有点不合主题，其实不然，中国传统文化就是基础文化的源头，学习和了解这些中国文化的精华，可以给我们的思想意识以正确的引导、及时的养成，会大大促进认知能力的形成、发展和提高。

作为现代公安院校的学生，在新的历史条件下，要有所思考，有所担当，能够主动去提升自身的素质，以适应将来工作的需要。为了适应现实的社会治安状况和维护安全稳定的社会环境的需要，人民警察应该能够具有文武兼备、智勇双全、专业出众和敢为人先的素质，要具备“拳头硬（身体素质好）、笔头硬（文笔好）、口头硬（表达能力强）和心头硬（心理素质好）”的综合能力。有了这些素质和能力，自然而然会提高自身的认知能力，也就可以提升个体素质乃至整个队伍的素质。

# 第三章　警察基础文化与认知能力

## 第一节　基础文化与认知能力的关系

### 一、基础文化促进认知能力

前文已经讲到，在观察事物的过程中，观察的效果与观察者的知识储备程度密切相关。没有基础知识作储备，要提高认知能力也就是无源之水、无本之木，成了空中楼阁，正可谓“皮之不存，毛将附焉”。人类发展历史告诉我们，人类的发展进步总是和文化相辅相成的。人类每一次文化的产生必将促进人类的进步。基础文化对一个人认知能力的促进不是一蹴而就，也不是一朝一夕，而是长期积累，潜移默化从而由量变到质变的渐进过程。其间也会出现反复、质疑甚至否定，但就是在这样的不断变化中，一个人的认知能力会不断得到强化和提升。

在人类的历史长河中，中华民族可谓饱经忧患磨难，但也孕育了辉煌灿烂丰富多彩的中华文化，在文化的长期熏陶和浸润中，也形成了伟大的中华民族精神。这种精神就是面对苦难危险不屈不挠，敢于拼搏、不怕牺牲，“苟利国家生死以，岂因祸福避趋之”“粉身碎骨浑不怕，要留清白在人间”“野火烧不尽，春风吹又生”……以伟大的人民军队为例，人民军队从无到有，从弱到强，创造了可歌可泣的光辉历史，谱写了无数不畏强敌，敢于亮剑，以弱胜强的传奇。抗美援朝战争中，在敌我双方装备悬殊的不利情况下，志愿军战士凭着一腔保家卫国的热血和大无畏的革命英雄气概，付出了 18 万“最可爱的人”长眠在异国大地上的巨大代价，换来的是西方国家军队发出的“不要在陆地上与中国军队作战”的感叹。装备精良的美军始终想不通为什么志愿军听到冲锋号就奋不顾身、勇往直前，他们甚至怀疑志愿军“很可能是服用了一种特殊药物”、被麻痹了神经。[①] 其实这一切都源于中华民族精神中所蕴含的渗透到骨子里的血性，而血性源于坚定的理想信念和价值追求。这种坚如磐石的信仰信念和舍生取义的价值追求是战斗精神的灵魂，也是勇气之源。追根溯源，坚定的信仰信念和价值追求又根植于基础文化。社会的一切矛盾归根结底是文化之间的矛盾，所以说文化是一个人精神的血脉，战斗文化则催生战斗精神。在众多的军事、警察题材的影视作品中，很多优秀的作品的激励作用不可替代。比如，一些弘扬爱国主义的影视剧如《甲午海战》《亮剑》《战狼》等，相信有血性的中国人观后都会热血沸腾，爱国主义精神也会油然而生，有一种“慷慨赴国难，视死忽如归”的血气在胸中奔涌。这种情怀不是凭空而来，只有胸怀爱国大义，才能在危急关头挺身而出，甚至流血牺牲也慷慨赴义，在所不辞。

古人云：“夫战，勇气也。”毛泽东曾说过：“我们的战士和干部机智，勇敢，不怕死”,[②] 这是军人最基本的素质。作为享誉世界的威武之师，军人必须要有血性。在和平年代，警察作为流血牺牲最大最多的队伍，也同样需要这样的血性。为此，必须加强对战斗精神培育，在部队以及在警察队伍中要教育引导广大官兵和人民警察大力发扬英勇无畏的英雄气概和顽强果敢的战斗作风，时刻保持旺盛革命热情和高昂战斗意志，做到招之即来，来则能战，战则必胜。这种敢于亮剑、勇于牺牲的铁血精神就是战斗力的来源。而这种精神的形成、传承无不是依靠在基础文化知识长期的浸润中形成了强大的自我认知能力。

自古至今，无数先贤志士给我们树立了光辉的榜样，“人生自古谁无死，留取丹心照汗青”的文天祥，“路漫漫其修远兮，吾将上下而求索”的屈原，“不为五斗米折腰”的陶渊明，“安能摧眉折腰事权贵，使我不得开心颜”的杜甫等，都在艰辛、困厄、不幸、落魄甚至死亡面前表现出了震撼人心的高风亮节，名垂史册，流芳千古。他们能够做到这样，原因就在于在文化的熏陶中养成了高度的自我认知能力，从而能威武不能屈、贫贱不能移。

今天，我们虽然身处和平稳定的环境中，人们安居乐业，国家繁荣昌盛，在共同创造伟大民族复兴的中国梦，但实际上世界并不太平，国内各种矛盾也是层出不穷，保持稳定的社会环境面临着国内外的前所未有的压力，在此形势下，作

---

① 欧世金：《没有血性的人不配做军人　没有血性的军队注定要打败仗》，载《解放军报》2013 年 7 月 8 日。

② 毛泽东：《毛泽东军事文集》（第 6 卷），军事科学出版社、中央文献出版社 1993 年版。

为和平时期最重要的治安力量，人民警察承担着极为重要的社会责任，付出了巨大的牺牲。正如当下非常流行的一句话所说的那样：哪有什么岁月静好，只不过是有人在替你负重前行。之所以能够做到这样无怨无悔，说到底是内心的信仰和坚守。这种信仰来自文化基础，这种坚守来自明确的认知。

## 二、认知能力体现基础文化

认知能力不是凭空而来的，认知能力的高低和一个人所受的教育尤其是所掌握的基础知识息息相关，紧密联系。同样一件事，不同的人会有不同的认识和判断，采取的方式措施也各有不同。在面对危险以及诱惑面前，不同的认知能力所带来的反应是大有不同的。基础文化底蕴深厚的人，内心就会具有强大的力量，也就是我们平时所说的坚定的立场和觉悟，就有更强的明辨是非的能力。警察在执法过程中，难免会受到来自方方面面的压力和干扰，面对这些外在的因素，如果意志不坚定或觉悟不够高，很容易误入歧途，从而给自己的将来和前途蒙上阴影。相反，如果掌握了一定的基础知识，认知能力有了很大的提高，就能更好地处理各种复杂的情况。所以，一个人认知能力的高低很大程度上体现了其所拥有的基础文化知识。

最近几年，警院招生一直较为火爆。但据了解和发现，很多青年学生并不是冲着警察的使命和职业精神而来，大多是为了拥有一份稳定的工作、一个可以炫耀的身份，甚至很多是出于父母之命，当形势发生变化，警察作为公务员的优势不明显时，很多人也就放弃了这种选择。这种现象应该引起人们的重视。在当今复杂的社会环境下，由于方方面面因素的影响和冲击，社会呈现价值观多元化的趋势，尤其是年青一代中出现了很多非主流的思想，对此绝不能视而不见、置若罔闻，相反应该采取相应的措施，对他们不断进行基础文化知识的“补钙”，以强化他们的知识素养，培育积极向上的精神，尤其要突出强调勇气和血性。

警察本身是充满奉献和风险的职业。尤其是目前工作压力大，工作要求高，而收入却和付出不成正比的情况下，心里难免有落差。面对这种情况，除了要不断将“从优待警”落到实处外，还要提倡奉献的精神，“升官发财请走别处，贪生怕死莫入此门”，这应该是对警察职业的特殊要求。一个心里只有自我并抱着升官发财的功利思想的人，是难以为国家、为民族自觉做出牺牲奉献的。正因如此，要通过一系列的措施来培养警察的浩然正气，努力激发他们的“四劲”即生死面前豁得出去的拼劲、强敌面前硬得起来的狠劲、困难面前挺得过来的韧劲和任务面前拿得下来的犟劲。只有通过学习历史和加强知识培训，让警察队伍具备这样的精神和素质，他们的思想觉悟、理想信念才能得到加强和升华。

## 第二节　警察认知能力的效能

### 一、加强政治修养，提高政治觉悟

教育的终极目标是什么？这些年来讨论很多，也有一些不同的见解和解释，但总体一致的看法是为了培养具有良好人格特征、同时能够在未来社会生存和发展且有创造性的人。其中的良好人格特征应该是指具有起码的道德观念和基本的政治立场，否则，即便掌握了最优秀的技术，也不能成长为一个合格的警察。普通高校和公安院校相比，在培养教育理念及纪律要求上有其相同共通之处，但又存在很大的不同。和平时期，在维护国家安全稳定，维持社会治安秩序，保护公民的人身自由、财产等不受侵犯，保护公共财产，预防、制止和惩治违法犯罪活动中，警察是一支不容忽视的至关重要的治安行政力量和刑事司法力量，为此，队伍的政治素质显得尤为重要。曾有人形象地比喻说：作为警察，身体不好可能成为“废品”，学习不佳或业务不精则是“次品”，而政治思想若不过关则极有可能成为“危险品”。此话不无道理。公安院校作为为公安机关培养和输送专门人才的主渠道和主阵地，其人才培养的素质高低直接关系到警察队伍的建设发展，关系到人民群众的切身利益，关系到社会的和谐稳定和国家的前途命运。而学管干部[①]毫无疑问是警务化管理的核心力量，在人才培养中起着关键作用，其言行举止、性格素质对人生观、世界观、荣辱观、价值观、是非观等尚处在发展期、未稳定期的预备警官来说影响直接而深远，所以学管干部必须具备高度的政治觉悟和明辨是非能力，时刻保持高度的政治责任感和敏锐性。当前社会，社交媒体高度发达，发展日新月异，各类信息铺天盖地，社会模式正处在变革时期，良莠齐出，种种不良的社会现象和思潮对公安院校的大学生也带来了巨大的影响

① 学管干部即学生管理干部，公安院校的学管干部是公安院校学生思想政治教育和警务化管理的组织者和引导者，他们依照《公安院校警务化管理规定》为学生制定各项具体的规章制度，抓好引导教育和具体落实，并对执行各项规章制度的情况进行督促、检查、评比和考核。摘自姚向阳：《浅谈公安院校学管队伍管理机制》，载《山东公安专科学校学报》2003 年第 3 期。

和强烈的冲击，他们对很多现象比较迷茫、困惑、怀疑甚至误解盲从，从而也有少部分学生会意气用事地在互联网上发表一些不合身份、不负责任的言论。在此情况下，作为学管干部，必须立场坚定，态度鲜明，适时地用正确的理论观念引导学生，用坚定的信念明示学生，拨云见日，帮他们澄清模糊认识，不断提高政治觉悟和素质，增强是非鉴别力，从而在纷繁复杂的国际国内局势中始终做到头脑清醒，立场坚定。相反，如果本身政治素质不高，只是一味简单粗暴地压制或无动于衷、听之任之，或为了显示自己的“个性”与“见地”而说一些不合时宜的“惊人之语”，很可能产生非常消极的后果，给学生的身心发展带来恶劣的负面影响甚至可能培养出身体棒、能力强的“超级危险品”。从近年来基层公安机关对公安院校毕业生的反映来看，虽然学生的工作能力、业务水平等素质不错，但对学生的政治觉悟、意志品质和思想作风等方面却颇有微词；为数不少的毕业生对母校的感情不深，归属感不强，对一些学管干部的政治素质、人品等意见很大。这些情况不能不引起我们的警惕和关注。这些虽说不能完全归咎于学管干部，但从对学生负责、对学校负责、对公安机关负责、对社会负责的角度来说，学管干部尤其应自觉提高政治素质，具备高度的政治觉悟，立场坚定，明辨是非，严守政治纪律和政治规矩。这样才有助于培养出政治坚定、作风优良、业务过硬、警纪严明、保障有力的让人民满意的人民警察。

## 二、端正学习态度，提高学习能力

据笔者了解，由于学校的特色以及就业的特殊性，公安院校部分学生的学习积极性、主动性、自觉性不强。面对这种现状，如何激发学生的学习积极性和主动性，保持旺盛的求知欲，展示饱满热情的精神状态，则是学校需要思考和努力加以改进并解决的问题。学院应在国家相关政策的指引下（如 2016 年开始的全国公安院校招警联考），在各部门的具体组织和配合下，开动脑筋，想方设法让学生树立正确的学习态度，养成良好的学习习惯，努力培养学生对学习的兴趣，增强信心。要在严格警务化管理的前提下，重视培养学生自主学习的能力，改进学习方法，提高学习效率，要利用合适的时机引导他们开阔视野，让他们勤于思考，善于总结，精于学习。在此过程中，也可以同时对学管干部进行培训，让他们得到全方位的锻炼和提高，帮助他们成长为学管领域的“专家”，从而更好地提高人才培养质量。

据了解，公安院校的部分学生对业务知识学习存有一定的偏见，认为在校学习的知识“没什么用”，或者认为只要没出什么大错能顺利毕业就可以正常工作，学习好坏也无关紧要。这些消极的想法很大程度上影响了学生的学习积极性，降低了求知欲，出现了“60 分万岁，61 分浪费，59 分倒霉”的不正确的学习态度，考试应付，学习没追求、没目标、没热情、没动力，整日萎靡不振，不思进取，浑浑噩噩地混日子。其实，“书到用时方恨少，事非经过不知难”。在校期间学习的知识尤其是理论，看似不实用，其实会为将来的进步和提高打下坚实的基础。为此，学校应让学生明白其中的道理，让他们知道如何度过大学生活。端正了学习态度，有了比较明确的学习目标和生活目标，则可以坚持不懈地提醒和督促自己，最终实现自己的目标。在此过程中，若能经常反思总结，找出差距和不足，并想方设法去弥补，不断充实和强大自我，则能够经得起困难和挫折的磨砺，不会轻易半途而废。

作为大学生，要有自己的职业生涯规划，要根据自身实际制定好长期目标和短期目标。短期目标是最终实现志向的必要环节。长期目标可以以学年或学期为单位。在长期目标中，再确立以月、周、日为单位的短期目标，一步步去执行和实现。如根据本学期的课程安排和科目特点，拟定各门功课的阶段性目标。在制订短期计划时，要考虑到学院警务化管理的特点，把一天中全部的活动都纳入计划中，将休息和学习协调起来，随时做出一定的调整和变通，但质量不能打折扣，更要防止因任务无法完成而受挫。只要能够在长期目标的指导下，踏踏实实地完成每日、每周、每月的短期目标，就会获得成功，为将来打下坚实的基础。

## 三、锤炼韧性品质，促进作风养成

在公安院校的教育管理中，日常的警务化管理是养成学生警察意识的重要手段，它通过从“一日生活制度”的组织、实施到学生日常行为的操行考核、评比、奖励及处罚处分等手段的综合运用来锻造纪律部队，经过四年一以贯之的不懈努力，使学生养成良好的纪律作风习惯，为毕业后成为合格的警察打下坚实的纪律作风基础。

警务技能训练是磨炼公安大学生的毅力，强化顽强作风，增强警察意识的重要措施。其中队列训练是保证，体能训练是基础，技战术训练是核心。通过科学组织和认真实施警务训练，可以让学生在校期间不断增强纪律意识、团队意识、协作意识，提高耐受力和体能储备，牢固掌握警察技能和技战术，以便为将来的从警生涯奠定坚实的体能和技战术基础。

在生命的旅程中，谁都不能担保会永远成功。相反，人们可能会经常遇到挫折和磨难。尤其是作为警察，其工作的性质决定其要具有比常人更“强大的心脏”，具备较高的心理耐力，这样在遇到挫折以及每天接触社会阴暗面时，不会轻易产生消极悲观、摇摆不定和畏难胆怯心理，相反能够勇敢地面对并战胜困难和挫折。即使遇到了意外情况或重大变故，也会处变不惊、泰然处之，“不管风吹浪打，胜似闲庭信步”，用乐观、自信、豁达的态度和顽强的意志力去克服困难，最终走出困境。

但另一方面，心理上也要有随时应对挫折的准备。面对工作和生活，要本着理性的头脑，不把事情设想得非常轻松容易、过于理想化，不以为意，要尽量考虑到各种可能出现的意外和困难，做好解决问题的思想准备和行动预案。这样，当你没有遇到想象中的困难时，你会觉得轻松、得心应手；困难或意外来临时，你也不会手足无措，相反，你会韧性十足，充满斗志，像一位真正的勇士那样“敢于直面惨淡的人生，敢于正视淋漓的鲜血”。

## 四、强化警察意识，增强纪律观念

警察意识是社会意识的一部分，是人民警察对其自身在社会中所处的地位以及这一地位所应具备的权利和义务的认识，并自觉地以这种认识来规范自己言行的思想观念。“警察意识”是抓好警察队伍建设的重要基础之一。培养人民警察的“警察意识”，主要可从如下七个方面着手，即职业意识、服务意识、敬业意识、自律意识、法制意识、临战意识和奉献意识。

增强警察意识，必须不断增强党对公安工作绝对领导的观念，也就是做到“对党忠诚”。每名警察都必须在政治上始终与党中央保持高度一致；必须增强人民警察为人民，全心全意为人民服务的观念，不断增强社会责任感和职业使命感，牢记全心全意为人民服务的宗旨；必须牢记权为民所用，利为民所谋，不徇私舞弊，不以权谋私，执法中按章办事，依法办事，做到执法公平公正，匡扶社会正义；必须增强一切行动听指挥的警纪观念，正确区分国家利益、集体利益和个人利益之间的关系，自觉服从命令，听从指挥，顾大局，识大体，严格遵守国家法律中的警纪警规。

思想政治教育是警察意识养成的重要渠道，应该做到与时俱进。在日常的教育中，学院应充分利用思想政治教育课的主渠道功能，创新模式，避免“一言堂”的“灌输”，提高教育效果，帮助公安大学生树立坚定的理想信念。与此同时公安院校还应通过培养、发展学生入党、加强心理健康疏导、关爱公安英烈子女以及帮扶家庭困难学生教育等一系列举措来巩固思想政治教育的成果，帮助学生铸造忠诚警魂。

此外，要利用政治仪式的正面教育作用。公安院校在为期三年或四年的教学管理中贯穿着各种政治仪式，如入学教育仪式、军训动员仪式、入警宣誓仪式、升旗仪式、各种表彰仪式、祭奠英烈仪式、重温入警誓词仪式、安保动员宣誓仪式、毕业仪式等，这一系列的政治仪式营造了浓厚的氛围，让学生在在校期间不断受到耳濡目染，接受“随风潜入夜，润物细无声”式无声的教育和熏陶。这种政治仪式的教育作用不容忽视，作为校方，每一次仪式都要严肃认真，周密策划，规范操作，并要适度适量，这样才能取得理想的效果。

当前，各级公安机关都非常重视警营文化的创建，借助警营文化来打造公安精兵，锻造公安队伍。在公安院校，富有警营特色的校园文化活动是公安大学生养成警察意识的重要手段和载体。通过开展富有警察职业特点的警营文化活动、社团活动和科技文化月活动等营造独具特色的育人环境，能让学生在活动中理解警察的职业要求，领会警察核心价值观，从内心深处认同警察身份，增强光荣感，从而全面提高自身的人文修养和综合素质。

增加实训时间，增强动手能力已成警察培养的大趋势。经过多年的总结，逐渐形成制度化和常规化的实践教育是增强学生警察意识的重要步骤。多少年的摸索总结下来，学院也在不断地改进完善，通过延长见习、实习时间，丰富拓展第二课堂、开展警民共建、暑期社会实践，参加大型活动安保工作来不断培育学生的实践能力。

毕业教育是帮助公安大学生迈好从警步伐的最后环节，其意义和作用非同一般。通过集中教育、差异教育和案例教育等不同的方式，对公安大学生进行从警就业指导、廉洁从警教育和毕业主题教育等，从而营造出非同于普通高等院校的毕业氛围，感伤不舍中更添一份责任和使命，使得毕业生们进一步强化警察意识，升华警察精神，顺利完成学业，成功走出校园，并感恩母校培养，全心报效国家和社会。

## 第三节　警察基础文化的学习

在新的形势和挑战面前，警察的素质要求越来越高，这就要求警察要不断学习，不断提升自我，不仅仅是接受业务知识的培训，还要加强基础知识的学习。在此过程中，要改变传统的错误认识，过去那种以为警察不需要多高的文化素养，只要掌握基本的技能就可以胜任工作的观点在社会不断发展进步、人们的思想意识也随之改变的大环境下已然是非常错误而有害的。前文已经说过，基础文化知识虽不像法律或技术那样直接应用，但基础文化知识所带来的对人的身心发展的影响是深远和持久的。从基础文化知识中汲取的能量和营养会直接决定一个人的“三观”，具有强大的内驱力。那么，在当前警察学习向实战实训倾斜，基础知识学习时间缩短的背景下，如何掌握更好的学习方法、取得更好的学习效果则显得尤为重要。

## 一、注重内隐学习和浸润性学习

大脑的学习过程从本质上来说是一个追寻某种意义的过程。在此过程中，大脑中已有的学习经验为学习新信息提供了基础，也成为意义产生的来源。只有大脑感受到学习内容和材料对学习者的意义、能够满足他的某种需求，学习内容或材料才能被纳入已有的知识结构之中。换言之，学习者只有具备一定的基础知识，才能培养出更好的认知能力，从而更好地提高各项技能。

根据警察的工作性质和现实需要，学校应在平时的教学中培养学生内隐学习的意识和能力。内隐学习，顾名思义，是指学习者在与环境互动过程中无意识地获得一些学习经验，并因之而改变其将来某些行为的学习。从某种意义上来说，内隐学习的能力人人皆有。努力为学生创设一个不受干扰的、浸润性的学习环境，让学生在潜移默化的氛围中学习有助于提高学生的学习效能。浸润性学习环境不仅指学习内容的充实丰富，更指学习内容编排的浸润性。将学习内容按照认知顺序有序地呈现出来，客观上形成一个不断学习新知识，又不断复习旧知识的温故而知新的理解过程，非常有利于记忆的加深、灵感的激发和意义的悟得。

## 二、注重教育教学和课程建设

西方著名教育家涂尔干在其《教育与社会学》中说：“教育是年长一代对于还没有为生活做好准备的年青一代所施加的影响或采取的一种行为，目的是帮助年青一代传承文化基因，遵守社会道德，促进身心健康发展和成长，形成有序的社会状态。这些状态既是政治社会平稳发展进步的客观要求，也是年青一代正确适应社会环境的要求。”① 基于此，公安院校的教师应该明白自身有别于普通高校的教师，也就理应具备更高的思想觉悟和认知水平。从教育角度来说，教学更多的是一门艺术而不是一门科学，它需要一定技巧和技术的帮助，但却不应让技巧和技术在每天的教学过程中占据主导地位。教师也并不仅仅只是一种谋生的职业，或者说只是一名讲授科学知识的“搬运工”，而应该从更高的高度上理解基础知识在学生成才成长中的作用，要用自身的知识储备和人格魅力去影响你所能影响的学生，让学生感受到学习的魅力和知识的力量，使其对学习产生兴趣，对知识保持旺盛的求知欲。鉴于公安院校学生基础知识文化的现状，教师不能安于现状，不思改变或一味责怪学生，敷衍应付，而是必须加强培养学生对知识的激情，唤醒学生想要学习的欲望，打开学生认知的胃口，老师既不能通过冷嘲热讽给学生施加过大的压力，也不要居高临下，自以为是，把自己的印象或感受强加给学生，最好是通过引导，让学生自己找到自己的兴趣入口。这样，学生掌握了一定的基础文化，掌握了最基本的为社会所接受和认可的文化内容，就能在文化潜移默化的熏陶中体悟和成长，不断见贤思齐，修正自我，从而走向成功。如当下社会中普遍存在的“学生无礼”的现象，教育者不能一味地指责，而是应该深刻地思考这种现象产生的根源并对症下药。通过指导和督促学生学习基础文化知识，让学生懂得如何生活并必须遵守什么。通过反躬自省，学生最后有能力以一种文明而又不盲目顺从的方式在冲突中生活，这实际上是学生们心智健康和社会健康的标志。

在公安院校，根据警务化管理的要求和人才培养目标，制定科学的课程体系，创造浓郁的学习环境，采取有效的激励措施，辅以合理的管理模式，都会大大激发警察院校学生的学习积极性和主动性，如指导学生积极报考法律职业资格考试，计算机等级考试，心理咨询师资格考试，中高级口译证书考试，注册会计师资格证书考试等，在准备考试的过程中，学生会阅读大量的书籍，付出艰辛的努力，不论最后的结果如何，学生在学习的过程中都会得到进步和提高。更主要的是学生在准备考试的过程中，会接触并学习大量的基础知识，这些知识在潜移默化中会对学生的思想行为、意志品质等方面带来积极的影响。

---

① 转引自周晓静：《涂尔干道德教育思想之启示》，载《大学（学术版）》2010年第7期。

# 第二编

# 警察精神文化

# 第一章　警察精神文化概述

## 第一节　警察精神文化内涵及特征

精神，是一种人人无法回避的现实存在，通常意指人类的灵魂、心灵、意识、理念等有意识的方面，它是由人在工作与生活实践中不断感悟、不断提炼而生成的，并能对人的认识与实践活动产生指导和推动作用，是人类生命力的来源，与物质相对。

精神文化，由物质文化衍生并以此为依托，以人类社会意识形态为核心，是人类共有的思想观念和意识形态组成的文化体系，既体现了人的本质精神属性，反映人的精神生活；又体现了社会的功能属性，牵引社会价值导向。

警察精神文化，是警察群体的警察意识、群体意识和文化观念的综合体，是一种观念意识形态，是深层次的警察文化，来源于国家与社会长期的警察队伍建设和警务发展实践。

警察精神文化是一种非常实际的理论概括和实践结晶，作为警察群体最重要的精神财富具有其鲜明的表现特征，主要表现在：

### 一、警察精神文化是警察文化的核心

警察文化是由警察的物质、行为、制度和精神等各种文化因素组成的体系，该体系的核心即警察精神文化，其渗透于体系的方方面面，是体系的灵魂，主导并牵引着体系的变化与发展。

警察精神文化是一种警察意识形态，伴着警察现象的产生而产生，随着警察事业的发展而发展，是警察组织长期形成的一种团队合作、不畏艰苦、积极进取的精神，持久作用于警察文化的主体——警察群体，是警察精神的巨大力量来

源，辅助于警察制度文化对警察行为文化产生深远影响，并作为内在的精神推动力促进警察物质文化的创造和警察战斗力的提高。先进的警察精神文化也会对整个社会的精神文明建设产生积极的影响。

## 二、警察精神文化是一种多层次的警察意识系统

职业意识是职业主体基于自身的认知水平并结合社会对该职业的需求所做出的一种职业价值判断和评价。警察意识即警察意识活动的主体对警察职业所做出的一种职业意识，是其职业态度、理想追求、价值取向等态度和信念的综合。

警察意识活动的主体按范畴和相互作用联系，可分为警察个体和警察群体。其中，警察个体意识是警察成员的自我警察意识和社会公民个人的警察意识，是以其独特的社会经历和社会地位对警察职业角色及其价值状况的认知与评价。警察群体是一定相互作用与联系的警察个体组成的共同体，警察群体意识是其个体意识相互作用的集中体现，是在共同的社会经历、社会地位和社会条件下对于警察角色及其价值的共同认知和评价。

警察精神文化即警察群体的共同意识概括和观念反映。警察精神文化是一个从低级到高级不断提高、从感性认知到理性思维不断升华的思想体系，可以区分为两个层次：警察心理和警察意识形态。

警察心理属于警察精神文化体系的低级层次，是对警察成员日常社会生活和警务实践的一种感性认知，是非系统、不定型、自发行为，一般表现为警察成员的情绪、情感、意志、性格、气质、行为习惯、对职业角色及工作的认可、自发信念和期望等，是对警察现象比较直接的反映，是不深刻的、尚未完全分化的、处于混沌状态的警察意识。

警察意识形态属于警察精神文化体系的高级层次，是警察成员从警务实践中概括提炼出来的理性思维，较自觉、抽象化、形式化，是一种由警察理论、警察价值观等组成的警察思想观念系统。

## 三、警察精神文化是警察群体文化心理的长期积淀

警察物质文化、行为文化和制度文化的塑造过程较简单，均可以在一定条件下立竿见影、快速形成。警察精神文化的塑造较复杂，其形成和确立不可能快速完成，是警察群体通过长期的警务实践锻炼和学习生活经历才能够逐步建立，需

要多种因素的互补。首先要求警察群体既要有共同的警察职业实践，又要有相同的生活经验，还要有系统的教育训练经历，同时需要配之以社会的文化熏陶和价值舆论导向。最能体现警察群体的思想精华是群体文化心理的长期积淀。

警察精神文化的积淀过程兼收并蓄，不仅具备承前启后的继承性，体现着民族传统与时代感的统一，还具有自我完善的兼容性，表现为一种类型的警察文化与其他不同类型的警察文化及社会文化相互矛盾、相互吸收的产物。

警察精神文化超越于个性，其不仅内化于警察的心理素质和思想观念，还以一定的文化仪式和网络方式共享和发展，其价值具有更广泛、更深刻、更长远的社会意义。

## 四、警察精神文化具有一定的民族传承性和创新性

中国传统文化经过几千年的不断实践与发展，是中华民族宝贵的精神财富，通过一代代的传承，业已成为中华民族赖以生存和发展的精神支柱。警察是国家机器的重要组成，代表国家履行对社会的管理职能，维护着社会的稳定与发展。警察文化亦继承和发扬了中华民族的优秀文化成果，具备民族传承性。同时，警察文化因特殊的警察职业和特定的群体对象，具备鲜明的职业特点和特定的价值取向，具有独特的民族特征，体现了一个民族共同体的警察思想观念和区别于其他民族国家警察制度的民族特色，渗透于警察的各项工作，体现在其思想道德、精神作风、意志品质、气质风格、仪表着装等诸多方面，生动反映了警察的实践活动。

虽然一定的警察精神文化一经形成，会具有某种程度的保守性和惰性，有时会影响警察文化的相互吸收和融合。但是，警察精神文化还是具有明显的创新性特征。一方面，从本质上看，警察精神文化是一种发展的思想体系，它本身就具有自我调节、自我发展的功能。警察精神文化就是通过这种不断发展、不断创造而得以丰富和进步的。另一方面，新时期随着科技的进步、信息的发达、知识经济的调整发展，人们的生存环境、生存状态和生存方式亦不断改变，民主和法制不断健全，这就要求警察工作和相应的警察文化要与时俱进，与社会发展相协调，以前瞻性和创新性的思维，运用先进的科学技术丰富和发展自己，以适应时代发展的需要，满足公安机关文明执法的更高需求。

# 第二节　警察精神文化建设三个立足点

在加强和推进我国警察精神文化建设过程中，需要立足于当前我国警察队伍创新和发展的客观要求、立足于我国基本国情、立足于整个人类文化发展的现代趋势，并将三者统一起来，正确认识和切实推进文明、进步的公安精神文化建设。

## 一、立足于当前我国警察队伍创新和发展的客观要求

警察队伍从事的是打击犯罪、保护人民、维护社会稳定的警务管理活动。作为凝聚警察队伍的警察精神核心价值观以及相应的各种文化现象，其根本要求是必须从警察队伍的实际情况出发，充分体现警察事业的创新和长远发展的追求。目光短浅，就会使警察局限于眼前利益，就不可能展现出警察精神文化建设的文明性和进步性。

因此，立足于当前我国警察队伍的职业特点，追求警察事业的创新和发展，是警察精神文化建设首先需要确立的一个根本性原则。需要在全体民警中倡导并不断增强远大的共同理想，树立改革创新的警务观念，培养高尚的道德情操和严格执法、热情服务的工作态度以及爱岗敬业、乐于奉献、勇于献身的行为取向，为公安事业的发展贡献自己的力量，这是我国公安事业立于不败之地的精神动力。

## 二、立足于我国基本国情，坚持社会主义发展方向

公安机关作为国家机器，是社会主义大家庭中的一个组成部分，其生存和发展都离不开社会。因此，警察精神文化的培育，必须立足于我国基本国情，坚持社会主义发展方向，具体要处理好以下三种基本关系。

### （一）正确处理警察精神文化的继承与发展的关系

警察精神文化建设，一方面要继承传统，另一方面也要与时俱进、不断丰富和发展。

在继承传统方面，当今中华文化是中华民族经过五千年传承和发展的优秀文化，是面向现代化、科学的社会主义文化，警察精神文化作为社会主义先进文化重要组成，需要继承中华优秀传统，遵循社会主义发展要求，弘扬其有益于社会进步、有益于后人前进的如“舍利取义”“尽忠报国”“高节不屈”“激浊扬清”“忧国忘身”“厚德载物”等修养、品格、态度、胸怀和精神因素。同时，警察精神文化也是公安机关在长期的历史发展过程中形成的职业文化，其“忠于党、忠于祖国、忠于人民、忠于法律”的政治本色，“牢记宗旨、执法为民、无私奉献”的高尚情操，“忠于职守、无私无畏、不怕牺牲”的英雄胆识，“与时俱进，开拓创新，追求卓越”的文化气质等是警察队伍长期积淀的职业传统，同样需要传承。

在丰富和发展方面，警察精神文化建设要善于从近几年公安机关开展的“创人民满意”等一系列警务活动中挖掘、总结、汲取其符合先进文化要求的崇高思想、价值观念、行为特征、管理方法等因素，在继承传统的同时与时俱进，使其得到不断的丰富与发展。

### （二）正确处理警察群体与我国各族人民理想的关系

“建设有中国特色的社会主义，把我国建设成为高度文明、高度民主的社会主义现代化国家。”① 这是我国各族人民的共同理想，是“集中了工人、农民、知识分子和其他劳动者、爱国者的利益和愿望，是保证全体人民在政治上、道义上和精神上团结一致，克服任何困难，争取胜利的强大精神武器”。②

在不断推进警察精神文化建设的过程中，为形成强大的队伍凝聚力，各地和各级公安机关均建立反映警察职业特点和本地、本部门特色的警察群体的共同理想。各地和各级公安机关的共同理想是与全国各族人民的这一共同理想相统一的。警察精神文化建设在确立警察队伍核心价值观的过程中，要结合警察职业的特点把全国各族人民的共同理想，具体地转化为本地和本部门公安民警的核心价值观。

---

① 中国共产党第十三次全国代表大会报告：《沿着有中国特色的社会主义道路前进》。

② 《中共中央关于社会主义精神文明建设指导方针的决议》，中国共产党第十二届中央委员会第六次全体会议，1986 年 9 月 28 日通过。

### （三）正确处理外来文化与我国社会主义文化的关系

在警察精神文化建设的过程中，不可避免地发生日益广泛的文化交流及某些文化冲突。要立足我国国情，坚持社会主义文化发展方向，有鉴别、有选择地吸收外来文化，以利于丰富和发展我国社会主义文化，进而推进警察精神文化的建设。

## 三、立足于整个人类文化发展的现代趋势

全球化业已成为当今人类社会发展的一种必然趋势。全球化的发展，日益加速了世界政治、经济、文化间的紧密联系。

当今社会中的警察精神文化建设，无论是警察的核心价值观、道德行为，还是警察的审美意识、活动情感、服务方式等，都不可能是封闭、孤立地形成和发展的。全球化的发展，为我国警察精神文化建设创造了良好的外部环境。

建设有中国特色的警察精神文化，需顺应整个人类文化发展的现代趋势，伴随着信息媒介的传播，积极吸收西方先进文化思潮中的合理因素，这会对我们创新和发展有中国特色社会主义警察文化事业产生积极的影响，成为其建设过程中的重要思想资源。同时，警察文化建设具有开放性，需加强我国与世界其他各国间的警察精神文化交流合作，充分地体现我国警察精神文化建设的文明性和进步性，持续健康地推进警察文化的不断发展，为整个人类文化的发展做出贡献。

# 第二章　警察精神文化建设中人民警察核心价值观

## 第一节　人民警察价值观含义及特征

### 一、人民警察核心价值观的含义

价值观是基于人的一定的思维感官之上而做出的认知、理解、判断或抉择，是人认定事物、辨定是非的一种思维或取向，体现了人、事、物一定的价值或作用，是驱动人们行为的内部动力，人的一切活动均受价值观的指导。人的社会化过程的核心内容是价值观的形成，价值观思想认识上的统一、利益上的互动和协调、信息上的沟通、实践上的一致分别是人际关系的基石、核心、关键和保证。

核心价值观就是某一社会群体判断社会事物时依据的是非标准、遵循的行为准则，“核心”即指其真正具有影响力、经得起时间考验，具有不可改变性与不可发展性。

社会主义核心价值观是社会主义核心价值体系的内核，体现社会主义核心价值体系的根本性质和基本特征，反映社会主义核心价值体系的丰富内涵和实践要求，是社会主义核心价值体系的高度凝练和集中表达。党的十八大提出，倡导富强、民主、文明、和谐，倡导自由、平等、公正、法治，倡导爱国、敬业、诚信、友善，积极培育社会主义核心价值观。其中，富强、民主、文明、和谐是国家层面的价值目标，自由、平等、公正、法治是社会层面的价值取向，爱国、敬业、诚信、友善是公民个人层面的价值准则，这 24 个字正是社会主义核心价值观的基本内容。

警察核心价值观是公安队伍对社会主义核心价值体系的生动实践，主导着民警的思想道德和行为方式，反映了警察的职业特性和使命任务，反映了民警的政治立场、理想信念和价值追求，是警察价值体系的基础与根本。

## 二、人民警察核心价值观的功能与特征

### （一）人民警察核心价值观的功能

警察核心价值观对公安事业发展与进步具有如下五方面作用与功效：

1. 导向功能

与警察核心价值观匹配建立的一整套价值观念体系与标准规范，能够用以指导每一位民警去正确界定是非、美丑和善恶，最大程度统一广大公安民警的思想、观念、作风和行为追求，使之符合公安机关所确定的整体目标。这就是警察核心价值观对公安民警的价值取向和行为方式的导向功能。

2. 约束功能

警察核心价值观对公安民警的思想和行为具有内在的软规范和制约作用，能够提升公安民警的自我心理约束和自我行为控制能力。当公安民警的思想和行为与警察核心价值观产生偏差时，其能够自觉修正并回归到正确的轨道之上。这就是警察核心价值观对公安民警的思想活动和行为方式的约束功能。

3. 凝聚功能

警察核心价值观是公安机关在长期警察队伍建设和警务活动实践中积淀而形成的，是蕴含全体民警价值追求和崇高理想信念的共同意识，为每个民警所接受和认同，具有强大的向心和凝聚作用，能够激发公安民警蕴藏的潜能，使之同心同德、齐心协力，努力奋斗以实现公安机关组织目标与个人目标。这就是警察核心价值观对公安民警意识形态的凝聚功能。

4. 塑造功能

警察核心价值观能够教化和熏陶公安民警不断提升自身职业修养与技能，逐步修正其非职业化的思想和行为，提高和发展公安民警综合素质，达到公安事业的职业要求，以更好地满足公安工作的发展需要。这就是警察核心价值观对公安民警职业素养的塑造功能。

5. 激励功能

警察核心价值观能够有效统一公安民警分散的利益追求和行为方式，将公安民警个体和公安机关整体的利益、前途与命运紧密联系于一体，自觉地将个人的

奋斗目标融合到组织发展目标中，给予公安民警进取向上的动力，在谋求个人全面发展的同时不断推动公安事业的长足发展。这就是警察核心价值观对公安民警职业动力的激励功能。

### （二）人民警察核心价值观的内在特征

警察核心价值观与社会主义核心价值体系相适应，同时蕴含着警察的职业使命和公安机关的优秀传统，是新时期赋予公安机关的时代要求。警察核心价值观具备如下六个内在特征：

1. 体现政治属性

坚持中国共产党的绝对领导，贯彻落实党的路线、方针、政策，遵循党的政治理念，是我国公安机关与西方资本主义警察机关最本质的区别，这体现了警察核心价值观的政治属性，是人民民主专政对始终保持公安机关的性质、本色和作风不变色的基本要求。

2. 体现职业属性

爱岗敬业、乐于奉献、勇于献身的行为取向，为公安事业的发展贡献自己的力量，是警察的职业要求。甘于奉献、不怕牺牲的精神已深融于警察核心价值观，这体现了警察核心价值观的职业属性。

3. 体现利益属性

维护最广大人民群众的根本利益是一切公安工作的出发点和落实点，每位民警需牢记公安机关的性质和宗旨，执法为民，切实实现、维护和发展好广大人民群众的最直接、最关心、最现实的利益。忠诚于人民、服务于人民，这体现了警察核心价值观的利益属性。

4. 体现纪律属性

每位民警均须养成令行禁止、雷厉风行的优良作风，自觉遵守国家有关法律法规和公安机关内部条令条例以规范日常言行举止，这是公安机关形成坚强战斗力的重要保证，也体现了警察核心价值观的纪律属性。

5. 体现道德属性

新时期的每位民警须自觉加强道德修养，养成高尚道德和良好风尚，体现警察文化的先进思想，做社会道德行为的楷模和示范，提高做群众工作时的威信和说服力，以得到人民群众的尊重和支持。这是警察核心价值观的道德培育目标，体现了其道德属性。

6. 体现创新属性

创新是一个国家、一个民族的发展之本、进步之源。公安民警须与时俱进，在公安实践活动中面对一个个困难、一个个新的考验，不断加强自身学习，勇于工作创新，这是公安事业能够持续不断发展的不竭动力和源泉，体现了警察核心价值观的创新属性。

## 第二节 人民警察核心价值观的要求

### 一、人民警察核心价值观

人民警察核心价值体系，由“忠诚、为民、公正、廉洁”等方面有机组成，这是一个完整的警察理念系统，是一个结构严谨、相互联系、相辅相成、系统深刻的科学体系。

#### （一）忠诚——人民警察核心价值观的根本要求

忠诚可靠是人民警察践行核心价值观的根本要求，是基础和前提。人民警察要忠诚于党，始终听党指挥，与党中央保持高度一致；忠诚于祖国，始终把公安工作置于祖国发展大局中去谋划，努力为祖国发展创造良好社会环境；忠诚于人民，为人民的安居乐业创造良好社会环境，最大限度满足人民日益增长的公共安全需求。人民警察要做到政治可靠，牢固树立社会主义法治理念，严格遵守法律、遵守公安职业操守和各项工作规范，以组织利益为重，服从组织安排，经得起考验，热爱公安事业并愿意为之奋斗和付出。

#### （二）为民——人民警察核心价值观的本质特征

公安队伍的根本宗旨是全心全意为人民服务，这也是公安队伍的最高价值追求。新时期人民警察把“服务人民”作为其公安精神，充分表明了公安队伍把人民利益放在高于一切的位置。情为民系、利为民谋、事为民办、权为民用，是人民对新时期公安工作的新要求和新期待。人民警察发扬优良传统，不断加强和改进公安工作，最大限度消除不安全因素，增加和谐因素，坚持服务人民，为祖国繁荣昌盛、为社会和谐稳定、为人民幸福安宁做出贡献，这是人民警察践行核心价值观的本质特征。

### （三）公正——人民警察核心价值观的目标指向

人民警察承担着打击敌人、惩治犯罪、维护国家安全和社会稳定、保护和服务人民群众的重要使命任务，公正执法是警察核心价值观的目标指向，要求公安机关的每一项执法活动中均做到公平正义，具有强大的执法公信力。公正执法要求警察执法活动做到以事实为依据，以法律为准绳，坚持实体公正与程序公正并重，秉公办案；要求坚持警务公开，监督和制约执法过程，及时纠错、严查违纪，最大限度地满足人民群众的知情权、监督权；坚持并努力实现公正与效率的有机统一。

### （四）廉洁——人民警察核心价值观的道德基础

清正廉洁是中华民族的传统美德，是警察核心价值观的道德基础。警察与人民群众直接打交道，又有相对较多机会接触社会阴暗面，在手握一定公权力的同时是否做到清正廉洁，这关系到能否维护公安队伍整体形象，更关系到能否巩固人民民主专政的国家政权和党的执政地位。人民警察需大力倡导清正廉洁之风，树立良好的道德人格。清正做人，在政治上、经济上、作风上光明磊落、堂堂正正、廉洁办事，不利用职务之便贪占利益，坚决抵制各种腐朽思想的侵蚀。

## 二、人民警察核心价值建设的意义

警察核心价值体系是警察精神文化的核心与灵魂。警察核心价值体系的建设对履行公安机关历史使命，永葆警察政治本色，提升警察战斗力具有重大理论和实践意义，决定着警察精神文化建设的性质和方向。

### （一）警察核心价值体系是精神旗帜

警察核心价值体系是警察核心价值观的基础和前提，是警察核心价值观形成和发展的必要条件。警察核心价值观渗透于警察核心价值体系之中，引领警察核心价值体系的构建，是警察核心价值体系的内核，通过警察队伍核心价值体系表现出来。

### （二）警察核心价值体系是思想基础

新时期随着改革开放的深入进行，社会结构和社会利益日益多样化，人们的思想观念趋向多元化，警察队伍作为社会的一分子也是如此。警察队伍赖以存在和发展的根本前提是建立并巩固其共同团结奋斗的思想基础。建设警察核心价值体系，正是巩固警察队伍共同思想基础的需要。警察核心价值体系在统领警察思想观念、凝聚警察队伍战斗力的同时，应具备包容性，还须尊重警察个体的不同思想观念。

### （三）警察核心价值体系是道德共同进步的迫切需要

警察核心价值体系在巩固警察队伍共同思想基础的同时尊重其思想道德的多元性，但同样不能忽视警察队伍思想道德状况出现参差不齐的现状，更不能降低甚至否定对警察队伍思想道德先进性的要求。警察队伍思想道德水平是与整个社会的经济、政治发展水平相适应的，同时具备警察工作的特殊性。警察核心价值体系作为联结警察队伍的精神纽带，既具有极强的广泛性，又具有鲜明的先进性。建设警察队伍核心价值体系，也是引导警察队伍群体在思想道德上共同进步、永葆先进性的迫切需要。

### （四）警察核心价值体系是适应文化改革发展的迫切需要

当前，我国已进入全面建设小康社会的新时期。受体制转轨、社会转型、观念变革和利益调整等外界环境的影响，警察的价值观和行为方式都发生着深刻的变化。同时，突发事件和违法犯罪数量攀升，公安机关维稳治乱任务日益繁重。在此背景下，健全的法律规章和严明的管理制度需要配合良好的警察文化，合纪律管理硬力量与文化道德软力量于一体，约束和规范警察的行为。建设警察核心价值体系，与时俱进推进警察文化创新，这是新时期我国公安机关准确把握时代发展要求、适应文化改革发展的迫切需要。

## 三、科学把握人民警察核心价值建设的着力点

### （一）从理论向心理转化

警察核心价值体系是公安机关对警察队伍建设和警务实践活动的理论概括与

精神提炼，具有鲜明的警察职业特点和时代精神。警察核心价值体系在高度重视理论建设的同时，更要高度重视实践建设，实现警察核心价值体系从理论意识形态向社会心理形态的转化，采取多种教育途径和措施，解决信念和价值观问题，把核心价值体系内化于警察内心，贯穿于执法工作全过程，提高广大公安民警心理认同感、自觉意识，真正发挥核心价值体系的教化与规范功能。

（二）从评价向行为转化

建设警察核心价值体系，重在实践。只有使警察核心价值体系这套规范体系和评价体系真正落地于实践，体现于公安民警的日常工作中，实现价值评价向价值行为的转换，才能实现警察核心价值体系对于公安工作的实践功能和指导作用。从价值评价向价值行为转化，最重要的是在公安民警心中形成对于核心价值体系的敬重之心。诚然，外部的强制力量，如法律，固然可以约束公安民警的行为，但内心的力量对公安民警的行为激励与约束的作用更为牢固、更为强烈、更为持久。

（三）从规范向示范转化

价值示范在社会导向作用方面比价值规范更具说服力。建设警察核心价值体系，从规范向示范转化，从普通民警的生活、工作中挖掘典型、示范典型，用鲜明事例展现人民警察在履行、实践警察核心价值体系中取得成绩，证明其建设具有实践可操作性，这是公安机关崇尚先进、鼓励先进，践行公安机关由管理型向服务型转变的要求。

## 第三节　人民警察核心价值观的教育

新时期培育警察核心价值观，是警察精神文化建设的战略任务，这是一项长期性的基础工程，也是一项综合性的系统工程，需要制定完善的策略并借鉴其他领域核心价值观的优秀教育成果，围绕警察核心价值观教育的内容、方法和效果，给予科学的理论指导。

## 一、扩展教育内容，确保符合警察实际需求

### （一）加强警察职业忠诚度教育

忠诚是人民警察的一种职业信仰。警察的职业忠诚，是警察恪守职业、追求事业的行为标准，表现为警察以认真负责、尽心尽力、全力以赴、甘于奉献的精神投身所从事的职业。从第一次踏进警察院校到进入实际的警察工作岗位，从系统化的理论学习到工作经验的感受与总结，从工作方法的学习到警衔晋升培训等专项学习，在警察学习、工作乃至生活的每一个环节都应使忠诚教育及学习成为常态化的规定环节，并使其成为终身机制。

通过忠诚教育，可增强广大民警把维护人民群众利益作为出发点与落脚点的警觉性与自觉性，努力提高人民满意度。通过建立并完善覆盖公安高等教育、入警教育以及各类专项教育环节的警察职业终身教育体系，可提高警察忠诚度，提升其整体能力水平。

### （二）注重警察为民服务教育

全心全意为人民服务是警察的根本宗旨，在进行具体的警察核心价值观教育时，需要把为人民服务作为重要的学习教育内容，并贯穿于具体的教育过程，努力使其在实际工作中得到切实有效的贯彻与落实。

1. 明晰权力来源，树立执法为民理念

在对警察进行具体的教育时，首先要让每一名警察都了解自己的使命，要让每一名警察都清晰地认识到警察的权力是来自人民。作为新时期社会主义社会的警察，必须从警察权力的来源、公仆意识、忧患意识等方面来对警察开展思想政治教育，让警察把更多的时间和精力用在爱民、便民、为民、利民和护民上面。

2. 树立公仆意识和服务意识

“为人民服务”是警察的宗旨，只有心里时时刻刻装着老百姓，时刻想着百姓安危，时刻不忘自己是人民公仆的角色，才能做到服务人民。在新时期，警察要坚定全心全意为民服务的宗旨不变，“一切为了人民，一切依靠人民，一切服务人民”，牢固树立公仆意识和服务意识，这也是新时期对警察思想政治工作提出的更高要求。

### （三）强调公正廉洁执法教育

公正廉洁执法是党和国家对公安执法工作的一贯要求，公正教育和廉洁教育是警察核心价值观教育的主要内容。公安机关要始终坚持把严格、公正、文明执法作为公安工作的总要求，通过强化教育，促进公安机关执法质量的稳步提升、执法状况的明显改善，提升警察执法公信力。

一是强化宗旨教育，认真开展“以公正促廉洁”主题教育活动，切实解决队伍中存在的执法不公、纪律松懈、责任不强等问题，增强学习、法治、群众、纪律、敬业、创新等意识。二是强化法治培训，定期组织警察开展基本法律知识、执法工作规范等为主要内容的全员学习培训活动，促进民警执法水平的提高，确保民警具备相应的法律知识和法律素质，真正做到依法办案。

## 二、创新教育方法，增强教育活动针对性

### （一）利用新型媒介，加强网络教育

随着信息技术的不断发展，网络及其附属产品在工作、生活中扮演着越来越重要的角色，警察核心价值观教育也应该紧跟步伐，充分利用新型媒介，发挥网络在核心价值观教育中的作用。

利用QQ、微信等方式，向警察发送体现核心价值观教育内容的小常识、小故事等，提高警察的学习兴趣，减少学习负担；尝试开发有关核心价值观教育的趣味软件，提高警察的学习主动性与参与性；利用电视、电影以及微电影等媒体形式，制作有关核心价值观教育的主题片、纪录片、电视、电影等，增强核心价值观教育的生动性；利用聊天工具及时与警察进行沟通，加强核心价值观教育效果的跟踪观察等。将大量的新媒介、新科技引入警察核心价值观教育中来，会使教育内容的呈现更生动，教育过程更全面，从而提高教育效果。

### （二）利用心理矫治，注重心灵沟通

开展心理辅导，解决警察在工作及日常生活中的心理问题，使警察有更多的时间与精力投入核心价值观教育学习中；进行一对一心理对话，掌握警察心理动态，不断完善教育内容；进行心理测试，发现警察在核心价值观教育学习过程中的心理障碍及疑惑，并有效给予疏导和解决，规避因心理问题而对核心价值观教

育产生负面影响；将具体的教育对象按照心理特征分类，针对不同的心理特征制定相应的教育计划，增加教育过程的适应性。将心理因素作为警察核心价值观教育计划制定及进行的重要影响因素，从心理上了解警察所想，分析教育困难，掌握教育突破点，从而使得核心价值观教育的内容更好更快地内化为警察个体的价值观。

### （三）扩展教育形式，促进自我学习

要突破常规化的弊端，就必须注重发挥受教育者的主观能动性，引导民警主动参与到警察核心价值观教育过程中。

在学习方式上，既要加强教育者主动教育、全面系统性增强警察核心价值观教育，也要注重警察个体自我学习，将核心价值观教育的内容更有效地与实践相结合，对实际工作产生切实的指导意义。

在学习机制上，可积极倡导“工作学习化，学习工作化”的理念，在警察实际工作中开展适合其实际工作的学习内容。

## 三、提升教育效果，实现教育目标

### （一）加强考核评估，提升整体效果

绩效考核是人力资源管理一项重点工作，其是一种科学的管理制度。结合警察工作的特殊性，将警察绩效考核工作映射到警察核心价值观教育工作的各个环节，衡量警察日常教育培训效果，不仅可以有效提升警察队伍的整体教育效果，而且还可以对整体效果进行全面、综合的评估。

### （二）完善激励措施，强化教育效果

建立合理的奖惩机制和监督约束机制，并制定相应的制度和方案予以落实，能够有效推动警察核心价值观教育培训工作顺利开展。将教育培训工作与警察立功受奖、评先评优、经济利益等挂钩，结合实际做好奖惩机制的落实，通过激励优秀、鞭策落后，能够最大程度地发挥教育的实际效果。对于警察思想政治教育来说，将层级监督与群众监督有效结合，才能充分发挥监督制约作用，使警察日常教育培训在基层实际工作中真正推行，落实到位并达到预期效果。

### （三）建立经费保障机制，巩固教育效果

警察核心价值观教育要建立完善的教育经费保障机制，以保证教育工作的顺利开展，并可一定程度激发警察学习积极性，巩固教育效果。可通过将教育经费纳入单位日常工作支出、建立警察教育奖励基金等方式，解决教育经费来源问题，保证经费充足，以增强教育工作稳定性。通过加强专门教育活动场所建设、教育设备及时维护更新等教育工作硬环境建设以及完善教育音像书籍等教育工作软环境建设，以创造良好的学习氛围，增强警察学习兴趣。

# 第三章　警察精神文化建设的文化资源

## 第一节　中西方文化资源

### 一、中国优秀传统文化

#### （一）中国传统文化的概念

中国传统文化是中华文明演化汇集形成的一种反映民族特质和风貌的民族文化，是中华民族历史上各种思想、观念形态的总体表征，是居住在中国地域内的中华民族及其祖先所创造的、为中华民族世代继承发展的、具有鲜明民族特色的、历史悠久、博大精深、传统优良的文化。

中国传统文化具有典型的伦理型特征，强调知行统一、知德统一，强调教化作用、以惩恶扬善为宗旨，强调“忠、孝”、充满人文精神。中华文化具有强大的生命力和凝聚力，具备突出的地域性和多样性。

#### （二）中国优秀传统文化的主要精神在当代社会的新诠释

中国传统文化历经五千年的发展，其体系中很多重要文化基因、思想观念和行为准则已凝练为民族文化的灵魂和精髓，升华为当今社会民族精神的重要内涵。

1. 自强不息、刚健有为的拼搏精神

我国古代名著《周易》曾指出：“天行健，君子以自强不息。”主要是引导人要像日月星辰一样刚健，不停地奋斗进取，培养独立的意志、良好的人格品质与为人处世原则。中国传统文化提倡自强不息的精神，自强不息精神是华夏民族历经磨难而依然屹立世界东方的重要因素。孔子的“发愤忘食，乐以忘忧，不知老之将至”的生活态度、其矢志不渝坚持的“三军可夺帅，匹夫不可夺志”的精神等，都是对儒家和儒学最有概括性的经典论述。北宋王安石变法、明代张居正改革、近现代反抗帝国主义侵略等，体现了以仁人志士为代表的中国人民的社会生活实践和精神状态。这种拼搏精神，造就了中华民族百折不挠的品格，是其历经磨难而依然屹立世界之林的重要因素。

2. 以和为贵、和而不同的和谐思想

中国传统文化相较于西方文化追求多元竞争的状态，其更崇尚和谐统一。“以和为贵”是中国传统文化的根本特征和基本价值取向。“和而不同”是对“和”这一理念的具体阐述，“和”不是追求表象上的相同和一致，而是追求内在的和谐统一。今天，“以和为贵、和而不同”不仅促进了中华民族大团结，使各民族能够和睦友好相处，提升了中华民族凝聚力，而且也是人类共同生存的基本条件和基本法则，是世界多元文化共同发展繁荣的必由之路。

3. 民惟邦本、本固邦宁的民本精神

殷商朝代出现的《尚书·五子之歌》中提出了“民惟邦本，本固邦宁”。其是我国传统文化民本思想的最早阐释。国家的根本与基础是老百姓，老百姓安居乐业了，国家就能太平，现在提出的“以人为本”，正是对传统“民本”思想的继承和发扬。“以人为本”的主要措施之一就是通过改革开放、解放和发展生产力以满足人民日益增长的物质文化需求，在平等自由的条件下促进人的全面发展。

4. 天人合一、人与自然和谐共生的思想

宋代著名哲学家张载在其名篇《正蒙·乾称》中提出“因明致诚，因诚致明，故天人合一”。这一重大而先进的哲学命题，提出了中华民族万物同源、和谐共处的思想。“天人合一”提出了人与自然的辩证统一关系，强调人与自然的和谐。作为自然界创造出来的人，不应凌驾于自然之上。作为自然界的重要组成部分，人应在实践活动中充分认识自然，尊重自然万事万物的生存权利，调整和保护自然，实现人与自然天地万物的和谐相处、共同发展。

## 二、外来文化与中国文化的差异及互补

中国文化的发展历程就是不断吸收外来文化的文化融合过程。在当前全球化的时代，各种文化相互开放、交流、吸取，是世界文化发展的共同潮流，是一种文化、文明之间的平等对话，这有利于不同民族顺应时代发展创造新的文化，从

而使民族的文化具有更强劲的生命活力。

在当今时代，我国文化对话的主要外来文化对象是西方文化。西方文化与中国文化相比较，存在的异质性有如下各方面：

### （一）外来文化的含义

外来文化是指从不同的国情、民情、地理、历史、人文、伦理等文化系统中移植（吸收、消化）过来的异域文化。这也是人类文明的重要组成，有其理性和存在发展的特定价值。特别是步入近代以后，以欧美工业发达国家为代表的西方文化建立在高度发达的生产力水平之上，反映了人类文明发展到一定阶段的先进成果。同中国传统文化一样，外来文化也是人类文明的重要组成部分，有其合乎人类理性的一面，有其存在和发展的特定价值。

### （二）外来文化与中国文化的差异及互补

1. 思维方式有差异

西方人认识和把握事物真理采用抽象思维和逻辑思维方式，剖析整体再加以综合，注重思辨和理性实证分析。随着近代科学的发展，逻辑思维和实证分析的思维方式和方法得到了进一步发展，并推动着西方科学的发展。

中国人认识和把握事物真理是基于事实和已有的经验知识，先识别、理解客观事物的本质及其规律性，再进行整体判断，认识世界的方式是“体知”而不是“认知”。中国历史上受封建保守思想束缚，缺乏实证科学的探索。

2. 价值取向有差异

西方人重个人，认为人类社会的基点是个人，个人高于社会整体，有个人才有社会整体，个人的能力决定了其生存方式及生存质量；重竞争，提倡每个人都应表现出个性，人生价值是通过表现自我个性来体现，是通过人与人之间的竞争来实现。

中国人重群体、社会，强调群体和社会意识，认为个人利益应当服从社会整体利益，个人要伴随着整个社会的发展才能得到个人利益最大化；重和谐，认为关心、关怀别人是一种美德，提倡无私奉献，且个人依赖性较强，缺乏拼搏竞争意识。并排者之争在中国古代被叫作“竞”，对面者之争被叫作“争”。这两个字渐渐被人们合在一起，叫作竞争，即比赛着夺取的意思。一般“竞”“争”在中国古代被当作不好的事情，而提倡“忍”“让”，缺少对公平竞争的尊重和向往。儒家学说强调“长幼尊卑”的等级程序，道家学说强调“无为、不争、若水、争雌”，儒道互补，再加上皇权的愚昧与残酷，中国人的思想意识里就变得比较缺少“竞争”的观念。在一个集体中，一人取得成就，被视为集体的成就，集体感到光荣。

3. 伦理道德有差异

西方人重个人放任，崇尚个人奋斗，鼓励开拓创新，应为个人取得成就而自豪；重独立，崇尚培养其独立生活的能力，子女一旦结婚，经济上必须独立，父母不再有义务资助子女，给青年人提供了最大限度的自由，培养其独立生活的能力，但亲属关系比较疏远。

中国人重谦虚谨慎，不主张在个人取得成就时炫耀个人荣誉；重中庸，在人际关系上要求人们不偏不倚，在行言立事上要求权衡左右，保持和谐，互相帮助，不利于青年人独立能力的养成。但这种谦虚在西方人看来，不仅否定了自己，还否定了赞扬者的鉴赏力，在资本主义市场竞争中是行不通的。

4. 行为规范有差异

西方人重利，崇尚以个人权利为基准去追求私利，不重视人与人之间的情义；重法，崇尚法治，法律既可解决人与人之间的矛盾，又可制裁对个人人权的侵犯。因此，西方国家法治的发展是与人的权利价值观有密切关系的。

中国人重义，崇尚“君子喻于义，小人喻于利”，不能驱义逐利，义是最高准则；重情，自古以来约束人们的行为规范和维系社会主要靠道义，法律意识相对淡薄。

5. 社会关系意识有差异

西方人重平等，强调个人竞争之上的平等，无论贫富，人人都会尊重自己，不允许他人侵犯自己的权利，同时又能充分尊重他人。西方人认为，只要努力就一定能取得成功。

中国人重等级，重视“官本位”“家长制”“一言堂”，封建主义的特权思想很大程度上深刻影响着生活的正常进行。

西方文化的诸多与中国文化相异的特质，对中国文化在多方面可以形成互补。现代警察精神文化建设，需充分继承和弘扬中国优秀传统文化的精髓，同时也应大胆吸收和借鉴西方外来先进文化的文明成果。

# 第二节　中国优秀传统文化的引导作用

## 一、中国优秀传统文化在警察精神文化建设中有着重要引导作用

### （一）中国优秀传统文化的规范作用

中国优秀传统文化对警察生活的影响和作用主要是通过中国优秀传统文化中的文化观念、道德观念来实现的。针对警察个体在道德、理想、观念、情感、习惯上必然表现出的个性差异，要求警察按照一定的规范去活动，通过总体对警察加以文化观念上的规范，使其在长期工作实践中积淀文化因子，最终自觉转化为个体的内心信念。这比法规和纪律的影响和作用更有成效，能让他们更好地履行警察的特殊使命。

### （二）中国优秀传统文化的激励作用

同其他文化一样，中国优秀传统文化也是以从实践到精神的方式来认识和把握世界的。中国传统文化中的人格和文化理想，能够激发和鼓励每个警察主体从其所体验的某种未满足的需要或未达到的目标出发，激发其追求发展的动机，发挥其内在潜力，诱导其行为，调动其主动性和积极性，为实现追求的目标而努力，最终促使警察主体的自我完善。

### （三）中国优秀传统文化的凝聚作用

一个团队的文化，是这个团队在长期实践活动中总结积淀出的，反映这个团队成员共同的心理特点，具有强大的亲和力和凝聚力。中国优秀传统文化即是如此，它的这种凝聚功能有利于警察这一武装团体提高其凝聚力和战斗力。对警察队伍进行中国优秀传统文化教育，可以协调警察内部关系，使其增进友谊、上下团结，提升警察内部凝聚力；可以影响警民关系，使其警民亲如一家，提升警民间的凝聚力。

### （四）中国优秀传统文化的教化作用

中国优秀传统文化的教化功能是指中国优秀传统文化所具有的、能够以潜移

默化的形式转变成员思想觉悟和文化观念的内在机制。“道之以政，齐之以刑，民免而无耻；道之以德，齐之以礼，有耻且格”等就是中国优秀传统文化中关于道德品质、行为规范、处理内外人际关系的原则。中国优秀传统文化对加快和促进警察素质的提高和作风的转变具有明显的教化功能，在警察队伍中深入开展这种文化教育，能够影响警察的道德思想和生活情操，重塑警魂。

### （五）中国优秀传统文化的传承作用

中国优秀传统文化是参加实践活动的民众所创造的精神财富，人民警察作为中华民族一员，其对优秀传统文化的受教过程是个人学习和掌握中国优秀传统文化的过程，同时警察作为今天承担社会稳定重任的主体，亦需大力提倡中华民族长期积累形成的爱国主义情怀、舍己为公精神、团结协作意识、严明如铁纪律、吃苦耐劳毅力和一往无前气概，并一代代传递下去，这就是中国优秀传统文化对警察精神文化建设的传承作用。

### （六）中国优秀传统文化的美育作用

中国优秀传统文化的美是以千百年来社会实践逐渐发展和完善起来的文化人格来显现的，我们对正义的认识，都是中国优秀传统文化自然积淀的结果。警察队伍担负维护社会稳定、人民生命财产安全之重任，警察的仁、礼、忠、信、义、智、勇等文化人格本身就是全社会的一份丰厚的审美资源，是任何其他社会实践所不可比拟的。基于此开展的中国优秀传统文化美育教育，独特于其他警察精神文化教育方式。对警察个体而言，中国优秀传统文化的美育教育，能够提高其审美能力，丰富其精神生活，推进其素质教育，扩大警察精神文化的建设成果。

## 二、中国优秀传统文化对警察精神文化建设的滋养与实现

### （一）有助于警察弘扬爱国主义精神、树立报国远大理想

《孟子·尽心上》中“穷不失义……达不离道……穷则独善其身，达则兼济天下”和《大学》古训“修身、齐家、治国、平天下”，都彰显出积极入世、匡济时艰的宏大志向。中国传统文化中蕴含的这种观念，对当时和后世都有深远影响。中国古代就有无数志士慨然以“天下为己任”，形成精忠报国的浩然正气。

如：西汉杰出的史学家司马迁“常思奋不顾身，而殉国家之急”；南宋大诗人陆游吟出“一身报国有万死，双鬓向人无再青”“位卑不敢忘忧国”的诗句；明末顾炎武发出“天下兴亡，匹夫有责”的豪言壮语；明朝东林党人“风声雨声读书声，声声入耳；家事国事天下事，事事关心”等，无不散发着强烈的公而忘私、国而忘家精神。中国传统文化中爱国主义的崇高感情和入世救世的使命意识是中华民族五千年文明亘延不息的国魂和民魂。

鲁迅先生说过：“惟有民魂是值得宝贵的，惟有他发扬起来，中国才有真进步。”当前，中国优秀传统文化对社会各阶层依然具有巨大的影响和借鉴意义。作为人民卫士的警察，继承和发展传统文化中“天下为己任”“济世安民”的思想，就要站在国家和民族兴衰的高度来规范自己的言行。

首先，要继承先贤的爱国传统，自觉维护国家统一、领土完整和民族团结。当今世界政治多极化、经济全球化、社会信息化、综合国力竞争白热化，犯罪高智能化、国际化趋势加剧，开放的环境使人们的思想活动更具动态性、多变性，传统安全威胁和非传统安全威胁的因素相互交织，公安机关的任务更艰巨、工作更重大。广大公安民警要大力加强国内安全保卫，严厉打击各类违法犯罪活动。公安机关要加强防恐反恐的对策研究，从而真正把以“天下为己任”的爱国热情落实在维护国家安全和社会稳定、维护社会主义中国长治久安的具体行动上。

其次，要把弘扬爱国主义精神与坚定社会主义信念、发扬集体主义精神有机地统一起来。爱国主义是一个古老的话题，又是一个崭新的课题，在不同历史时期有其不同的内涵和要求。在当代中国，爱国主义与社会主义本质上是共通的，因为当代中国，民族独立要靠社会主义来保障，民族统一要靠社会主义来凝聚，民族富强要靠社会主义来实现。当然，社会主义在发展过程中并不一帆风顺，会有许多艰难险阻，但公安民警要坚定政治信念，要做到以“天下为己任”，要自觉地把实现个人抱负与服务祖国和人民有机地统一起来，为中国社会主义现代化建设建功立业。

### （二）有助于警察树立秉公执法、依法治国意识

长期以来儒家忠君思想被视为中国传统文化中的糟粕，其实人们忽略了儒家倡导的忠君是以尊重道义为前提条件的。如孔子宣扬“杀身成仁”，但前提是“以道事君，不可则止”（《论语·先进》），意味着“道”是士的最大追求，若“从道”与“事君”发生矛盾，那就要以“从道”为要；孟子强调“君子之事君

也，务引其以当道，志于仁而已”（《孟子·告子下》），他激烈抨击一味逢迎君主的行为是“妾妇之道”，还声称“天下有道，以道殉身；天下无道，以身殉道，未闻以道殉乎人者”（《孟子·尽心上》）；先秦大儒荀子则进一步明确提出“从道不从君”（《荀子·臣道》）。

“从道”的核心是尊重真理、道义，但它是一个历史范畴，在不同的时代、不同的社会制度下有不同的内涵。在古代，“从道”体现为按照儒家精神修明政治、悟守规范、讲求伦理道德，在当代则主要体现为依法治国、以德治国，建设社会主义政治文明。

公安机关作为国家的重要执法机关，承担着刑事司法和行政执法的双重职能，在推进社会主义政治文明建设和维护社会公平正义中承担着重要的历史使命。新时期警察精神文化建设借鉴传统文化中“从道不从君”的思想，就是要“从道不从权”“从道不从钱”，把秉公执法视作“从道”的最直接体现，摈弃中国两千多年的封建专制政治制度带来的“官本位”思想、“人治”传统的影响，在某些领导干部运用权力干扰执法机关秉公办案、某些部门出现以权代法、以言代法的情况时，正确处理“从道”和“从权”的关系，敢于碰硬。面对某些人行贿搞权钱交易要保持清醒的头脑，正确处理“从道”和“从钱”的关系，一身正气、两袖清风，以对人民和历史负责的态度，从推进社会主义法制建设的进程、保持党同人民群众的血肉联系，从维护改革发展稳定大局的高度，通过惩恶扬善扶正祛邪的执法活动，维护“有法可依，有法必依，执法必严，违法必究”这个“道”。

### （三）有助于警察强化全心全意为人民服务宗旨观念

“民本”思想是中国传统文化政治理论中最主要的亮点：孟子提出“民为贵，社稷次之，君为轻”（《孟子·尽心下》），意思是说人民最为尊贵，永远是执政的基础。为此孟子进一步提出与民同乐同忧的思想，“乐民之乐者，民亦乐其乐；忧民之忧者，民亦忧其忧”（《孟子·梁惠王下》）。荀子从水和舟的关系形象而贴切地道出了民对国家（君）的决定意义，他说：“传曰：君者，舟也；庶人者，水也。水则载舟，水则覆舟”（《荀子·王制》），这一观点到唐太宗时的宰相魏征时进一步阐发为“水能载舟，亦能覆舟”的思想。宋代司马光明确提出“民者，国之堂基也”（《惜时》），明末清初的黄宗羲则提出了以民为“主”的观念。先哲的表述虽各不相同，但其要义却有共同点，那就是：强调民为国家的基础，没有民也就没有国；民心向背决定国家的兴亡；立国施政须以人民为政治主体、以人民的福祉为最高目标。

中国共产党继承和发展了中国优秀传统文化中的“民本”思想。毛泽东同志指出：“人民，只有人民，才是创造世界历史的真正动力。”① 邓小平同志曾自豪地表白：“我是中国人民的儿子，我深情地爱着我的祖国和人民。”在新时期的警察精神文化建设中坚持“民本”思想尤其必要：首先这是保持与人民群众血肉联系、巩固党的执政地位、维护社会主义中国长治久安的政治需要；其次也是警察工作面临的时代要求使然。因为随着社会知识化水平、国家法治水平的提高，民主化进程的加快，人权保障机制的健全，尊重人权、倾听民声日益成为时代主流。在此形势下，公安民警要彻底抛弃历史上遗留下来的封建执法理念的残余和衙门作风，尽最大可能实现好、维护好、发展好最广大人民群众的根本利益，使公安工作日趋民本化。当前，要根据人民群众的新需求和警民关系的新变化，着力搞好制度和措施延伸，不断提高为民服务的水平，努力做到：第一，维护稳定大局，使人民群众具有安全感。第二，服务建设大局，为发展民生保驾护航。第三，接受人民的监督，使公安工作符合民意、民利，赢得民心。

### （四）有助于提升警察人格精神

中国传统文化高度重视人的品格问题，设计了诸如“仁人”“君子”“豪杰”“大丈夫”等理想人格。在古代圣贤推崇的理想人格中有两个基本方面值得公安民警关注：

其一，自强不息。中国古代圣贤提出欲成事业者必须具备杰出的人格和自强不息的精神。如《易经》提出“天行健，君子以自强不息”，意思是要人们去仿效天地运行的刚健风格，不畏任何艰难险阻，去改造自我和改造社会；《孟子·告子下》说：“天将降大任于斯人也，必先苦其心志，劳其筋骨，饿其体肤，空乏其身，行拂乱其所为。所以动心忍性，增益其所不能”；大史学家司马迁在《史记·太史公自序》中引用史实论证：“孔子厄陈、蔡，作《春秋》，屈原放逐，著《离骚》；左丘失明，厥有《国语》；孙子膑脚，而论兵法；不韦迁蜀，世传《吕览》；韩非囚秦，书《说难》《孤愤》《诗》三百篇，大抵贤圣发愤之所为作也。”这些论述的中心思想是倡导自强不息的精神，激励后人前赴后继、

---

① 毛泽东：《毛泽东选集》第3卷，人民出版社1991年版，第1031页。

百折不挠。

自强不息的精神是中华民族精神的脊梁，直接影响警察的人格塑造和精神活动的走向。当前需要在警察中倡导自强不息的精神，发扬一不怕苦、二不怕死的精神，自尊自信、坚忍不拔，很好地承担起专项整治斗争、治安大排查、重大节假日保卫、处置突发性事件和侦查案件等任务，在各种艰难复杂的情况下经受血与火、生与死的考验，以满腔热血铸就金色盾牌的无限忠诚。

其二，先忧后乐。“克己复礼”、个人利益服从国家和群体利益是中国传统文化中的又一个闪光点，新加坡领导人李光耀和吴作栋都曾经将此归结为新加坡起飞的原因之一。在中国历史上，屈原有“长太息以掩涕兮，哀民生之多艰”的忧国忧民情怀，杜甫有“安得广厦千万间，大庇天下寒士俱欢颜……吾庐独破受冻死亦足!”的崇高境界，范仲淹则在《岳阳楼记》中写下了“先天下之忧而忧，后天下之乐而乐”的千古名句，近代的林则徐留下“苟利国家生死以，岂因祸福避趋之”的诗句，这都充分体现国而忘家、无私奉献的精神。

无私奉献精神的实质，是把国家和人民利益放在首位，全心全意为满足社会需要贡献自己的力量，这点对警察精神文化建设有重要借鉴意义。建设中国特色社会主义、实现中华民族伟大复兴是前无古人的伟大事业，需要全国人民大力弘扬无私奉献的精神。革命战争年代是枪林弹雨的生死考验，和平时期面临的更多是义与利的考验。一旦局部利益与全局利益、个人利益与群体利益出现“鱼和熊掌不可兼得”的情况时，警察应坚决以全局利益为重，弘扬“先天下之忧而忧，后天下之乐而乐”的精神，做乐于牺牲、甘愿奉献的带头人。

## 第三节　西方外来先进文化的借鉴作用

欧美等西方国家的警察文化研究从二十世纪五十年代开始出现，主要从社会学角度，特别是职业社会学和社会心理学角度，以警察职业形成与发展，特别是警察负面文化，如警察腐化堕落、违法行为等现象为主要研究对象，更多地运用社会学、心理学的研究方法，如使用调查问卷、心理测试等实证手法，对警察文化现象作定量分析和局部描述。西方警察文化可对我国警察精神文化建设提供有益借鉴。

## 一、发挥理论优势，加强实证研究

我国警察文化研究重理论轻实证，西方警察文化研究则重实证轻理论。从科学认识的辩证角度讲，这既是各自的优势，也是各自的缺陷。理论思维有利于揭示警察文化规律，概括警察文化本质。实证研究则有利于描述分析和掌握警察文化的客观现状。但是，脱离实际的理论推演和抽象思辨，则必将失去其实践功能；而建立在某种片面主观假定项目基础之上的实证调查研究，其结论也未必全面准确。我们应当由此看到我国警察文化研究的长处和短处，既不能丧失自身理论研究的优势而完全模仿学习西方的实证研究，更不能抱残守缺、拒绝采用实证方法，应当坚持理论联系实际、定性研究与定量分析相结合来开展科学研究。

## 二、既要弘扬、传播警察正文化，又要批判、遏制警察负文化

我国重视警察正文化研究，忽视警察负文化研究，而西方则重视警察负文化研究，忽视警察正文化研究，因而双方的研究范围和方向都具有一定的局限性。因此，我们应当拓宽研究视角，在坚持以研究警察正文化为核心的同时，以弘扬传播警察正文化、遏制警察负文化的生长与蔓延，促进人民警察精神文明建设为宗旨去加强警察负文化的研究。通过研究警察负文化，以对警察负文化的揭露去发现警察正文化的尊严，加固警察正文化的价值，鉴戒并促使我国警察文化建设少走弯路。

# 第三编

# 公安院校物质文化

# 第一章　公安院校物质文化概述

校园物质文化是校园精神文化的载体。公安院校校园物质文化作为校园文化的重要组成部分之一，是公安院校师生物质文化活动的产物，在公安院校特定大环境中是指有计划、有目的地为实现育警目标而建立、积累并用于共享的物质环境。本章重点研究公安院校物质文化的特点、内涵，包括它在校园文化中的地位。

## 第一节　公安院校物质文化内涵与特征

要了解公安院校的物质文化内涵，首先应该明确物质文化是什么。物质文化，即为了满足人类生存和发展需求而形成的物质产品及其表现文化，是文化要素或文化景观的物质表现方面。公安院校校园物质文化，是一种特定场所下的物质文化形态之一，公安院校的校区建设、主楼风格、校徽、校旗等，都是物质文化的体现，所以公安院校校园物质文化也就包含了自然环境、教育教学设施、人文景观、校园规划、校园建筑、活动场所等各方面。

公安院校物质文化作为精神文化的载体，包括教学设施、生活设施、体育设施、校园环境、图书馆、警体馆及校史馆等固定物质形态。它是公安院校校园文化的物质基础和外部表现形态，其存在形式为校园环境、建筑布局、人文景观、学科专业、师资队伍、教学设施和手段等有形事物。作为公安院校教育教学物质条件构成，它是能被人们感觉到的客观存在的实体文化。公安院校物质文化作为一种特定空间中的特殊文化，具有下列特性：

### 一、对警营精神文化的承载性

公安院校物质文化承载着一代代学警们的精神文化。物质是精神的物化载体，人的精神是依靠物质而产生的，精神无法离开物质。警营精神文化作为一种特殊的精神，同样也需要有物质对其进行实体的“承载”。

公安院校校园的精神除了通过媒介和固定途径向外传播，更多的是通过公安院校校园固定建筑和生活配套设施去展现的。公安院校在其校园建筑、体育器材和生活设施方面有着区别于其他高等院校的特殊性，比如警体馆、实战训练基地、警察行为拓展训练场、图书馆的法律文献室等场所，以及穿着在学子身上的警服和头顶的警徽等服饰。这些特殊的物质文化都向人们传递着一种特殊的精神——警魂。公安院校校园特色物质文化本身是通过物质结构去体现校园特色的物质文化，它来源于高校基础建设，除了学生的仪表体态、严格的警务化管理制度和警务训练以外，公安院校的物质文化也是区别于其他普通高校的主要方面之一。

## 二、对公安院校传统文化的传承性

公安院校物质文化具备文化所具有的一切特点，经过各种文化思潮交汇和社会发展变革，形成了一种贯穿始终、千锤百炼、无法轻易改变的校园特色，并且这一特色还将继续以客观的物质载体形式传递下去。公安院校物质文化作为一种特殊的校园文化物质载体，区别于其他高校的物质文化，有其存在的特殊意义和价值，是一种被社会广泛认同且普遍接受的文化。由于公安院校内部各系统的协调性和可持续发展性，公安院校物质文化势必也有其传承人和继承者。

公安校园物质文化的传承，要“取其精华，去其糟粕，批判继承，古为今用”，从而使公安院校物质文化顺应时代发展的文化特质，而不是原封不动地承袭传统文化，富有与时俱进的生机与活力。正如传统文化那样，发展是继承的必然要求，继承是发展的必要前提，继承与发展是同一过程的相对两个方面。传承公安院校的物质文化也应抱着如此的态度，发扬自身文化的优秀成果，发展其特殊性，同时吸收借鉴其他优秀的校园物质文化，使之富有生机与活力，为文化育警开创有利的物质环境条件。

## 三、对特定人才的培养性

公安院校是一个培养现代警务人才的最佳场所，有着明确的育人方向和目标，公安院校的物质文化建设承载着育警的最终任务。具有公安特色的校园建筑、图书资源、训练设施、生活场所等环境文化，对增强公安类大学生的专业知识、加强警务技能等职业能力的提升，存在着重要的影响。警服、警徽等警用服饰文化，对公安类大学生警察意识的培养方面，也发挥着重大的作用。

## 第二节　公安院校物质文化地位

公安院校校园文化作为公安院校发展的内燃机、调控器、黏合剂和助推器，具有教育、导向、协调、激励和凝聚的作用，熔铸在公安院校生命力、凝聚力和创造力之中。公安院校校园文化是公安院校在长期办学实践的基础上通过历史的积淀、自身的努力和外部环境的影响逐步形成的一种独特的社会文化形态。以文化现象的存在形态来对公安院校校园文化进行分类，可以分为物质文化、精神文化、制度文化和行为文化这四个方面，这四个组成部分缺一不可，既相互联系，又相互影响和制约。这四者共同构成了公安院校校园特有的文化氛围，其中，物质文化是基础，精神文化是核心，制度文化是保障，行为文化是外在表现。物质文化是校园文化的外壳，是精神文明建设的载体和反映，是校园中一种看得见、摸得着的物化的文化形态，同时又是进行物质文明建设的前提和基础。一个学生从进公安院校到离校，几乎每天都生活在公安院校物质文化的氛围之中，无论课内、课外、个体活动、集体活动，这种特殊物质文化环境总在无声无息地影响着他们，伴随着他们成长。所以，公安院校物质文化建设在实现育人目标方面占据重要的地位，主要表现在这几个方面：

### 一、公安院校物质文化是文化精神的载体，是公安院校校园文化建设的基础

精神文化建设离不开物质文化的承载，制度文化离不开物质文化的辅助，行为文化离不开物质文化的体现。公安院校物质文化总是为公安院校人才培养目标而服务的，在体现物质自身功能的同时具有对公安大学生的教育作用，不可能单独、无意义地存在。所以可以说，公安院校校园物质文化作为整个校园文化建设的基础，起着不可或缺的作用。

## 二、公安院校物质文化是学校和学生形象的代表

一方面，公安院校校园物质本身承载着校园精神文化，并且它也力图体现一种文化属性，比如：公安类校园物质文化的建设应给人阳光健康、积极向上、充满活力、自强不息、庄严规矩、富有时代气息的形象，应符合公安类大学生的身心特征。在这个以知识智力和创新能力为基础的知识经济时代，人的智力、知识、创新能力将成为时代和社会发展的主要源泉，公安院校的物质文化建设必须让同学在接受知识的同时，有利于学生专业知识的累积、警务技能的提升。另一方面，从本质上讲，物质文化作为人意识活动的产物是人的意识活动和社会存在的反映。多层次多角度地反映人的意识活动和时代特征是物质文化的共性，其本身是随着社会存在的发展而不断变化的。没有物质文化建设的基础就不可能进行精神文化建设，反之亦然。公安院校物质文化的建设有利于学警培养警察意识，校园物质的现代化建设有利于学生跟上时代步伐，与时俱进地学习并运用知识和技能，适应毕业后的职业需求。

## 三、公安院校物质文化是公安院校主体价值观取向的折射

公安院校校园物质文化作为校园其他文化形态存在和发展的物质基础，集中反映出公安院校的办学思想、教育理念、精神风貌与价值取向，同时也折射着学校主体的价值倾向和审美意向。

关于校园规划的物质文化特征，学校教学场馆等基础设施所呈现出来的亮点无一不是学校的办学思想和教育理念所物化而形成的校园物质文化的形式和内容；校园管理的规范程度、校园学生甚至教师群体的着装样式、仪态言行等精神面貌方面的表现，也都是一所高校精神风貌和价值取向的集中呈现。这些都是作为学校主体的学生和教师在长期接受包括物质文化在内的校园文化熏陶所形成的精神气质和价值倾向。

# 第二章　公安院校环境文化和服饰文化的功能

公安院校校园物质文化作为校园文化的有机组成部分，是由学校教育教学所具备的物质条件构成的，是可以被人感知的客观存在的一种实体文化，公安院校校园物质文化具一定有导向作用，体现在校园物质文化环境能够引导师生去实现学校所确定的目标，能够引导师生去追求这一文化所表达的理想。公安院校校园物质文化的约束作用体现在学校营造的物质文化氛围和环境上，它将物质文化内化为公安院校人的人格追求和行为准则，对学生起着一种软约束的作用，潜移默化地熏陶着、规范着学生，使学生发自内心地去自觉遵守，从而成为公安院校教育的一个重要组成部分和独特的育人载体。

公安院校校园物质文化一方面体现在它吸收融合社会主导文化及承袭以往的优秀校园物质文化，并加以革新、改造，再流传下去，发扬光大，也体现在它将学校师生创造的校园物质固化下来代代相传。公安院校校园物质文化具有陶冶作用，这主要体现在它通过学校营造的物质文化环境对人思想、性格产生有益的影响。公安院校大学生思想活跃，易接受新鲜事物，易被环境所影响。对社会开放形势下出现的各种现象和产生的社会文化信息，他们缺乏辨别筛选能力，受“从众”“模仿”等社会心理的支配，容易产生思想上行动上的盲目甚至误入歧途。他们的思想观点、政治态度、道德观念均含有极大的不稳定性和模糊性。学校教育的本质，就是使学生通过对文化价值的鉴别、摄取，获得人生意蕴的全面体验，进而升华自己的人格和灵魂并进行文化传递。校园物质文化在这方面具有独特的作用。校园物质文化与其相适应的优美、整洁、有秩序的学习和工作、生活环境，对生活其中的每个人起着陶冶情操、规范行为、引导思想的作用，形成了一个陶冶人心灵的场所。这种作用是无形的，又是无所不在的，其影响巨大且深远，能对人的一生发挥久远的作用。

公安院校校园物质文化不但包括学校的教学设施设备、生活设施、体育场馆、娱乐设施及办公场所等为实现学校德育、智育、体育等多种教育目标而提供的一切物质资源，还包括校园所处的外部环境、人文环境和区域文化等自然环境。

创建积极健康的公安院校校园物质文化，有利于装饰校容，美化环境，陶冶情操，净化心灵，能够以其独特的物质文化形态对学生成长成才产生重要影响，有助于学生树立正确的人生观、世界观和价值观，帮助他们增强他们的社会责任感，建立高度的责任心，从而有利于促进其社会化的完成，引导他们更快、更好适应公安工作和社会发展需求。

## 第一节　公安院校环境文化的作用

公安院校环境文化是指学校的地理环境、规划与布局、校舍建筑、校园人文景观、文化传播设施、生活设施、绿化美化等。它是关于学校环境的价值理念、存在形态、心理认知等文化要素的总和。学校的整体布局设计、各楼宇的建筑装修都展现出学校的风格和文化。根据环境互动理论，一方面，人类创造了物质环境，并通过活动使物质环境打上人类思想的烙印；另一方面，人又是物质环境文化的受用者，人的发展是人和周围环境相互作用的结果，在特定的环境中时时刻刻受到熏陶和感染。环境中的一切事物都可以作用于人，使人产生内心和行为上的某些变化。总之，人的发展一刻也离不开环境因素的影响，无论是生理方面的、还是心理方面的。我国古代的教育家荀子就曾经这样说过：“近朱者赤，近墨者黑。”“蓬生麻中，不扶自直；白沙在涅，与之俱黑……故君子居必择乡，游必就士，所以防邪僻而近中正也。”环境对人潜移默化的作用无疑在这里被强调了。2000 多年前的孔子也教育他的弟子要注重环境带来的文化影响。“孔子之教人，于诗乐外，尤使人玩天然之美。故习礼于树下，言志于农山，游于舞雩，叹于川上，使门弟子言志，独与曾点。”尽人皆知的“孟母三迁”在这个方面更是一个优化育人环境的典型事例：“孟子生有淑质，夙丧其父，幼被慈母三迁之教。”

公安院校环境文化体现学院师生的共同思想、情感和审美观等文化，它是公安院校文化的物化形态，是学院人对象化活动的结果。其中的一砖一石、一草一木，都发挥着育人的作用，浸溢着特定的精神文化内涵。“包含着人文、艺术、科学精神的校园建筑，就是传播文明、养成道德的生动教科书；各具特色的校园亭台、花园、草坪，就是培育警察的第二讲台；浓缩着公安工作发展历史和警察职业特质的校内雕塑、人文景点，就是公安院校传统和精神的示范和延续……通过这一切，环境育人的功能得以体现，特色的公安院校校园文化跃然涌现，美观大方、内涵丰富的文化特色，就成为公安院校校园环境文化的源头活水，随历史而常存，随时代而升华。”①

## 一、公安院校环境文化具有隐性教育的作用

公安院校环境文化是公安院校文化的“硬件”。它不仅能够对外直接展现公安院校鲜明的形象和文化氛围，为公安院校的人才培养提供工作、学习与生活的物质条件和必要的活动场所，而且能够间接对置身其中的师生产生潜移默化的影响。这些影响主要表现在对公安院校就读的大学生的性情陶冶、品行历练、情趣培养和潜能激发等方面。因此，如果说公安院校中的教学环节具有显性教育作用的话，公安院校环境文化则有着重要的隐性教育作用。

## 二、公安院校环境文化具有倡导氛围的作用

公安院校的环境建设在经过多年的发展已经初具规模，警体馆、培训中心、射击馆，游泳馆等应有尽有。公安院校在楼堂馆所及主干道路、教学区、学生宿舍区设立英模人物、著名科学家人物形象宣传标语、设立灯箱等，通过这种有形的文化环境和宣传媒体，使学生在无意中接受教育，置身于文化与知识的海洋，还可以充分利用广播、闭路电视、黑板报、校园网等多种形式，在全院范围内营造尊师重教、尊师爱生的良好的氛围。

## 三、公安院校环境文化具有陶冶情操的作用

优美的校园环境能促进公安院校生的学习和发展，有利于公安院校生素质的培养和提高。这种影响虽然是间接的、无声的，但其对公安院校生的影响力量却不容小觑。校园环境是一位无声的“演说家”，身在其中的公安院校学生会注意到它，不知不觉中受到熏陶和影响。事实表明：潜移默化的教育往往具有滴水穿石的力量，成功的教育往往是学生没有意识到自己在受教育而教育却已渗透其

① 饶艳萍：《高校校园文化创新途径的思考》，载《湘潮》2008年第4期。

中。因此，公安院校校园文化是通过优美雅致的校园物态文化来教育学生的，在耳濡目染中感化学生，影响公安院校生的思想品行和人格发展，使公安院校学生形成高雅的情操。

## 四、公安院校环境文化具有激发公安院校生归属感的作用

公安院校校园环境是大学生学习、生活的最主要空间，也是培养公安大学生综合素质的重要载体。学校无闲处，处处熏陶人，在郁郁葱葱、气韵自华的校园环境中，一草一木、一板一墙都蕴含着浓郁的文化底蕴，能起到教育人、启迪人的作用。公安院校校园环境以其春风化雨、润物无声的作用让学生身处其中并受到感染和熏陶，清新的校园环境、独具特色的校园建筑，能激发学生对公安院校的“归属感”“主人感”和自豪感，能给学生以巨大的精神力量，从而激发公安院校生努力学习、实现自我价值的热情。此外，健康高雅的校园文化对抑制低俗文化和各种消极思想对公安院校学生的侵袭有很大的作用，良好的公安院校校园环境有利于学生正确的世界观、人生观、价值观的形成。

## 五、公安院校环境文化具有提升公安院校生审美能力的作用

公安院校校园物质环境本身凝结着文化美。校园环境的建设和美化包含着多学科的内容，涉及美学、建筑学、社会学、心理学等。除满足环境基本使用作用外，校园物质环境最重要的价值是能提升公安大学生的文化素质和人文修养。校园环境体现出实用和审美的统一，大都是技术之美和艺术之美的完美糅合，不同的校园建筑风格承载着不同主体精神，给予人的审美感受也不同。公安院校校园环境具有自身的审美特性，依据公安院校所处地域的自然和人文背景，充分发挥环境的特点，实现精湛的技术美和充满想象力的艺术美的完美结合。校园环境是一所公安院校给人的“第一印象”，是公安院校的“文化名片”，校园环境体现的是一所公安院校的公安院校精神，它构筑并丰富着校园的审美空间。审美教育其实是一种情感或艺术教育，是学校教育的内容之一，但却是课堂教育不易达到的。有关心理研究认为，个体审美经验的过程就是接受陶冶、培育的过程。因此，可以说公安院校校园生活的四年甚至更长的时间就是公安院校生接受审美教育、不断提升审美能力的过程。

公安院校校园的校容校貌、标志性建筑、校园雕塑等都蕴含美学特征，能让

学生无形中受到教育和启迪，能让学生感受到物质载体文化迸发出的能量。校园物质环境是公安院校校园文化的直接表现，对启迪人生、陶冶情操和促进道德升华有着十分重要的作用。杜威曾强调，离开环境也就没有教育，教育必须充分利用环境的作用。公安院校校园文化通过美的物态环境和精神环境，无声中使学生受到“美育”，还发挥着“以美辅德”的作用，体现了校园中“一草一木皆教育”的道理。

## 第二节　公安院校服饰文化的作用

### 一、服饰文化

服饰既是文化的载体，又是文化的产物；既传承物质文化，又蕴含着精神文化的精髓。服饰作为一个国家或者民族文明的象征，显示着装者的自身修养、审美情趣、个人素质和文化品位的层次；服饰作为一个国家或者民族文明的象征，它又是社会的一面镜子，映射着人类的社会文化观念和民族文化的风貌。服饰文化是以服饰为载体而产生和发展起来的一种重要的物质文化现象，是与人们的日常生活密切相关的一个文化领域。杜宪生在《服饰文化与环境教育》中曾指出，服饰文化即“人类在社会实践过程中，在服饰方面所创造的物质财富和精神财富的总和”，既包括实际衣装、艺术饰着这些器物成果，也包括制服形式、审美趣味等制度和精神成果，包括了与服饰相关的全部穿戴方式和形态观念，是整个民族文化的构成要素。换句话说，服饰文化既有表层的物质含义，又有深层的精神含义。服饰文化是以服饰为载体而产生和发展起来的一种重要的物质文化现象，是与人们的日常生活密切相关的一个文化领域。邵素梅在《学校文化的风景：服饰文化建设》一文中曾经谈到，校园服饰文化是学校文化的一个重要组成部分，指在学校这样一个特殊的环境中，作为学校主体的学生而言的在服装式样、着装方式以及服装搭配等方面所表现出来的较为一致的审美取向。

### 二、公安院校服饰文化

公安院校校园服饰文化是指作为主体成员的公安大学生，在公安院校这样的一个特殊环境中，在服装式样、着装方式和饰品上表现出来的较为一致的审美取向，由此而形成的一种较为特殊的文化现象，它反映了公安院校学生这一特殊群体所特有的文化涵养、价值观念及审美品位等。比如有的学校根据实际情况，制定了《学生文明行为规范》，其中要求公安院校生“服饰简洁、得体，在进入教室、会议室、图书馆等地参加集会、表演，参加集体活动时，以及在各公共场所，不允许穿跨栏背心、吊带背心、拖鞋、运动短裤、超短裙等不适宜学生穿着的服装”。这就要求公安院校学生作为未来社会最具希望的群体之一，应该对自己施以高标准、严要求，根据不同的场合穿着不同的服饰，以体现出自己的文化层次、道德素养和审美品位。梁实秋先生曾经说过：“服饰是文化中很灿烂的一部分”，灿烂的公安院校校园服饰让我们领悟到了当代公安院校生们不同以往任何时代的生活理念和价值追求，也看到了蕴含其中的特有的文化内涵。

## 三、公安院校警服文化的作用

警服文化作为公安院校服饰文化的主体，具有以下的作用：（1）公安院校警服具有确定警察职业性质和警察角色的标识性作用；（2）公安院校警服具有增加警校生公众安全感和职业使命感的客观效应；（3）公安院校警服具有渲染警察仪表的审美作用；（4）公安院校警服具有表现差别的符号化作用。警服的美正是与一般服装的柔美相对应的、能引起人们豪迈之情和敬畏之感的庄重、威严的崇高美。例如，我国现行警服色调凝重，开襟线条笔直，襟线与下摆线及衣兜开口线均呈直角的方形，整个警服尺寸量体定制，肩章呈长剑形并带银白色警衔标志，再配以边缘隆起前后翘起侧视成双锐角马鞍形的大檐警帽，上缀银白色盾牌帽徽，就给人一种特别神圣、威严的力量感。警服构型中的直线、方形、锐角等感性特征正是美学中崇高的感性形式。只有这种与一般人的柔美化的服饰在外观上的鲜明差异，才能使人们从中体验到警察为保卫国家安全、维护社会安宁所担负的历史使命的巨大内蕴力。

# 第三章　公安院校物质文化对人才培养的价值

## 第一节　公安院校物质文化对人才培养的重要性

物质文化是育人功能的直观表达。所以，国家对高等教育的发展十分重视，不断增加教育的投入。各公安院校对校园文化的建设也十分重视，在定位好自身大学风格的基础上，重视大学公安院校的物质文化建设，从细节来美化公安院校环境。同时，公安院校物质文化又是公安院校精神文化的载体，是富有丰富内涵的人文环境。物质文化建设在公安院校文化的育人中不但是公安院校文化育人的重要途径和载体，也是其顺利进行的前提和条件。公安院校物质文化建设状况的好坏一定程度上影响着整个公安院校文化育人的质量和水平。物质文化是一种直观性的很强的文化，是大学给人的“第一印象”，也是大学的一张“文化名片”，因此，打造优美的公安院校物质文化是公安院校文化建设的必要举措。

从另一方面来说，公安院校培育人才，绝对不能仅局限于知识的灌输和通俗说教式的教育。不可否认，经现代科学证实，环境对人的意识、性格产生的影响是客观存在的。良好的公安院校物质文化建设对学校的发展和学生的培育都起着至关重要的作用。

### 一、潜移默化的引导

公安院校物质文化是一种潜移默化式的引导式文化，它的发展对公安院校师生的思想品质、生活情感都有潜移默化的影响。公安院校里的每一座桥梁、每一座雕像、每一个设施都会对学生的学习生活产生一定的影响。例如：矗立于公安院校内的雷锋塑像，表现了人民子弟兵为人民服务的高尚精神，在学生心中树起了一座为人民服务的丰碑。学生们生在其中，乐在其中，不知不觉就受到了这种潜移默化的影响，公安院校物质文化对学生的教育绝对不同于传统式的教育，而是一种自然的，无需额外投入的，良性的，循序渐进的融会贯通式的教育方式，通过这样的影响式教育，从而达到对学生的引导式教育。

### 二、群体文化的熏陶

公安院校物质文化是一种物化了的群体文化，它对帮助大学生确立远大的人生理想、正确的人生哲学、乐观的人生态度都是极其有益的。公安院校物质文化一旦形成，就会产生巨大的力量，使同学们的心灵得到净化，心志得到改善，情操得到陶冶，视野得到拓宽，品位得到提升，消极、颓废的文化也能得到有效的抑制。爱美是人类的天性，优美的自然环境具有陶冶学生情操、熏陶学生心境、启发学生美好想象的作用。绿化、香化、净化、园林化、知识化能让公安院校的每处景物、每堵墙壁、每个角落都在无声地“说话”。通过发展公安院校物质文化建设，优化人际环境，注重“环境文化”建设，发挥公安院校物质文化的熏陶功能，公安院校一定会成为学生流连忘返的花园、温暖的家园和幸福的乐园。

### 三、独特文化的影响

公安院校文化建设不仅仅作为学校文化建设的外在形式和表层结构，它还以其独特的风格和文化内涵对学生的发展起到举足轻重的影响。学校的物质文化基础设施是学校文化得以展开丰富活动和充实活动内涵的空间基础和前提。先进的学校物质文化对学生的精神状态产生一定影响，同时通过潜意识以潜移默化的形式影响着学生的情感、意志、态度、价值观念等的形成与发展。它是人性向善的温床，道德苏醒的摇篮。学校的物质文化在某种层面上讲也是一种隐性教育因素，苏联教育学家霍姆林斯基说：“只有创造一个教育的环境，才能收到预期的效果。”

## 第二节　公安院校物质文化现状分析

有的公安院校在硬件设施上缺乏甚至不完备，没有一些必要的活动场所，不能满足全体师生正常的活动需要。此外，这些公安院校的物质环境建设相对比较薄弱，功能分区不科学，以物化文不充分，风格设计不统一，历史积淀不完整，如此等等，不一而足。这些问题导致文化建设的缺乏。所以，当前我国公安院校还存在无视文化建设等诸多问题。

## 一、缺乏系统的整体的规划

当前，很多公安院校都存在着缺乏整体规划的问题，缺乏对公安院校整体形象的定位和理性分析，忽视了公安院校整体形象方案的系统性。查阅很多资料不难发现，真正做到从公安院校自身特色出发，理性分析公安院校风格的学校很少。很多公安院校缺少一些有创意的设置，缺乏创新，甚至整体没有章法可言，只是简单地购买名人雕塑以及校内设施，更不用说系统性了。大多数公安院校的理念也是大同小异，真正具有个性特征的理念少之又少。正因如此，我们走进很多公安院校，看到的要么是名人雕塑，要么是文化长廊，要么是缺乏个性的标语，都未能完整体现出该校的个性特色。不仅如此，有的公安院校甚至单纯地从公安院校的景观绿化和名人的标语陈列来进行公安院校文化建设，这些都是远远不够的。

## 二、物质文化与精神文化不平衡

随着我国经济的发展，公安高等教育的重要性日益凸显，公安高等教育的蓬勃发展也带来了公安院校建筑等硬件的需求增加。校区越建越多，教学楼和专业实验楼拔地而起，专业教学设施越来越完备。学生的专业知识和专业技能在良好的环境、先进的教学设备的作用下也在逐渐增强。但学校在大量实施硬件设施建设的同时，却忽略了公安院校文化传承和创新文化育人，造成学生人文内涵的缺失。具体表现为两个方面：首先，学生的学术素养、创新能力、人文思想正在消失，因而缺乏对公安院校文化的认知和理解，缺乏对公安院校的归属感，缺乏使学生积极主动完善自身、锐意进取的外在精神激励。其次，公安院校物质文化缺乏活力，缺乏人和物的结合，简单的硬件建设缺乏与学校主体的师生的活动相结合，缺乏与学校历史的结合，缺乏与社会大环境的结合。

## 三、忽视制度文化建设

制度文化是指公安院校教学活动中有组织的规范体系，包括学院的总体规划、治校方针、领导机制、组织体系、教学改革、教学管理、学科建设、管理模式、激励机制等形成的纪要、计划、大纲、制度、守则等。它依托于物质形态而存在，所规定的内容是其他公安院校物质形态和公安院校主体产生非物质形态的制度文化，具有丰富的物质文化内涵。但它的物质形态形式存在，对于公安院校教学活动的指导和规范具有短暂的绝对性，其约束性和指导性源自具有物质属性的纸质或电子文档。因此，可以说制度文化具有物质文化属性，这也符合物质文化对“物质产品及其所表现的文化”的规定。公安院校在构建本校的公安院校物质文化时大都忽视制度文化的建设，将物质文化建设和制度文化建设分别考虑，这是没有认识到制度文化物质性的表现。这不仅使得物质文化建设缺乏制度保障，还使得制度文化建设得不到足够的重视，使得制度文化走向重行政管理、轻制度文化建设的不良发展道路，对于制度是否考虑到师生的发展、是否得到师生的广泛认可、制度执行的有效性都没有得到足够的重视。

## 四、学生主体地位的欠缺

以学生为主体的概念，具有具体的实践性和鲜明的针对性。我们通过以下几点含义提出以学生为主体的教学指导思想：一是通过他们自己进行听、看、想、说、做这样一些实践活动，去主动地学习和掌握老师所教授的知识。二是合理安排学习、活动时间，有目的、有计划地全面发展个人素质，充分表现个性才智。核心在于使学生成为学习的主人。以学生为主体的公安院校物质文化建设的指导思想是：以学生发展的需要作为工作的出发点，学校公安院校物质文化建设的每一个方面都考虑学生身心发展的需要。学生是教育、管理、服务的中心和主体。许多公安院校在物质文化建设方面缺乏人文精神，片面集中在符合社会规范与追求发展的关系上，只强调适应和服从社会规范，忽视主动发展个体素质，忽视帮助学生超越本我和消除社会消极因素的影响。例如，在公安院校规划和公安院校建筑方面僵化的注重建筑技术方面的要求和规范，只重视使用功能的体现，忽视能让学生愉快接受的潜移默化的教育功能的体现。在公安院校建筑的布局与色调搭配，公安院校的绿化与美化，校舍内部的陈设布置，体现公安院校精神的校训、校徽、校旗、校歌、校服的设计等方面，各个院校甚至没有征求教师和学生的意见，一切由上级部门和学校领导说了算。这显然是缺乏人文精神的表现。不了解学生的期望就不能满足学生的期望。一味被动接受没有主动参与，这就背离了公安院校文化建设和素质教育的初衷，使学生失去了追求美好目标的积极性和渴望成功的欣悦。

## 五、狭隘理解物质文化的内涵

一般公安院校的公安院校物质文化指公安院校所蕴含的学院历史、学院文化、学院精神等教育软件因素以及硬件因素。其所指的硬件内容包括公安院校各类公安院校建筑、宣传设施、公安院校环境。在公安院校物质文化传承与创新的过程中，公安院校大都集中在各类建筑、公安院校环境、设施设备的建设和改造。这是公安院校物质文化的基本内容，但这并不是公安院校物质文化的全部内容。公安院校物质文化还应包括各种宣传文化载体（校史馆、文化长廊、雕塑群等）、课程体系、图书馆文献资料及现代化的公安院校网络等，更广义上来讲公安院校物质文化还应包括作为公安院校主体存在的教师队伍，学生团体及各种制度规范。狭隘理解公安院校物质文化内涵，忽视物质文化软实力的建设，忽视公安院校物质文化丰富内涵，使得公安院校物质文化建设与改造对于公安院校文化的传承与创新影响甚微，投入的人力、物力和财力没有收到很好的实效，使得公安院校文化传承与创新流于形式，成为“面子工程”建设，由此形成的急功近利的风气反而不利于公安院校文化的良性发展。

## 六、缺乏个性和特色建设

许多学校在公安院校环境建设上很少听取专家和师生的建议，一味贯彻“领导意志”，政治口号充斥公安院校，单调乏味，失去了公安院校应有的文化、艺术色彩。另外，有的院校将公安院校文化建设局限于公安院校精神、组织文化建设，而对物质文化建设、物质文化与精神文化的关系、物质文化在公安院校文化建设中的地位重视不够。许多学校的校训或校风建设口号大同小异，是“拼搏、超越、踏实、奉献”，或是“团结、奋斗、求实、创新”，难以形成一个核心的价值观，也体现不出学校的特色。物质文化建设在不清晰的精神文化建设的前提下也难有方向。此外，不少学校为了应付上级检查或评估等级，不顾本校实际情况而照搬他校的文化建设特色，如墙上贴瓷片、改门户，空地建雕塑，搞绿化等。公安院校物质文化建议中的盲目性和随意性，使物质文化建设很难围绕核心价值观体现精神文化，不能充分反映文化和教育的功能。当前学校所提供的物质文化建设对于学生们来说，既不能满足他们需要的课外活动场所和环境，也缺乏切实的帮助和指导。学生大多不太满意现有的设施，不被吸引。而与学校教育有关的图书馆、博物馆等其他文娱场所服务质量较低，更谈不上教育的导向和功能。

### 七、公安院校物质文化建设研究薄弱

在公安院校文化的研究中，公安院校物质文化的研究力量相对薄弱。一方面，大多数公安院校文化研究是针对大学公安院校精神文化层面的，因为从事公安院校文化研究的主体大多是公安院校的教师群体，他们身居公安院校，长期浸润于公安院校浓厚的精神文化氛围之中，对校园精神文化的研究投入了较多的力量，也产生了较多的成果；另一方面，由于公安院校物质文化的建设相较于精神文化建设有些滞后和缺乏亮点，以至于对该类课题的研究不太能够吸引公安院校文化研究主体们的兴趣，结果就是投入精力较少，研究成果也较为缺乏。特别是对公安院校物质文化的专题研究和系列研究几乎没有，只有一些零星的局限于公安院校绿化、美化等方面的公安院校物质文化的研究。有少数文章在论及公安院校物质文化时涉及讨论到公安院校建筑，但也只是浅表的讨论，没有深刻的研究。对公安院校物质文化的其他内容几乎没有论述的文献。近几年公安院校物质文化的建设与研究随着教育改革和推进全面素质教育才开始得到重视，经济发达地区的部分学校率先做出了相关的探索和实践，并取得了一定的实践的成果，但整体研究水平还有待提高。

## 第三节　公安院校物质文化建设路径

公安院校物质文化建设的内涵是指物质文化建设必须有目的、有计划地体现公安“思想”即与警营精神文化有机结合，当然学校也必须有指明的精神文化的建设目标。精神文化建设和物质文化建设绝不是“两张皮”，而是“形”和“神”的关系，是两者的统一。在统一的过程中促进形成良好的校园文化，改变人的精神面貌，提高人的素质修养。

### 一、公安院校物质文化建设的传承与创新

公安院校物质文化是校园精神文化的载体，承载着内涵丰富的校园文化，但

它以一种更加可观的方式彰显着校园文化，比校园精神文化更加外显。对校园物质文化的传承和创新不仅是对以往校园建设工作的肯定和继承，还是对学校文化的新探索。在学校物质文化的传承与创新方面需要拓展和完善校园文化的内涵，如更多地展现学生的精神风貌、教师的道德风尚、开放的校园文化等。同时，结合公安院校办学特色发展和充实具有公安院校特色的校园物质文化，如校园宣传走廊的建设、以校园网络建设促进校园文化传播与发展等。另外，在对校园物质文化的各方面建设中，都要注意其时效性，即要与时俱进，根据不同时期进行调整和完善。

## 二、公安院校物质文化建设的原则

### （一）物质文化的整体规划性原则

一方面，在考虑公安院校物质文化传承与创新时，要具备正确的教育理念，对于学校的文化底蕴、历史特征和学科特色有充分的认识，对于学校的发展方向、发展战略有着准确的定位，对于公安院校物质文化的内涵有着正确的理解，对于校园物质文化建设与改造有着整体的规划。另一方面，校园物质文化与精神文化协调发展，即校园物质文化的各方面均衡发展，不能顾此失彼。其中，建筑文化是基础，制度文化是保证，宣传文化是助力，组织活动是生命力。校园文化建设最终要求达到整体优化，要强调整体效应。校园文化的最初建设可能是突出各组成部分，但从校园文化建设的结果来看，整体性是重要的。它是由各部分组成的有机结合的整体：物质文化和精神文化是一个整体，物质文化的各方面又是一个整体。

公安院校物质文化建设的整体性是追求一种有序的、有机的、优化的整体建设，不是各组成部分简单的相加，服从校园文化建设的整体发展趋势。公安院校文化建设要以“物质文化建设为基础，精神文化建设为核心”来确定校园物质文化建设的发展规划，为增强育人效果而把散乱无序的校园物质文化变成一种有目的、有计划、有组织、综合有序的潜在优良的文化课程。

### （二）物质文化育人的教育性原则

公安院校物质文化育人对于人才培养起着重要作用，关系到学生的专业知识修养、警务技能培训、警察职业道德和职业能力。作为校园文化的一部分，公安院校校园物质文化同样肩负着文化育人的重任，教育性原则应是校园物质文化建设的基本原则。校园物质文化应该通过各种途径将物质形态中蕴含的文化底蕴、历史特征、学院特色及其承载的思想观念、价值取向、学术素养充分传达给学生，并内化为学生自觉的意识，达到教育文化育人的目的。

### （三）物质文化发展的开放性原则

任何文化只有在开放的交流中才具有持续的生命力，在文化传承与创新中才具有源源不断的活力。公安院校物质文化同样需要不断同其他文化进行交流，只有吸收和借鉴其他先进文化的优秀成分，才能展现蓬勃的生命力。即一方面同校园文化中其他形态文化交流，和谐共存；另一方面积极融入国际文化、传统文化和地域文化，形成自己的物质文化特色。

### （四）物质文化多样化的特色性原则

任何一所高校要想在众多的大学中脱颖而出，要具有持久的生命力，必须具有自己的核心竞争力，必须具有自己的特色校园文化。公安院校区别于其他高校的专业特色、教育资源、人才培养目标、人才培养模式，不同地区公安院校所处地域的不同、文化背景的不同等，都是公安院校特色办校的着力点，是校园文化魅力的源泉，同时也是公安院校提高自身竞争力的必然要求。

建设校园物质文化要努力形成学校的特色，切实从学校自身的实际出发。这种有特色的校园物质文化，不仅仅要包括学校建设历史、学校管理特点、杰出校友贡献，也要融合地域文化特点、民族文化的特点，还要体现时代精神、民族精神、学校精神与追求。作为社会文化的一部分，尽管其受社会文化的制约，但人总是生存在现实环境之中，受特定文化的影响更直接深刻。真正有生命力的校园物质文化承载了不断发展变化的校园精神文化，根植于学校现实土壤之中。特色文化使学生一进入学校就能受到它的感染、熏陶和并受其影响，自觉抑或不自觉地融入其中并努力创造、填充它。建设具有特色的校园物质文化要因校制宜，依本校传统、文化工作队伍建设、文化素质、文化设施、文化环境等因素的实际情况，在诸多方面努力。尽可能地发挥学校的优势，努力形成自己的特色文化，突出并发展自己的特色。

### （五）以人为本体现主体的原则

文化的本质是“人化”。以人为本不仅指文化建设依靠人，依靠学校全员创造真善美、表现真善美、享受真善美、获得真善美的过程，也指其表现人的真、善、美。公安院校物质文化建设同样要体现人性，体现人的精神面。

1. 以学生为主体

全面考虑学生的特长并了解学生需求，使校园的每一部分都成为适合学生学习、活动的空间和场所。建设过程中充分发挥学生的主体作用，以学生的需求为工作的出发点，调动学生的主动性，让他们自觉参与校园物质文化建设，发挥他们的潜力和创造水平，校园文化活动必然会生机勃勃，学生素质本身也可得到全面的拓展。而“学生主体性作用的发挥既需要一个优秀的学校物质文化来配合，也需要教育教学方式的改革”①，公安院校在建设物质文化的时候也要考虑到这一点，使学校的文化环境尽量适应大多数学生的需求。

2. 以教师为指导

教职工作为学校重点资源、作为学校发展的主导，担负着教育和培养人才的重任，他们的素质直接影响着学校培养的人才的水平，关系到学校的兴衰。著名的管理大师彼得·德鲁曾言：“人是我们最大的资产。”特别是在知识经济的时代，人力资源是第一资源，是最大资源。作为学校，教职工就是重点的资源，是学校发展的主导，担负着教育和培养人才的重任，他们的素质关系到学校的兴衰，直接影响着学校培养的人才的水平。因此学校要对教师的职业角色进行重新定位，重视教师的专业化，重视教师自身素质的提高。同时也要注意引导教师发挥好其在教育教学中的主导地位，强调教职工的主人地位，发挥其能动性和自主性，最大限度地释放其潜在能量，使其从各种束缚中解放出来，成为学校发展活力的不竭源泉。

### （六）根据实际注重高效实用的原则

校园物质文化建设的基础是经济和物质条件，公安院校物质文化建设研究的一部分便是如何在具有同样经济和物质基础条件的情况下，使校园物质文化所创设的物质文化环境，不仅具有使用的功能，同时还具有教育的功能，营造出效果

---

① 李文娟：《小学物质文化环境的营造》，载《基础教育参考》2012 年第 19 期。

更好的文化环境。公安院校物质文化建设要本着务实、高效、节约的原则并在自身财力允许的情况下进行。在公安院校物质文化建设中既要避免盲目攀比、奢华浪费、华而不实等不具有教育意义的项目的建设，同时也要避免仅有“使用功能”却无美观和教育意义可言的呆板单调、平面机械的校园项目的建设。要把有限的建设费用充分地使用好，使校园物质文化环境更好地具有育人的功能。同时，学校物质文化在建设中切不可无系统性，不能现在什么热就建什么，而应该在考察未来社会、未来教育发展趋势的基础上，进行整体评估后，对某个相对独立的项目进行建设，面向未来精心创设。也就是说，学校的物质文化建设要坚持发展性的原则。

公安院校的物质文化以育人为目的，所以我们的物质文化要与教育的实际功能发挥有效结合，建设时不能盲目追求华丽的建筑，要考虑到教育教学的具体需要，讲求实效。学校应极力致力于构建一个整洁明朗、舒适健康、充满生机、教学科研为一体的学校物质环境，为学生的社会化发展营造良好氛围。

### （七）兼顾艺术性原则

公安院校是公安大学生学习和生活的场所，学生在这里不但会学习各种知识，更重要的是学习做人，陶冶情操，所以学校的物质文化建设一定要讲究“美”，也就是我们所说的具有艺术性。公安院校的物质文化建设要以章法布局为基础，利用烘托、对比等手法使学校的各种功能区和景点“点”优雅、“线”整齐、“面”宽敞，使各种物质文化的要素之间既在整体上能够风格统一，又独具特点，既相对独立，又能体现变化统一美的法则，给学生和谐、舒适的感觉和美的享受。

总之，我们的学校物质文化环境要整洁、舒适、充满生机，我们的教师要专业、敬业、立业，我们的课程要合理、全面、有趣，为学生可以健康快乐地成长发展提供一个优良的环境。

## 三、公安院校物质文化建设路径

公安院校物质文化建设路径应强调贴近学校实际和学生生活，开展对校园物质文化建设的研究，搞清楚校园物质文化建设的基础问题。以校为本，以学生为本，指导学校进行完善、全面的校园文化建设。加强学校物质文化建设，不但可以从硬件上较为有效地强化育人氛围，而且可以从软件上潜移默化地优化育人环境，还可以从根本上充分发挥环境的育人功能。

### （一）完善公安院校基础设施

公安院校基础设施是学校进行教育教学和教研活动的物质基础，是学校物质文化最显性的部分，主要包含学校建筑、教学设施和后勤装备。

1. 教学设施的功能区划科学合理

公安院校校园设施是指为满足学校的教育工作而建立起来的校园建筑、大学生活动中心、警体馆、警察行为拓展训练场、实战教学基地等场所。教学设施的功能区划一方面要考虑景观与功能的需求，根据需求布置教学区、运动区、休闲区、生活区等，另一方面也要考虑学校内部的环境与外部环境的关系。各功能区的需求不同使得建筑高度、体积、色彩、周围环境等必须考虑变化，使之与其匹配。布局上同时也要注意形成生态景观中心，使校园内各功能区不仅有景观环境还要具有特色，使形状和空间取得相互和谐的联系。根据校园网络及学生实践场所和基地等方面，以建设现代化的社会主义大学为基准，教学科研场所及设备需要在文化建设实施方面从以下几个方面着手：

一是为了保证师生有一个安定、舒适的学习和生活环境，解除他们的后顾之忧，去建设服务于学校师生员工生活的学生宿舍、学生公寓、教职工住房、食堂等基本设施，促使他们努力学习，努力工作，为学校的教学、科研多作贡献。学生公寓是学生正常生活所需要的休息、交流的场所，是学生的一切活动的后勤保障。目前，高校通过设计学生公寓楼的建筑风格控制房间大小，完善桌、椅、柜、电视、互联网等配套设施、增添公寓区文化体育辅助设施等来改善学生公寓的硬件条件。但高校美化学生公寓，不仅要注重硬件，也要抓软件。在软件方面，高校美化学生公寓要与培养学生的良好生活习惯相连，提升学生公寓的内在美。首先，高校要注重学生个人生活习惯的培养。学生遵守作息制度，按时就寝、起床，不熬夜，不睡懒觉；讲究个人卫生，勤洗衣物，勤换床单被罩，不乱扔垃圾等。其次，高校要注重学生公共生活习惯的培养，坚持卫生值日制度，每天值日，打扫宿舍卫生，保持室内整洁；室内生活用品摆放整齐，排列有序；爱护公物，节约用水用电，不使用违章电器；注意安全防火，宿舍无人时应关好门窗；拒绝不良行为，不赌博，不酗酒，不传阅黄色书刊……同时，辅导员、宿舍管理员可通过文明宿舍评比、宿舍文化建设等加强宿舍管理，共同打造整洁美观的公寓环境。

二是建设各种活动场所。建设文艺、体育设施，如体育馆、田径场、篮球场、俱乐部等，为学校的各类社团组织提供必要的场所，如美术室、会话室、摄影室及特殊需要的场所等，使学生，教师在学习工作之余，参与校园文化活动。打造大学生活动中心，便于学生开展交流活动。高校大学生活动中心是容纳学生开展和进行课余活动的综合性校园建筑，是大学生组织活动和学术交流以及交往结社的重要建筑载体，是大学生提高综合素质、完善自我教育的重要平台。高校的大学生活动中心一般都有明确的分区，如文化活动区，通常配置有演播厅，为唱歌、跳舞、话剧、主持等表演性活动提供舞台；体育锻炼区，会配置各种健身器材和乒乓球台、羽毛球场等运动场地，便于学生锻炼身体，增强体质；办公区，经常配备有工作室、会议室等，为学生社团日常办公和会议提供场所；休闲娱乐区，开设有咖啡厅、茶室、书店、复印店、礼品店等，不仅方便学生的生活，还能为学生提供勤工助学的机会，锻炼他们的管理能力和组织能力。伴随着高校建设的热潮，大学生活动中心的建设也取得了很大的进步。但不可否认，我国高校大学生活动中心的建设历史还比较短，部分高校对其在校园生活中的角色定位显得认识不足，没有给予相应的重视，在实际使用过程中也产生了各种问题，影响了大学生活动中心综合功能的发挥。因此，高校一方面要借鉴国外高校大学生活动中心建设的经验，另一方面要根据高校的实际情况大胆创新，对大学生活动中心的建设做出合理的规划和设计，使其从内到外都服务于鼓励、激发及促进学生各种交流活动的开展。

三是抓好校园媒体建设。校园媒体是传递信息、服务学校发展和师生工作学习的一种特殊媒体，它由高校主办，面向广大师生，主要有校内广播、电视、校园网、宣传橱窗、校报、校刊等。校园媒体是高校进行思想教育、传递信息、传播文化和舆论宣传的重要平台。在信息多元化和高校开放化的背景下，校园媒体能利用自身的权威性优势，传播主流社会意识形态和价值观念，使在校学生成为校园媒体的主要受众，支持和肯定积极向上、正面健康的声音，抵制和批判消极负面、庸俗低下的声音，坚持正确的舆论导向，引导学生做出正确的信息判断。近年来，高校努力抓好校园媒体建设，不断完善媒体设备并注重新媒体的使用，部分高校还开通了微博、微信，这些都是高校在媒体建设中值得肯定的一面。但高校校园媒体建设存在校园媒体间缺乏互动、校园媒体工作人员专业素质不高、校园媒体缺乏与受众之间的互动等问题。因此，抓好校园媒体建设，高校要做好以下几个方面的工作。第一，高校要整合校园媒体资源。高校要抓住每种校园媒体的具体特点，如校报内容深入、校园电视视觉感染力强、校园网络传播及时快速等，最大限度地发挥各个媒体的优势，努力实现媒体间的取长补短，达到相互协同传播的效果，增强正面积极内容的宣传力度和负面消极内容的打击力度。第二，高校要建设一支高素质、高水平、高质量的校园媒体队伍。高校要选拔综合素质高、擅于运用媒体的学生，组成一支由信息采集、新闻编辑、舆论引导构成的媒体队伍，并通过培训和学习提高其专业素养和水平，使其能够以强烈的使命感和责任感以及敏锐的认知能力，运用媒体引导学生去伪存真、辨别是非，坚持正确的舆论导向。第三，高校要加强学生与校园之间的良性互动。高校要引导校园媒体走近学生，多报道与学生息息相关的信息，并选取学生感兴趣的议题，与学生互动，增强其亲和力、吸引力、影响力和公信力，更好地发挥舆论引导作用，促进学生做出正确的信息判断。

四是充分利用学校的教工活动中心，依靠工会等群众组织，组织好教职工和退休职工的业余文化生活；充分利用学校的学生活动中心等设施，依靠团委、学生会等组织，引导学生开展多种多样的文化、娱乐、艺术等活动，活跃校园文化生活，促进身心发展，达到自我修养、自我提高的目的。

2. 人文景观体现学校历史和地区特色

景观是指某地或某种类属的自然景色，也泛指可供观赏的自然景物。人文景观是人为创造的具有人文知识和审美价值的景色、景物或文化现象。校园景观是为了最大程度满足教育的需要，运用文化、艺术、技术手段组织的理想的环境。校园这种具有特定精神的地方是育人之地，景观元素正是展示这种积极蓬勃、富有朝气和带有启迪性环境氛围的素材。学校的人文景观是有目的地创设的具有教育意义的人文环境，体现学校历史、地区特点、时代精神，不应该千篇一律地只用抽象雕塑和方块绿化替代。景观环境能促进个体的成长，特别是对人的精神境界、文化品位、审美能力、道德修养有重要影响。丰富的室内外人文环境能促进学生多层次交流，便于培养学生的能力；结合校训、校风的景观环境能在思想品德、审美情趣、道德修养、行为方式等方面潜移默化地教育与熏陶学生。非课堂的培养往往使在此受教育的人难以忘怀。反映学校历史上优秀人物和事件或具有特殊意义的雕塑、园林、场馆，以特殊事件、时期命名的建筑物，体现学校历史的古老设施、建筑，具有学校自身特点的活动、休憩、绿化角落，校舍内设置的美术、书法作品都是反映学校历史和特点的人文景观，具有丰富的内涵及教育意义。不同地区学校的人文景观应该结合地区特点。江南地区的古典园林风格的校园建筑和绿化；炎热地区宽敞的校舍、宽阔的连廊、走廊所体现的室内外空间过渡；用地限制地区的联系方便、通风良好、光线充足、干扰较少的“品”字形教学楼；寒冷地区开阔的阳光走廊、广场、室内绿化、体育馆、游泳馆也都是反映地区特色的人文景观。景校园景观也是高校文化的重要组成部分之一。独具特色、别具一格的山、水、园、林，蕴含人文、科学、艺术气息的校园建筑，具有丰富内涵的雕塑作品等校园景观，不仅能够提升高校的校容校貌，而且为学生情操的陶冶营造高尚健康的景观氛围。

公安院校的“物质—空间”环境会在校园、校舍的设计布局、校园文化景观、图书馆建设中渗透校园精神，努力营造高等学校特有的校园气氛中起到一种无声语言的隐形教育作用，并且产生了自觉自愿、潜移默化的效果。因为“对大学真正有价值的在于他们周围的生活和环境。一切真正学到手的，从某种意义上来说，是他们自己的智力活动成果，而不是作为被动的听讲者学到的”。① 因此，校园总体设计布局之中一定要反映学校的精神、校风，使其与学校的精神文化，特色特点相一致，并与社会的发展和时代的进步相适应。一个美观、和谐、协调、整洁、绿化的校园环境，会给人一种崇尚教育、崇尚科学文化艺术的高雅的美好形象。校园环境的绿化、美化，不仅对体现大学的特定文化艺术氛围、促进校园人的培养目标的实现和大学生的身心健康成长具有特定的意义，也对青年学生的学习、生活和教师的工作有着实际的意义。以教学楼、实验楼等建筑为中心的教学区要体现出“静”，而体育馆、运动场等活动区要体现出动态性。校园内还可以设计一些主体雕塑、名人雕塑画像、高品位的公共艺术品以及一些富有教育意义的文化走廊和陶冶情操的亭台楼阁、山水园林等人文景观，这些都有助于营造高雅的校园文化氛围，从而更好地实现其育人功能。

### （二）设施建设注重情感表达

公安院校的硬实力是打造软实力的基础，物质文化是物质层面的公安院校校园文化，是校园文化的物质基础，是公安院校对外的一张名片，体现了一个学校的历史文化环境，包含着深厚的内在教育意义，其文化氛围有力地提升了公安院校的文化品位与精神境界，成为增强公安院校核心竞争力的重要环节。校园的建筑景观和布局要遵循客观规律和以人为本的理念，同时具有思想性、艺术性和情感性，并且散发出深厚、高雅、和美的气息，体现高品质的校园文化。要建设

① 陈秉公：《思想政治教育学原理》，辽宁人民出版社2000年版，第308页。

优雅美观的自然环境，合理完善规划设计，校园的整体布局、建筑格调要密切结合学校特色；校园的绿化、美化、卫生环境必须整体改善，使校园园林化、公园化；努力提供开展校园文化活动所需的场地和条件，配备丰富的文化设施，配备完善的教学办公设施、科研实验设备、图书馆、文博馆、校史馆等，同时，建设精神文化的物质载体，如根据不同学科、专业的发展情况和特点，悬挂名人名言或名画，在校园里修建文化长廊，摆放体现学校文化特色的雕塑作品，并组织师生员工为学校建筑、湖泊、道路等设计散发着浓郁书香气息的名字，从而与精心设计的园林绿化完美结合，达到育人功能和情感触动的和谐统一。

# 第四编

# 公安院校制度文化

# 第一章　公安院校制度文化概述

## 第一节　公安院校制度文化内涵

公安院校的制度文化，是公安院校在长期办学实践中形成的一种既具有高等院校制度文化的本源性，又富有公安特色的校园文化，其伴随着社会发展、高等教育发展和公安工作发展而发展，在培养现代警务人才中的作用日渐凸显。本章以现代警务人才的培养为出发点，重点研究公安院校制度文化的内涵、特性以及类型。在一定意义上，制度是基础和根本，而文化是制度的魂，制度文化的实质，是人们为了满足各种社会需要而不断创造和长期积累的结晶。公安院校的全体师生是公安院校制度文化的创造者，同时他们的成长又受制度文化潜移默化的影响。本节以制度和制度文化为基础，从构成要素的四个方面深入阐述公安院校制度文化的内涵。

### 一、制度与制度文化

#### （一）制度与公安院校制度

《辞海》中对制度的解释是“要求成员共同遵守、按一定程序办事的规程”。制度可以是成文的或不成文的，有形的或无形的，其具体外在可表现为风俗、习惯、道德和规范等。其中，类似规则、章程等诉诸文字的制度是有形的，而像风俗、习惯、道德等未诉诸文字的乃是无形的制度。我国古代社会学家孙本文早在《社会学原理》中就认为，制度是“社会公认比较复杂而有系统的行为规则”。而现代社会学家吴文藻则认为，制度是人类团体活动的结果，是一种有组织的社会关系的表现。公安院校的教育管理制度大部分都是有形的行为规则和活动体系，这类制度一般都是正式的。

制度的范围过于宽泛，概念群十分庞大，从不同的领域对其进行研究，可以有不同的定义方法，因此，对制度进行准确完整的定义是不容易的。但是，定义制度的一个分支，如公安院校制度则相对容易许多。研究公安院校制度这一小块领域，不仅使我们摆脱了庞大的制度群概念，还便于研究的深入。公安院校制度，即公安院校的规则与规范，指师生围绕一定目标在各项实践活动中与周围环境产生的社会关系，它可以是有形的，也可以是无形的，是一定物质活动与精神活动有机结合的整体。

### （二）文化与制度文化

研究制度文化时，“文化”一词尤为重要。美国著名未来学家阿尔泰·托夫勒在《第三次浪潮》一书中提出，今天人类已经认识到，不管多么富有和先进的社会，一旦在道德、美学、政治和环境等方面日益堕落，便不能称之为进步的社会。衡量进步的标准不仅仅是物质生活水平和科学技术发展等有形标准，还包括无形的精神方面的标准，如丰富多彩的文化。哈佛大学教授迪尔和肯尼迪曾指出，每个或强或弱的组织都蕴含着一种文化，并且这种文化深刻影响着这个组织以及组织中的每件事。

人类社会生活创造了文化。正如钱穆先生所说，“夫文化不过人生式样之别名，举凡风俗习惯信仰制度，人生所有事皆属之”。文化是一种从根本上关于个人如何对待自己和他人以及所处环境的价值观念，它处理的是人与自我、人与人、人与社会、人与自然之间的关系。一项制度能够得到有效实施的前提，是大部分组织成员在思想上有一致的价值观念，在行动上互相帮扶，与此同时，这项制度须符合社会整体伦理观和价值观，蕴含一定道德观念。所以说，制度与文化之间有着不可分割的必然联系。更进一步说，制度是伴随着文化而产生的一种文化现象，是文化的象征与解释。本质上来讲，制度会随着文化的变化而不断变化发展，从而制度也是文化的产物。每种制度都有其特定文化内涵，每种制度的产生和形成，也都反映出特定的文化轨迹或文化需求。

制度文化，通常被描述为人们主动创建的用以满足自身生存和社会发展需要的规范的组织体系，这其中包含人们长期积累形成的对制度的价值判断以及行为方式。所谓价值判断，即人们对一制度做出的好或劣、先进或落后、精华或糟粕的评价和判断。不同组织自然存在不同的制度文化，而同一种组织有时也会有不同的制度文化。制度文化之所以多姿多样，是因为文化本身的多样性以及人们在文化认同上的多元性。在组织内部，统一的制度文化是制度能有效实施的保障。但事实却是，由于文化的多样性，一种制度会产生不止一种制度文化，从而阻碍组织内部较为统一的制度文化的形成，这就给制度的实施带来了一定困难。

## 二、公安院校制度文化的内涵

### （一）公安院校制度文化的概念

公安院校制度文化的概念与高等院校制度文化的概念有着紧密联系，高等院校的制度文化内涵虽不如制度那样丰富，但也同样是见仁见智。有人认为，高等院校制度文化包含传统的表层显现的规章制度等和深层次蕴含的价值观、道德观等文化因素。还有人认为，高等院校制度文化应从其建设的角度进行阐释，它联结着各部分校园文化，凝结着高校的校园文化精神和价值观念，并在一定活动中通过文字传达出来，是一种外显文化。同时，它是校园文化良性发展的保证。

以上两种观点从不同方面，以不同方式阐释了高校制度文化的概念，这对我们理解并定义公安院校制度文化有着极大参考价值。前一种观点简单阐释了校园制度文化应当涵盖的内容，后一种观点承认并强调了公安院校制度文化在公安院校文化中的纽带作用和中心地位，认为公安院校物质文化和精神文化的融合组成了公安院校制度文化，公安院校制度文化是文化育人功能的根本保证。一方面，为了使公安院校管理机制能够井然有序、高效运转，就必须构建符合自身发展需求的各种规章制度。另一方面，制度也是公安院校师生进行自我管理、自我约束的一种路径。国家或地方相关教育部门的法规、政策，公安院校性质决定的对老师、职工、学生的特殊要求，公安院校的办学目标及管理方针，构成高校制度文化的三个方面。这三个方面共同构成大学制度文化的有机整体，他们相互制约、相互影响。为回应人民警察应该忠于党、忠于祖国、忠于人民、忠于法律的要求，公安院校应把培养具有“忠诚警魂”的实战化警务人才作为公安院校的育人目标，在此过程中要结合公安院校的自身特色与实际情况，不断更新并完善各种规章制度，使之具有自我激励、自我约束、自我管理等多重育人功能。在先进制度环境的无形熏陶之下，公安大学生在遵守各项规章制度的同时，也在悄无声息地进行内化，提升公安大学生综合素质，真正实现公安院校制度设计时的育人功能。

制度文化是一个内容丰富、结构复杂的体系。其中，行政管理体制是制度文化的核心，它决定并制约着其他制度的构建和发展。在长期的办学实践中，公安院校把科学的制度传承下去，不合时宜的制度则会被剔除、改造或创新，形成较为完整的管理体制。一所公安院校里真正有价值、有魅力、得以广为流传的东西，很大一部分就是这个公安院校的文化积淀，然而校园文化的创新、变革和完善，往往要首先从制度改革、制度创新的层面上做起，尤其要使其制度文化得到全校师生广泛的认同。在公安院校制度的构建进程中，无论是自身的历史经验，还是其他高校的合理模式，都是值得借鉴和参考的。

公安院校制度文化与公安院校物质文化和精神文化一起构成公安院校校园文化的有机整体，包含公安院校的规章制度以及师生的学习、工作和生活方式形成的各种关系与价值取向。在公安院校的发展过程中，制度的实施总体情况是好的，但在实施过程也存在着制度无法落实的问题。冰冷繁杂的制度文本如果不能真正得到践行，那制度就是一纸空文，没有任何价值。所以，我们在实施过程中要考虑的是如何将这种制度文化根植于每位公安院校成员的内心，使他们真正做到“内化于心，固化于制，外化于形，实化于行”。

### （二）公安院校制度文化的构成要素

1. 文本

作为构成公安院校制度文化不可或缺的文字载体，文本传达出制度的价值理念和相关行为准则。文本通常表现为以文字书写的成段、成篇或成书的书面语。制度文本则是用规范书面语表述的需共同遵守的办事流程和行为规范。在校园里，制度文本一般指上级教育行政部门、公安行政部门和公安院校制定的一系列规定、文件、守则、意见等，如学生行为规范守则、教师职业道德规范、公安院校警务化管理规定等。这些文本明确规定了师生允许做的事和禁止做的事等。

2. 体系

公安院校制度体系为公安院校制度文化提供基本架构，为公安院校各部门及部门人员提供思想认识和行为规范的保障。公安院校制度既包含普通高校制度的多层次、多类型、多架构、多要素以及多种教育习俗和习惯等特征，同时又表现出明显的个性化特征，这种个性化特征与公安院校人才培养目标相适应。其中，层次主要包括根本教育制度、具体教育制度和特殊教育制度等，类型主要包括教育管理制度、教育教学制度和思想政治工作制度等，架构方式主要有指令性和禁令性的教育制度等，而要素主要指教育价值、教育规范及教育组织等。正因为各种制度之间相互联系、相互协调，才得以形成一个完整的体系。公安院校的章程在制度体系中处于核心地位，它是以确保公安院校正常运行为目标，全面规划办学目的、基本任务、管理制度和财务活动等基本问题而产生的自律性文件。作为公安院校自主管理和政府教育部门与公安部门监督管理的依据，它是公安院校制度体系的基础和关键。

3. 内涵

内涵指一事物的本质属性，公安院校制度文化的内涵则体现为公安院校制度文化的内容。围绕公安院校三大功能形成的制度文化要求该文化内涵明确，拥有特定理念，明确规定了相关人员的权利、义务以及责任情况。公安院校制度规范是否明确，决定了公安院校制度文化能否顺利形成。公安院校制度的语言应尽量使用书面语，做到简洁易懂，明确严谨，并对公安院校的管理提供可靠指导。这种制度管理下的人，应该很清楚自己遵守的规则和违反规则的后果，并可以自觉服从这样一种制度。

4. 外延

制度从行为层面上约束人，制度文化则从思想层面上影响和指导人。公安院校良好秩序的形成是一所公安院校形成特有制度文化的目的。换句话说，公安院校制度文化的外延就是包含营造公安院校秩序的观念和行为在内的总和，这种秩序可以满足人们的多种可预期性需求，如教育行为选择及其事件发生。在一个稳定有序的教育背景下，人们往往可以提前预估自己在特定场合中的行为和他人的行为反应，这种可预期性不仅满足了人们渴求教育秩序的愿望，还帮助人们实现高效率的生活和教育活动。良好秩序促进参与者相互依赖和信任感的形成，良好秩序还可以减少合作的成本。如果未来秩序占据了核心地位，人们便可以预知未来之事，从而更高效有序地与他人合作。

公安院校制度文化本质上是公安院校各项规章制度的总和，如人事制度、学生制度和干部制度等。公安院校培养人才目标的实现需要校园制度文化的规范，同时，公安院校管理的制度化和法制化也依赖于校园制度文化。公安院校的办学水平、文化品位和价值观念很大程度上取决于能否强制执行和严格遵守其制度文化。

# 第二节　公安院校制度文化的特性及类型

## 一、公安院校制度文化的特性

作为公安院校文化的重要构成，公安院校制度文化保障公安院校的正常秩序，联结着公安院校的物质文化和精神文化，是校园文化建设的核心，是人与人、人与物、人与公安院校运行制度的结合部分，且具有规律性和明显的强制性。所以说，公安院校制度文化同时具有制度方面和文化方面的性质，主要表现在以下几点：

### （一）规范性

公安院校制度作为社会规范的一种，引导人们树立正确的行为方式和思想观念，公安院校制度文化既然有制度方面的特征，那么其必然具有规范性。一方面，公安院校制度文化约束公安院校各类活动参与者的行为，维系公安院校秩序，保证各项工作的顺利进行，推动公安院校校园文化建设的发展繁荣；另一方面，公安院校制度文化的规范性不仅在物质上提供了一套规范的行为准则，而且在精神上为公安院校成员提供一套价值标准，引导学生树立正确的价值观，促使他们向着符合人民警察价值观的方向健康成长。因此，公安院校在制定制度时，要充分考虑其共性价值、个性价值及制度实施的可行性，致力于形成积极健康的公安院校制度文化，作为规范公安院校成员思想道德和行为的准绳。

### （二）强制性

由于制度大多以法律、法规、章程等带有强制性的文本形式存在，其本身便具备了要求人们自觉遵守和服从的权威性。尤其在当今这个逐步走向法治的社会中，各种管理性规定的作用越来越突出。制度规范人们的生产与生活，公安院校制度则为公安院校师生提供了一系列行为规范的准绳。校园里的成员，无论职位高低都应受到公安院校制度的约束。然而，公安院校制度文化并不都是公安院校本身的文化，在起始阶段，这一制度文化带有一定强制性也是为了便于这种“外在的文化”被公安院校成员认可并接受，从而逐步转变为“内在文化”，对公安院校成员的行为和校园中深层次的教育活动产生一定影响。

### （三）独特性

公安院校的各类规章制度由公安院校长期的办学经验积累总结得来，它规范着公安院校的秩序，保障公安院校三大目标的顺利实现。从公安院校制度层面上看，其内容除了国家及各层公安部门与教育部门制定的各种规章制度外，还包含公安院校就其自身情况制定的一系列特有的规定。同时，又因公安院校制度有着多样性和复杂性的特点，因此由公安院校制度衍生出的公安院校制度文化必然有其独特性。如果公安院校将校园文化作为反映校园生活的窗口并认真打造，将全面发展与自身特性发展并重，就可以打造更加个性化的校园。

### （四）历史性

由于公安院校制度文化是不断发展和完善的，因此其便具有一定时效性。社会也是不断发展进步着的，教育作为一种重要的社会性活动自然也处于动态的发展中，并不断吸收社会发展过程中的精华、紧扣公安工作发展态势，在过程中不断充实完善公安院校的制度，从而保持与时俱进的能力。二十一世纪是一个日新月异的时代，各种先进技术和思潮不断涌现，在这样的背景下，止步不前是不现实的。所以，公安院校制度要紧跟时代潮流并不断发展完善，抛弃固有的落后的制度，吸收先进的科学的制度，才能在飞速进步的现代社会满足公安教育的各方面需求。

### （五）工具性

公安院校制度不仅仅是公安院校中各种行为的准绳，还具有一定的工具性价值，它帮助协调公安院校内外部各种关系。学校各级机构均建立一系列完善的制度，并以该系列制度来对学校进行科学的管理和规范，从而达到公安院校维护固有价值观的目的。同时，通过对制度的讲解及学习，便可以将这些价值观灌输到公安院校成员的脑海中，并外化于行，从而使他们自觉遵守相关规范。如此，公安院校、师生、社会及公安部门之间的关系可以得到有效协调，公安院校自身也可以得到很好的发展。

## 二、公安院校制度文化的类型

对公安院校制度文化进行分类，有利于我们从不同方面理解其内涵，有利于我们正确认识并了解制度文化，同时有利于我们有目标、有方向地展开制度文化建设。依据不同标准，我们对公安院校制度文化做出如下分类：

（1）依据“是否成文、正式程度的不同”可以划分为正式的公安院校制度文化和非正式的公安院校制度文化。

（2）依据“外在表现的状态”可分为显性制度文化和隐性制度文化。

（3）依据“公安院校制度文化对师生员工是着重引导、激励还是注重控制、约束”可以分为开放型（引导和激励师生员工）和内敛型（约束师生员工不去做某些事情）的公安院校制度文化。

（4）依据“公安院校制度文化的主体不同”可以划分为干部制度文化、教师制度文化、学生制度文化、职工制度文化以及非主体型制度文化。

（5）依据“制度文化所实现的功能不同”可分为警察意识生成性的制度文化和警察技能生成性的制度文化。

（6）从本体论出发，可以划分为内在的和外在的公安院校制度文化。内在制度文化是组织内部随经验逐渐积累演化出的规则，外在制度文化是依赖正式组织来实施的外来规则。

由于每个公安院校都含有不同院系、部门和区队等组织，每个不同的组织又有各自遵守的特定的规章制度，所以公安院校校园制度文化具有层次性。其次，公安院校制度文化还有一定的稳定性和权威性，公安院校校园的氛围应该在充满生机与活力的基础上富有一定纪律性，这样校园活动参与者才能按照一定规定有序参加校园活动。

# 第二章　公安院校制度文化的地位及功能

## 第一节　公安院校制度文化的地位

公安院校校园文化包括物质文化、制度文化以及精神文化，这三者的关系是层层包含、相辅相成、相互影响的。一方面，公安院校制度文化的设置和实施一定程度上制约着物质文化功能的实现；另一方面，制度文化又促进着精神文化统领功能的发挥。由此可见，公安院校的制度文化同时影响着其物质文化的建设和精神文化的传播，是公安院校文化建设的关键环节之一。

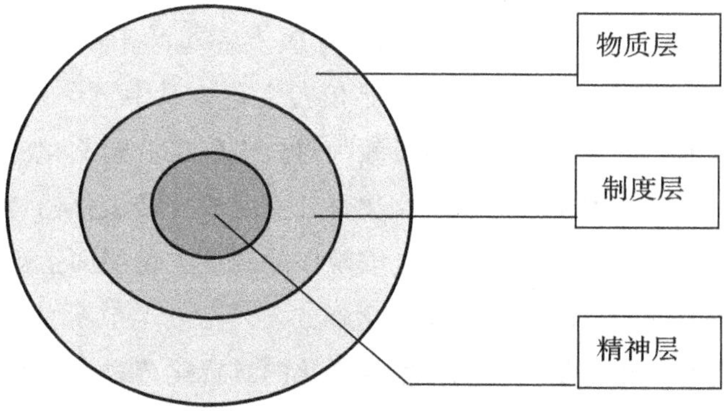


**公安院校校园文化的结构图**

如上图所示，公安院校的校园文化构建是物质、制度以及精神这三个层面的有机结合，是一个不可分割、紧密联系的整体。因此，这三者之间互相促进、互相渗透，从而使得公安院校的校园文化体系趋于完整，富有活力。其中，决定着制度文化和物质文化的根本要素是精神文化，它是整个校园文化体系的核心；制度文化，则一方面是精神文化的传播媒介，另一方面决定着物质文化的表现形式，是精神与物质相互转化的中介；而物质文化，则是精神文化与制度文化的具象表现形式。

所谓制度文化，一方面是精神文化的具象产物，另一方面是物质文化的表现原则。公安院校制度文化不仅规范了学生的日常行为，而且引领他们形成正确的价值观、构筑阳光的警察精神世界，同时也指导着物质文化的构建。由于物质、制度和精神文化通常是一个的整体，因此，三者就处于“牵一发而动全身”的状态。所以说，制度文化的变化及发展，往往会导致整个文化体系中其他文化层面的相对改变。换个角度讲，如果一个公安院校的制度文化停滞不前，那么该公安院校的校园文化体系就不可能得到更新与发展，从而也不能使公安院校焕发永久的生机与活力。综上所言，公安院校校园文化的改革与发展，必然离不开制度文化的革新，制度文化的变革也无法脱离物质文化及精神文化而单独进行，在构建公安院校制度文化的同时，必须结合所有公安院校文化的要素来进行深入的思考与探讨。

公安院校的制度文化作为校园文化体系中的一个子系统（其他子系统有物质文化、精神文化等），又是连接物质文化和精神文化的中间桥梁，在整个校园文化体系中发挥着重要的作用。不管是从历史演进的角度来看，抑或是从当代社会发展的角度来看，一个文化体系的革新，本质上都起源于制度文化的变化与发展。对于公安院校而言，制度文化首先是校园文化体系中至关重要的部分之一，它影响甚至指导着公安院校全体学生及教师对公安院校校园文化的理解，以及自身的行为方式；其次公安院校的制度文化是公安院校校园文化的特殊标识，也是校园文化体系构建的着力点。只有从公安院校的制度文化层面上进行思考，才能真正认识并理解公安院校的特殊校园文化。

公安院校制度文化既是公安院校精神文化的具象化产物，又是公安院校物质文化构建的工具。从贯彻落实公安院校各项制度的那一天起，所有学生和教职工就萌发出一种名为“文化理念”的意识，存在于他们的主观印象中，指导着他们的实践、影响着他们的思维，从而形成了制度文化。曾任国家教委高等教育研究中心主任的王冀生教授认为：制度文化，在校园文化的运行体制中处于统领的地位，作为一个承载着院校精神的机制平台，它的建构与发展很大程度上影响着院校各方面的发展与改革方向。同样的，对于公安院校而言，在文化育警的体系中，制度文化不仅不能缺失，而且还应发挥重大的积极作用。因此，公安院校的制度构建是重中之重，必须不断完善并形成优秀的制度文化。

作为公安院校文化育警的重要一环，制度文化不仅是维系公安院校日常生活、学习、训练秩序不可或缺的基础保障，还是公安院校精神文化同物质文化的衔接点、中转站，更是公安院校学习警察职业道德精神、培育忠诚警魂的指路标。公安院校的制度文化是有形的制度形式与无形的价值有机结合的整体。一方面，只有形式而无内在价值的制度不能称之为“文化”；同样的，只有无形的价值而缺乏实在形式的文化亦无法叫作“制度”。因此，制度文化必须既要以有形的制度作为载体，又要以无形的价值作为内在的涵养。另一方面，制度文化的体现，不能停滞于制度本身，必须体现在制度的实施过程中，体现在全体师生的行为习惯、人际交往、学风作风之中。总而言之，公安院校的制度文化，应当是“制度”与“文化”的结合体，不能将二者分开来探讨。制度文化与公安院校其他层次文化之间的关系，具体有以下三个方面：

## 一、公安院校制度文化的产生以公安院校精神文化为基础

公安院校校园文化的精神层面，是指全体师生在精神理念上达成的相对稳定的、默契十足的共识。这些精神理念形成了公安院校一系列的基本假设，也就是公安院校肩负的使命是什么、未来的蓝图是什么、哪些价值观最重要，这是公安院校的核心文化，蕴含着公安院校育人的核心理念。公安院校有了精神层面的文化，就有了前进的方向和动力，有了做人和做事的标准，这为公安院校师生员工统一步调、协调一致，共同谋求公安院校的发展奠定了基础。但是如何保障所有的师生员工都向着共同的目标和愿景前进呢？如何保障各项标准落到实处呢？如何保持一致的形象和行动呢？这就需要建立制度和行为规范加以保障。

体现着校园文化精神理念的制度形式包括：办学宗旨、育人目标、管理方针、育人模式、校训、校风、教风、学风等。有了制度，公安院校的精神文化才能得以体现和传承；有了制度，公安院校的各项工作才能有条不紊地开展。公安院校是人群聚集的地方，是大学生活动最频繁的场所。有人群、有活动，就会产生各种矛盾和问题，就会产生行为上的差异和思想上的分歧。此时若没有规矩，如何成方圆？因此，用以规范群体行为、指导成员思想方向的制度就应运而生了。制度明确，职责分明，才会合作默契，运转高效。公安院校制度的构建是为公安院校的育警目标所服务的，也是为了充分保障公安院校办学理念的落实、保障核心价值观的统一而存在的。因此，公安院校的制度构建应当遵循其精神文化的核心理念，应当符合精神文化的价值追求。公安院校校园文化的构建，是由精

神文化指导、由制度文化保障、由物质文化表达的一个从内而外、逐步推进的过程。只有首先在精神层面上，把公安院校的特色办学理念与核心价值观相结合，才能确保校园文化构建内外精神的和谐统一，才能构建出先进的、和谐的制度文化。

综上所述，公安院校精神文化与制度文化的关系可以概括为：制度文化以精神文化的构建为指导方向，精神文化以制度文化为基本保障。

## 二、公安院校制度文化对公安院校行为文化建设起约束作用

制度约束人，制度文化造就人。制度文化是一种管理文化，通常以规则、纪律、条文、标准等成文或不成文的形式出现，对群体的行为做出明确的要求和规范，具有明确性和强制性的特点。因此，制度往往会有一股强制的约束力，尤其是公安院校所实施的制度，这一特征更为明显，如公安院校的警务化管理制度，正是借由这种强制约束，将警察职业对公安大学生的要求提前进行说明和规范，从而使学生们在校期间就养成公安机关、国家、党和人民所期望具备的优秀人民警察素质。

公安院校的制度文化具有不可替代的作用，其影响方面之广、影响程度之大具体体现在这三个方面：一是能通过学生对自身的约束展示公安大学生的形象；二是有利于提高公安院校育人方针落实的效率，达到文化育警的效果；三是能够对外展现优良的校风和学风。同时，这三个方面也相互影响、相互促进，效率会促进效果，效果会强化形象。所有这些构成公安院校的行为文化。通过制度文化的约束让师生形成好习惯，进而引起价值观的改变，逐步形成一种自觉行为，让师生自发、主动、有序地践行，最终达到不用管理和监督也能做到更好的效果。

如何构建并完善公安院校制度，以确保制度文化不缺位？如何构建先进的、为学生服务的制度文化，以确保制度不流于形式？这是公安院校文化构建过程中亟须解决的几个重要问题。这些问题不仅影响着公安院校的管理行为和育人模式，也影响着全体师生的行为习惯。当然，我们也应该认识到：公安院校的制度不完全是公安院校自己规定的，而是结合全社会对公安人才的要求进行全面构建的。在公安院校发展的最初起步阶段，带有强制性质的制度仅仅是一种“外在约束”形式。随着公安院校的发展，在制度实施与反馈的过程中，在学生遵守与接纳的过程中，最初的制度得到修正和革新，得到新的发展与完善，这种“外在约束”就成为一种被公安院校全体成员所认同的文化。这种制度文化将在其与师生

的“互动”中，植根于他们内心深处，将对公安院校成员的日常行为、对公安院校的教育活动产生更加深刻的影响。因此，一种适合公安院校办学特色先进的制度文化，必须经过长时间的发展才能得以完善。与此同时，它又必须符合国家、党和人民对公安大学生的要求，还必须满足学生个体的发展需求。

## 三、公安院校制度文化为公安院校物质文化建设提供有力保障

公安院校的行为文化和物质文化，是公安院校校园文化的表层内涵，这两个层面的文化都是精神层面文化和制度层面文化（深层次）的衍生层面。

作为校园文化构建中的关键一环，制度文化是精神文化（核心层）和物质文化（外层）之间的过渡层文化。公安院校的制度文化，是公安院校物质文化构建的工具，是公安院校各种设施设备、物质建造所遵循的原则。因此，制度文化在保障学生正常学习、训练、生活秩序方面，处于无可代替的重要角色地位，为实现公安院校文化育人的目标发挥着根本保障的作用。

众所周知，公安院校的校园文化是不同于其他高校文化的“公安院校文化”，这是由于公安院校三大特殊功能所决定的，人才培养功能是指培养未来公安工作的后备军，科学研究与服务社会都是以公安工作为出发点和立脚点的，因此其表层的物质文化首先应有自身特色，而要想在展现特色的同时保证做到井然有序，就必须遵守同一个规则，那就是我们所说的“制度文化”。因而，公安院校在构建制度文化时，需要注意物质文化建设的指导作用和保障作用。

通过以上分析，我们不难得出以下结论：制度文化是物质文化建设的基本保障，其桥梁作用沟通了校园文化的最内层和最外层。优秀的校园文化体系中的上下层、内外层之间都是双向影响、相互贯通的，较为深刻的核心精神文化流向制度文化的层面，再经由制度文化转化成具象的制度形式，再流向外在的行为层和物质层面，通过可观的行为与物质形式展现出来。这样，就达到了展现公安院校风采的效果，也达到了文化育人的教学目的。

## 第二节　公安院校制度文化的育人功能

### 一、公安院校制度文化育人功能的内涵

正如马克思主义哲学所揭示的那样：功能是事物内、外部相互作用产生的效果，是由事物的本质所决定的，是一种内外部作用长期形成的、相对独立的稳定机制。制度文化的育人功能体现在其对学生日常行为和思维的约束力、影响力等方面，它不仅是一个相对完整、独立的整体，更是一个复杂的、开放的系统。

#### （一）公安院校制度文化形式上的育人凝聚效应

公安院校制度文化范畴广泛，甚至包括一些重大仪式性活动，比如入学教育、队列训练、开学典礼、着装仪式、毕业典礼。两千多年前，《学记》中记载了“大学始教，皮弁祭菜”的仪式。翻译过来就是说，在学校刚刚开学的时候，教师身穿礼服、洗备菜蔬、感怀先师、祭祀先圣，目的在于通过这样的隆重规范的仪式促使全体学生认识到学习的重要性。数千年来，这种仪式也逐渐发展完善。在公安院校制度文化层面上，这种典礼仪式有了更加丰富的内涵，几乎所有的公安院校都给予了这种仪式足够的重视，并试图努力完善这种仪式的正式性和规范性。各种制度文化活动，在形式上体现了整体规范性特征，在客观环境内建设了教育场所，使受教育者置身于特定的环境当中，并让他们在潜移默化中感受到了公安院校这个特殊集体的归属感、强烈的责任感和义务感，对公安院校这个集体的凝聚力和向心力有着强烈的增强作用，产生了抗侵蚀、抗干扰的坚不可摧的团队精神力量。

#### （二）公安院校制度文化形式上的育人累积效应

公安院校的制度一经形成，往往会持续一段相当长的时间，同时在执行过程中显示出周期重现性的特征。比如，江苏警官学院一年中上半年的科技文化月，下半年的校园文化月制度。再如，典礼制度往往以年度为周期，总结表彰制度以学期为周期，其他各种条例式的制度分别视其内容的不同而分别以月、周为周期性。制度文化的这种形式上的周期重现性特征在受教育的过程中体现为一种经常

性、重复性的教育，所以它所起的教育效应是一种渐进性的、累积性的效应。当公安院校有规律地有序开展各项活动时，因为有了之前的经验，开展的过程会变得十分顺利高效，遇见突发问题时，解决问题的手段和成本也可以大大降低，既节省财力又节省了时间。同时，学生可以通过各种途径提前了解学习公安院校长期实行的一些制度，在举行活动或总结表彰之前先熟悉流程，事先做好准备，这样就避免手忙脚乱、错过时机等问题的发生。公安院校大学生在这样固定的、具有周期性的制度文化当中学习成长，公安院校要求他们具备的技能就可以得到反复强化，在不知不觉中成为公安院校大学生的日常行为习惯。制度文化的这种周期性特征通过其反复实践、不断强化的方式使受教育者潜移默化、积小益为大益。

### （三）公安院校制度文化内容上的育人直观效应

公安院校的教育活动是在制度文化制约下开展的，这种教育活动是一种“演示性活动过程”，它把形式化了的内容具体化。当然，这并不是简单的“复制”，而在前者形式的基础上使内容得到了提高，即一种“螺旋式”上升的过程。以一定的物质条件和历史条件为基础，组织者可以不断提高创新。以江苏警官学院今年举行的一次授装仪式为例，数百名刚刚经受军训洗礼的大一新生，在警体馆里列着整齐的队伍、穿着正规的服装，听着主席台上的领导向他们讲述人民警察应该承担的职责。那个时候，他们一定是激情澎湃的。人民警察的职责与信仰，在时代的发展变化中被赋予了新的内涵，通过演讲，懵懵懂懂的新生也更加直观清晰地认识到了这些。之后的流程中，新生进行人民警察入警誓词的宣誓，所有的激动难耐的情绪，所有对自己的未来、对人民的未来的责任，都浓缩在了这一小段话之中了。举行仪式的那天，场面十分壮大，现场效果十分好，它把“了解警察职责，发扬奉献精神，全心全意为人民服务”这个以育人为主题的教育活动具体化，把它变成了一个个可以看得见摸得着的实在行动。这样的活动仪式具有十分强烈的艺术形象，对于参加现场观看的同学来说，这样的教育，他们可能一辈子都不会忘。

### （四）公安院校制度文化内容上的育人传递效应

公安院校的制度在执行的过程中，不断经过筛选和扬弃，时间久了，它的内容就会产生一种传统性的优势。在育人效果上，就可以表现为空间上的横向扩展和时间上的纵向传递。江苏警官学院运用了制度文化的“内容传统性”特征，在区队的建设上进行了有益的探索。为建设优良的区队风貌，公安院校制定了班级常规管理月考月评制度、主题班会评比制度、优秀班集体交接制度等班集体建设条例。通过“月考月评”可以让一个区队的优良风气成为全校各个区队的优良风气、一个区队的不足可引起全校各个区队的警惕。通过经常性的主题班会评比制度，可以把这种“德育教育示范课”搞得更完善，可以使每一位受教育者获得组织、主持社会活动的机会，提高每一个学生的组织能力、交际能力。经过多年的努力，江苏警官学院已建立了比较完善的区队集体规章制度和较为丰富且传统的活动内容，形成比较鲜明的特色。公安院校制度文化的形式是多种多样的、内涵是十分丰富的、育人效果也包含了多个方位。我们切不可把制度文化看作形式而在执行中“走过场”，也不可把它当作“程式”不加以改革创新，而要以创新的胆识、务实的态度、细致的实践不断地建设，让它为健全公安院校管理、培养现代警务人才发挥更完善的效应。

## 二、公安院校制度文化育人功能的取向和原则

### （一）价值取向

在公安院校制度文化建设的过程中，首先要解决的问题是明确制度的形成和实施所遵循的价值取向。价值在制度的实施和制度文化的形成中都占据核心地位，如果没有明确价值方向，那么在建设过程中很容易缺乏生命力，成为无源之水。公安院校制度文化应当建立在以人民警察价值观为核心的系统上，公安院校发展时间虽然短，但已经形成了相对成熟的制度体系，这种制度是我国特定文化背景下的产物，它的价值取向就是我们所主张和倡导、禁止和避免的东西，这种价值取向就是人们看待现代公安院校的反应。综上所述，公安院校制度文化建设的首要任务就是探寻现代公安院校制度的主观价值取向。文化建设与公安院校自身各方面的条件关系密切，每个公安院校在建设过程中，所实施的制度可能并不相同，但所反映出来的文化共同性却是不可背离的。

首先，强调以“人”为本。近年来兴起了“以学生为本”的大浪潮，学生在教学中的地位逐渐提高，但这是远远不够的。好的制度文化下，所有的公安院校成员都是“本”。从教学目标来说，培养“人”应该作为终极目标，公安院校教育不仅是对学生的教化，同时也会发挥教职工的潜能，使得教师不断成长。无

论哪一种公安院校制度被采纳执行，制度都应该以人为本，在尊重人的前提下为了人类的发展创造条件，然后激励和鼓舞人们不断进步和创新。

其次，强调以“研”为本。公安院校处在改革的浪潮中，处在内外环境的不断的交替变化中，更应通过构建学习型组织、建立和完善教研制度等，改变过去只重教学不重研究的倾向，实现从“教”到“研”的转变。所以，以优秀的制度文化为背景，教师拥有创新需要的条件，进而可以形成自己的教学个性。同时，也有利于从公安工作整体性开展对于制度文化的研究。对于制度的制定和实施，公安院校的管理者应当紧扣“四个忠于”的人才培养目标，这样就能够更好促进对于制度文化的研究。

最后，强调以“校”为本。一般来说，就像前面提到的正式制度与非正式制度的关系，正式制度拥有更多一些的公安院校特色，因而，在制度文化形成的过程中更加重要。也就是说，公安院校进行公安院校制度文化建设过程中，应该本着“校本文化”的观点，制度文化的集中取向应该是社会的发展、公安院校的发展、公安学科的发展等。这样的话，可以有效避免不合理的限制缺陷，使公安院校的作用更好发挥出来。当然，公安院校在价值形成的过程中也不是一帆风顺的，会受社会历史文化性的制约，存在着传统与现代、东方与西方价值、群体价值内部之间、公安院校内部与外部社会认同等的价值冲突。因此，在进行价值取向时，要尽量深入探究倡导价值部分的价值存在的合理性，避免简单将其定义为落后和不合理的价值。同时，不要忽略价值的共识与互补、不要过分强调其对抗性。

### （二）建设公安院校制度文化必须遵循基本的原则

#### 1. 普遍性和特殊性相统一的原则

因为不同高校之间存在的人才培养目标、学科建设方向、地域环境不同，所以不同高校之间在发展的历史和文化上存在差异，这就导致了校园文化建设过程中，有关建设的具体细节和宏观层面上的整体计划都有特殊性。公安院校作为特殊的高等院校就是为了培养公安队伍的后备军，为公安工作和社会发展服务的。所以公安院校既需要遵守社会要求，需要按照社会教学教育管理规律安排工作，又要按照公安工作发展的要求来制定相关制度。公安院校办学的指导理念既有当代社会普遍和先进的价值理念，又有公安工作发展的特殊性价值理念。所以，公安院校制度校园文化建设的原则应该坚持将高等院校普遍性与公安工作特殊性相结合、人才培养的共性与警察职业的个性相统一。

2. 主导性与主体性相统一的原则

公安院校制度文化育人的整个进程中，主体是所有的公安大学生，主导者是公安院校内全部的教职员工。所以，我们应该有这样的一个意识：公安院校的主人翁是高校里面的全体师生和员工，公安院校制度文化的参与者和建设者也是他们。一方面，教职员工应该充分认识并尊重学生的主体地位，坚持“以人为本”的理念；要使用各种方法了解学生们的想法、贴近他们的实际需要，开展各类文化活动来满足学生的需要和要求，这样，才能够充分调动学生的兴趣来参加活动，使制度文化活动的感染力和号召力充分展示出来。另一方面，要充分调动学生们的主体能动性，就是说要激发学生参加校园文化活动时的自主能力和创造能力。当然，这不是说对学生不闻不问、放任自如，而是在更高的层面上，尤其是在精神层次上，努力给予他们支持，最大限度地给他们提供帮助。教职员工的指导作用是巨大的，要充分发挥这一特性。在警察职业特征上的正确指导是十分有必要的，减少管理决策的复杂性、充分肯定公安大学生的创造性和追求创新的精神是十分重要的。只有这样，才可以使公安大学生学生的潜能和主观能动性充分发挥出来，使他们的独立自主能力得到培养和提高，这样“以人为本的教育理念才可以真正得到落实。公安大学生学生的自我教育、自我培养、自我管理、自我成长才能够真正得到实现”。①

3. 全员参与、全方位构建的原则

公安院校制度文化具有全员性的特性，所以，为全体公安大学生服务是公安院校应该坚持的原则。在一定程度上，要合理设计竞赛性质的活动，把它的难度和专业强度适当调整，提高参与类、展示类的活动的存在比例，构建多层次、全方位的公安院校校园文化活动的平台和载体。要构建一个全方位、多渠道、多层次的校园文化活动载体和平台，有效地增加活动的实效性，调动学生参与的积极性，扩大活动的辐射度和影响力，让绝大多数的学生可以一边参与活动一边发现、锻炼和完善自我，真正产生“全员参与”的效果。另外，使公安院校制度文化育人得到充分发挥也并不容易，这是一个系统的工程，应该把硬件和软件有效结合起来，要实实在在与公安院校的物质文化、行为文化、精神文化有效结合起

① 庞兵武：《公安院校大学生在基地实习中的自我教育、自我管理和自我服务研究》，载《河北公安警察职业学院学报》2016 年第 1 期。

来，营造良好的育人氛围，形成良好的教风学风，使全方位、多层次的构建效果得以展示出来，把高校制度文化的育人工作顺利完成。

### （三）公安院校制度文化建设的创新维度

问题的提出需要批判性思维，紧随其后的“分析”过程更需要多角度的审视和理性的解释，而针对公安院校制度文化建设可从解放思想、实事求是以人为本等维度加以解析。

1. 把解放思想作为公安院校制度文化创新的灵魂

邓小平理论的精髓是“解放思想，实事求是”。它要求用辩证统一的思维方式看问题，打破僵化思想和旧势力的束缚去面对并研究新事物，解决新问题。这一理论不仅根植于中国发展的历史，更作为一种时代精神时刻鞭策着人们用发展的眼光和全新的认识去探析事物的本质。公安院校制度文化随时间推移不断地摒弃糟粕，汲取精华。这不是单一循环的过程，而是推动公安院校制度文化一直向前的强大动力。大学制度文化研究中，“解放思想”是根本理念，是指导思想，公安院校制度文化只有从制度核心上把思想解放出来，才能催生更多活力和生机，这种文化建设只有从骨子里把思想升华上去，才能映射更美的文化光辉。

2. 把先进文化作为公安院校制度体系的发展方向

文化指引大学前进的方向，大学文化是促进社会和谐文化建设和发展的重要组成部分，其产生和发展必将推动我国大学新一轮的文化觉醒。公安文化一定是指引公安院校文化建设的方向，当然也是公安院校制度文化建设的方向。在与时俱进的公安文化的基础上，公安院校制度体系就会向着公安文化的发展方向不断完善自身，以推动整个公安院校的发展进程。公安院校制度文化又是公安院校文化建设的保障，所以只有在优秀的公安院校文化的引领下，公安院校的行船才能沿着制度的航道乘风破浪。

3. 将以人为本作为公安院校制度创新的出发点

以人为本是科学发展观的核心，是中国共产党坚持全心全意为人民服务的根本宗旨的主要体现。从严格意义上而言，它被归于人力资源管理的范畴内。在大学研究领域，其主要是指在管理中要以“人”为出发点和中心，管理活动应当围绕着激发和调动人的主动性、积极性和创造性展开，以实现人和大学共同发展，也就是为了实现共同发展目标，充分重视“大学人”的需要，培养和鼓励“大学人”参与到大学制度的管理和建设中来。大学制度文化要创新，就要以“大学人”为重心，一切依靠“大学人”，一切为了“大学人”。如何更好地满足“大学人”的物质和文化需求，使得人性关爱和人文关怀充满校园，成为大学制度文化创新的本质问题。

建设好公安院校的制度文化不仅对提高教师的积极性，营造健康、向上的文化氛围起着重要作用，而且能大幅度提升公安院校的人才培养质量。公安院校培养的人才职业化取向非常明显，在全国注重职业化教育的大背景下，如何在既尊重人的成长成才规律，又符合警察职业素质的需求的前提下开展公安院校人才的培养工作，制度文化功能的彰显尤为重要。公安院校在强调学警素质全面发展的同时，也应更加重视对学生个性的培养和发展。在保证公安院校各方面工作合理有序运行的同时，公安院校也应更加张扬自己的个性，书写自己的特色，其个性发展则需要依靠公安院校在校园文化方面的提升与发展以促进自身发展，这是公安教育理论和实践者们探索的一条新思路。把这一思路落实到行动上，就是要求公安院校应该紧扣现代警务人才培养、科学研究、服务社会这三个中心工作来开展制度文化建设，不能仅仅停留在设计一些标语、口号，或建造一些比较有文化气息的雕塑等，却忽略了从制度层面上对公安院校文化进行建设，而使公安院校的文化建设流于形式。事实上，制度自身就是一种文化，又可以衍生文化，公安院校需要用制度规范人的行为，更需要制度文化内化为人的行为，公安院校在对人的培养过程中固化人的行为价值是显而易见的。

# 第三章　公安院校制度文化建设路径

## 第一节　公安院校制度文化的行为方式及对象性关系

### 一、公安院校制度文化建设遵循的行为方式

#### （一）公安院校制度文化的完善

从我国当前的教育现状来看，一所公安院校运行之初所具备的只是一系列的制度材料，因此要建立完整的制度文化，首先要制定最基本的规章制度，还要依赖于一些具体的举措以及公安院校文化传统的形成。在公安院校制度文化初步建立之后，它还需要不断地完善。公安院校制度文化的完善包含两方面：一是继承与补充；二是扬弃与发展。

首先是继承与补充。继承不仅指对本校自成立以来在长期的实践中所积累的行之有效的规章制度的继承，也指对于我国民族文化传统中的优秀成分的继承。而补充更强调的是一种动态的过程，对于公安院校制度文化系统中存在的不完备的地方要有充分的认识，并适时进行补充。无论是初建的公安院校还是历史较长的公安院校，继承与补充对于公安院校制度文化深层的价值观念部分的建立都是关键的一步。

其次是扬弃与发展。公安院校自身的发展和社会价值观的变化要求教育价值观也应该进行相应的扬弃。部分传统的教育价值观已无法适应新形势的要求，而价值观是公安院校制度文化形成的前提。因此，公安院校制度的拟定者和推行者应当根据实际需要摒弃传统的公安院校制度中消极落后的部分，公安院校的成员都应当秉着发展和创新的价值观念对公安院校制度文化的创造性发展做出贡献。

### （二）保障公安院校制度文化有效建设的策略

1. 塑造优秀的公安院校领导文化

公安院校制度文化本身很大一部分包含着领导阶层的意志。因此，公安院校领导阶层的素质在制度文化建设中有着举足轻重的作用。于公安院校而言，校长本人的价值观、领导风格、个人作风会对公安院校制度文化的建设产生重要影响。因此，领导者在决策、用人、管理的过程中，要保持理性，确保公正，不能陷入人情的泥沼里，同时还要恰当行使自己的权力，正确落实公安院校的各项管理工作。另外也要广纳雅言，以集体决策取代个人独裁，避免盲从。在公安院校中构建健康的领导文化，起好带头作用，能使教职工和学生自觉地遵循制度。

2. 塑造良好的中层管理团队文化

公安院校的中层管理人员处在高层领导和普通公安院校成员之间，对于高层领导，他们是执行者；对于普通公安院校成员，他们是领导者，因此他们在公安院校制度文化建设中起着桥梁般的衔接作用。如果中层管理团队的作用得到有效发挥，那么就有助于校长和普通公安院校成员之间的上传下达。因此，首先，要对这一团队的成员做好筛选；其次，要在管理团队中树立价值观念，使之与公安院校整体达成一致；最后，还要培养中层管理团队的核心人物，这样才能领导整个团队发挥团队效益，保证公安院校整体利益最大化。

3. 塑造良好的激励文化

良好的激励文化能在现代公安院校制度的实施方面产生较为深远的影响。建立与公安院校制度相适应的激励文化，在调动教职工工作积极性的同时，还能引导教职工更积极地自主研究和创新教学，能有效促进一种更具有文化氛围的公安院校制度的创建。

### （三）在公安院校制度文化建立过程中需要处理好的几种关系

公安院校不是独立于其他社会因素而存在的。尽管在建立公安院校价值观上或是实施公安院校制度文化的策略上，公安院校更多的是从内部出发，然而，公安院校作为一种客观存在，与其周围和内部之间的关系是不可忽视的。正确处理好这些关系，也为公安院校制度文化的设计创造了条件。

1. 处理好与行政部门的关系

在我国各个领域中，行政权力的约束作用都是巨大的。在这样的文化传统以及政治经济体制之下，政府及教育主管部门对于公安院校制度文化的建立具有重要的影响作用，公安院校制度文化在很大程度上要受到政府的影响、制约，如公安院校的人事管理制度、课程规划制度等。因此，如何结合公安院校自身条件来贯彻执行政府及教育主管部门的决策，对公安院校来说是制度文化建设必须考虑和处理的问题。

2. 处理好与公安院校所在地区的关系

在现代社会，公安院校与其所处的地区间的联系日益紧密，地区作为公安院校重要的外在环境之一，其各方面的条件如物质、精神、文化等都制约和影响着公安院校的组织形态和教育方式：地区的人口因素影响公安院校发展的规模和设置，制约着公安院校的组织形态和教育方式；地区的教育资源是公安院校建立、发展的基础，公安院校开展的各项活动都建立在地区所能提供的教育资源之上，对地区有很强的依赖；地区整体的文化环境如民俗传统、文明水平、道德习惯等对公安院校的校风、学生的道德风貌也会产生深远的影响，等等。

3. 处理好与教师的关系

教师是公安院校发展的基础，公安院校内部较为重要的一环就是公安院校与教师的关系。如何确定教师在公安院校管理中的地位和作用与如何充分发挥教师在教学以及科研中的自主性，是公安院校治理中首先要思考的问题。因此，在公安院校制度文化的建立之前，尊重和考虑教师的地位和价值，为教师的科研、教学提供良好的环境是应当被充分考虑的。

4. 处理好与学生的关系

毫无疑问，公安院校的最主要目的在于教书育人，那么学生便是公安院校存在的大前提。公安院校与学生之间的关系涉及许多方面，不仅体现在公安院校对于学生的文化培养上，更体现在学生自身从校方得到的发展是否全面且充分上。因此，要把正确的学生观运用于公安院校制度文化的建设中，从价值到内容都要以让学生得到全面的发展为出发点和落脚点。

5. 处理好教师与学生的关系

关于教师与学生谁为教学的主体的讨论由来已久，这二者对于公安院校的重要性是不相上下的。过度强调师生中任何一方的主体地位都是不恰当的。我们不仅要保证教师教学和管理的地位，同时要给予学生更多的自主选择权和参与决策权，恰当地处理教师与学生的关系。

6. 处理好学生与家长的关系

学生对于公安院校的重要性在一定程度上也使家长的地位更加突出。在推行制度文化建设的过程中要充分考虑家长的需求和愿望，因为家长也间接参与了公安院校的管理与教育。公安院校只有达到家长的要求与标准，才能赢得家长的信任与支持，才能更顺利地配合家长开展学生的教育工作。因此，处理好学生与家长的关系就是尊重和重视家长的要求，听取家长的意见，从而获得家长的理解与支持。

我国目前正处于社会转型的关键时期，不论经济政治体制还是其他社会领域都处于巨大的改革发展浪潮之中，因此，校方在构建现代公安院校制度文化的过程中面临的问题仍然很多。值得肯定的是，在各方的努力下，我国在建设现代公安院校制度上已经进行了实践，走出了一条路，也取得了一定的成就。尽管未来仍然会出现许多新的问题，但只要朝着正确的发展方向行进，一定能够应对未来的挑战。

## 二、公安院校制度文化建设行为可行性方式分析

现代汉语中，行为方式是人们经常使用的术语，字典中行为的概念是“受思想支配表现在外面的行动”，方式是指“说话做事所采取的方法和形式”。可见行为方式就是指人们日常活动中的有规则的行为系列，是人的有意识的活动。公安院校制度文化创建之中的行为方式应该是在公安院校的价值取向指导下对建设过程中所涉及的各种教育要素的选择、组合、运用和控制。

### （一）合理合法是前提

公安院校在制定制度时不能只考虑如何才能约束教师的行为等关乎眼前现实利益的问题。首先要考虑到：合理合法是制定一切制度的首要前提。

### （二）执行是关键

如果不以执行为目的，再优秀的文化、再巧妙的策略、再严密的管理制度都将是虚无缥缈的。制定无法执行的制度是对公安院校人力、财力、物力的浪费，同时延误了时间，更有甚者会错过创建制度文化的最好时机。

### （三）延续是重点

朝令夕改、频繁的变动可能会使教职工们无所适从，因此让制度文化延承下

去是管理者必须研究的课题。所以，在制度制定之始，就要想到如何、怎样才能延续的问题，努力把那些秉承公安院校传统的、具有时代特色的、利于公安院校发展的制度延续下来。

延续的关键在于：传承公安院校管理者的管理思想、理念时，不能“一个校长一个令”。形成健康的制度文化是不能缺乏稳定性的，否则公安院校的各项管理会因此变得混乱。一旦人心不安，公安院校的物质、精神文化建设也会受到很大的负面影响，混乱、不安的环境会极大地阻碍公安院校发展。

（四）创新不可少

没有完美无缺的制度文化，也没有永久有效的制度文化。正因如此，与时俱进、开拓创新十分重要。建设完善的公安院校制度文化绝不是一蹴而就的，要不断调整与修正，这也是制度文化建设过程中不可割舍的步骤。教师是创新的源头，因为他们是制度文化的履行者和受益者，他们能够在起始阶段发现制度文化的不当之处，他们的实际需求和建议通常对制度文化的建设有所裨益。因此，公安院校管理者一定要集思广益，征求教师的优质意见。

关于创新，费伊尔的建议强调了鼓励对于整体的重要性，他认为：“能够认可某些下属的创造性的管理者要远远高于那些不能做到这点的管理者。”① 要鼓励创新就要经常反思，制度与公安院校的精神理念、物质文化是否相抵触，与国家的教育理念、育人制度是否相矛盾，与社会的基本道德、行为准则是否不相符，与教师的根本利益有无冲突等，并使这些反思制度化、专业化，定期弥补原有的制度文化的不足。

创新需要思考、内省、实践，这些都需要消耗时间与精力，因此教师的工作不能是“超负荷”的，没有时间、精力，疲惫不堪的教师们根本不可能进行创新。打破旧的制度面临的有可能是失败，因此创新离不开勇气，失败也需要勇气，管理者要允许失败的发生，不能一味埋怨、指责，而应该是希望创新者在失败中汲取经验，为成功储备筹码。美国有一家成功的计算机设备公司，它的企业哲学只有五六条，其中有一条是这样的：“我们要求公司员工每天至少要犯 10 次错误，倘若有谁做不到这一点，就说明工作不够用心。”建立合理的激励制度更能激发每个人的创作激情，物质和精神的双重奖励能同时满足教师们创新的物质

① 转引自德成：《费伊尔的基层主管原则》，载《石油工业技术监督》2001 年第 7 期。

和心理的需求，也能促进公安院校内部竞争，促使人际关系和谐。

## 第二节　公安院校制度文化育人功能的实现路径

从公安院校诞生之日起，伴随着公安教育发展过程中的公安教育改革的呼声就一直没有停止过，尤其在推进法治社会建设的过程中，公安教育如何变革引起了许多专家学者的热议，所有讨论与争论的实质就是公安教育培养的人才是否符合时代发展的需求。公安教育在公安事业动态发展过程中的贡献度高低的讨论与争论也很激烈，造成这一现象的原因之一是公安院校制度文化建设与公安院校人才培养及公安工作的发展动态的不合拍。在公安类院校校园文化的建设过程当中，大多数人关注的是公安院校物质和精神文化的建设，反而忽视了真正重要的制度精神与文化。此外，当前公安教育的理论界对公安院校的制度文化的研究并不充分，使教育实践者对如何创建公安院校制度文化不甚了解，所以，公安院校制度文化的正确解读和创新建设就变得尤其重要。

### 一、公安院校传统制度文化建设中存在的局限

我国悠久的历史和厚重的文化积淀为我国现代教育的发展打下了良好的基础，但伴随着文化带来优势的同时，也带来了传统的副作用。正是因为传统这个词过于沉重和保守，也使得历史悠久的公安院校所背负的传统的担子越来越重，其弊端在现代发展理念下的公安院校文化建设过程中也日益显现出来。

#### （一）固守传统，管理理念停滞不前

发展是不变的主题。如果一所公安院校十年前和十年后的管理理念没有大的变化，那很难让人相信这样的公安院校能够超前发展。且不说如今教育领域里如风云变化般的各种改革，仅仅是新课程改革的变化，便足以让这类永远停滞不前的公安院校受挫。因此，在改革的大潮中如果不想覆舟的话，公安院校必须根据现实发展和自身情况做出相应的决策。即使是曾经非常适应的传统，在发展的面前也可能是非常脆弱的。考虑到制度是一种极易根深蒂固、陷入僵化的因素，公安院校更需要根据时空的发展变化做出调整。

### （二）偏于控制，管理者的权力过大

在遵循传统管理模式的公安院校中，由于缺乏民主性，往往是由少数管理者所制定的制度来规范公安院校的各种行为。在这种情况下，规章制度的控制性、服从性极容易超出正常范围，造成公安院校过分强调制度的不可机动性，忽视了人的主观能动性的局面。教职工以及学生等群体只有服从，学习和工作的积极性受到打击，无法发挥其潜能。而这样使得少数管理者树立了难以动摇的威信，公安院校成了以管理者为中心的地方，这样的环境对于整个文化氛围的形成是极其不利的。

### （三）重视文本，忽视了人的发展

制度一旦制定完成，管理者便习惯性地将注意力放在了制度实施阶段。而这本身也犯了将制度与制度文化二者概念混为一谈的错误。好的制度文化并不是它自身是否完善，而是它是否促进了公安院校建设，是否使公安院校的管理者、教师、学生等都获得了发展，这才是制定制度所要达到的最终目标。

## 二、公安院校制度文化育人功能过程中存在的问题分析

### （一）公安院校制度文化育人的理念意识薄弱

制度文化育人的理念是一所公安院校教育理念的总纲领，这反映了该校对教育的深刻理解。这种制度文化育人的理念折射了各个院校的价值观，同时对该校发展的方向和各种教学活动产生了一定的影响。文化育人的理念意识需要很多方面的支撑才能构建一个合理的制度体系。我们平时所看到的形形色色的教育教学活动以及公安类院校制度文化活动都是对这种理念精神的诠释。公安类院校的物质、精神文化的建设以及公安类院校制度文化活动的开展都应该以制度文化育人理念意识为总提纲。现阶段，一些高校还不具备基本的公安院校制度应有的文化育人理念，这种理念的建设还不够完善，未能对本校制度文化的育人理念进行准确的定位和全面的规划。

### （二）公安院校制度文化建设缺乏系统的整体的规划

现阶段背景下，很多公安院校对其整体形象的定位不够准确，分析不够理

性，整体形象也缺乏系统性规划和塑造，导致其制度文化建设存在缺乏整体规划的弊病。从现有的数据来看，能够真正做到立足公安高校自身特色，理性分析自身形象，从而为自己准确定位的公安院校不在多数。很多公安院校制度文化建设大同小异，没有多少建设性可言。究其原因，部分高校对该校本身整体规划的匮乏和对自身定位的偏差，以及对自身历史文脉资源的忽视和不充分的利用使得这部分高校自身的特殊性湮没于广大高校普遍性之中而失去了彰显自身特色的机会。很多高校往往都会购买名人雕塑以及校内设施，但缺少一些有创意的设置，甚至所购置的校园设施与本校的风格格格不入，给人一种整体上没有章法可言、生拉硬扯的感觉，更说不上文化建设的系统性了。不难发现，在制度文化建设理念上真正具有个性特征的公安高校实在是凤毛麟角，大多数高校还停留在左瞻右顾、与别人大同小异的层面。正因如此，我们在很多高校都看千篇一律的文化长廊、名人雕塑和标语口号，很少能够看到鲜明地体现出每个学校个性特征的文化建筑，从某种程度上来说，这些做法都是“只顾面子不顾里子”的体现，是远远不够的。

### （三）某些公安院校制度文化的育人体制不健全

随着经济全球化趋势不断加强，我国对外开放不断深入，高校在人才培养方面也具有了更大的开放性和可能性，但与此同时，市场经济中的某些错误理论和观点也乘虚而入，难免给公安院校带来不同程度的消极影响。我国高校公安院校制度文化的育人体制机制上出现了一些新问题和新情况，具体表现在以下三个方面：首先，部分高校公安院校制度文化的育人机制越发把功利化放在重要位置，去功利化制度文化建设迫在眉睫。究其原因，当前我国的高等教育正走向大众化阶段，有关部门对高校提出了加大办学规模的要求，尤其要加大在物质文化建设方面的力度。因此，一部分高校出现了本末倒置的现象：除了开展正常的教育教学活动外，大部分精力都用于搞物质文化建设，甚至一所高校的发展情况需要用物质环境建设的好坏来评价，投放大部分精力于物质环境建设上有可能会带来校园精神方面的理性思考缺乏，造成校园物质建设与精神建设失衡的现象。其次，“以人为本”的理念未能落到实处。高校育人的要义，本质上来讲，就是要坚持以科学发展观为指导，通过文化教育等渠道提高高校学生的整体素质和综合能力。然而落实到现实当中之后，仍然存在不少理想与实际的落差。一方面，在计划经济体制下形成的一些过时的办学理念未能与时俱进，对当前教育教学实践中依然产生着不良影响；另一方面，高校的一部分教职员工的思想不够与时俱进，对公安院校制度文化建设的意义知之甚少、对公安院校制度文化建设的途径等方面的理解存在偏颇，这些都是让制度文化建设思想成果无法通过实践落地的“拦路虎”。简言之，当管理者的自身素质跟不上，全方位的科学育人环境就无法形成，“以人为本”的理念未能真正落到实处带来的“有名无实”的现象也就不奇怪了。最后，公安院校制度文化的育人方式出现问题，跟不上发展变化，不能与时俱进，仍然在走老路。沿袭传统教育方法并非不可取，但一味沿袭、不懂得“取其精华，去其糟粕”就不可取了。新时期下，着实需要我们根据整个社会的发展变化、顺应经济全球化的大方向来改革创新，为制定出符合高校自身发展特点的具有特殊性的育人机制创造有利条件。

### （四）我国公安院校的制度文化环境缺乏积极向上的感染力

当前，我国很多公安院校制度文化育人方式和载体较为单一，对培养大学精神以及创新高校制度等深层次的领域的重视还不够，未能将公安院校人才培养、科研活动、社会实践等项目和挖掘学生兴趣爱好有机结合，这样难免会导致青年学生参与积极性不高，制度文化建设陷入“瓶颈”。而我们不难推知，高校的公安院校制度文化环境如果缺乏积极向上的感染力，那么高校的公安院校制度文化氛围就会不浓厚，学生对其感兴趣的程度不够，也就很难在一个良好的育人环境中获得提升。因此，我国的高校应当首先立足于本校实际，敢于迎难而上，营造一个积极健康、有利于全面提高学生素质的高校公安院校制度文化育人环境。

### （五）我国公安院校的办学理念缺少创新精神，办学制度还有待完善

由于在全球化浪潮下的资源配置本身就已存在先天缺陷，那么随之而来的，我国市场的公平竞争机制也就不可避免地裹挟了某些不合理之处。加之当前我国高校缺乏较为充分的自主权，高校硬件条件不够，办学资源依然要靠政府这只“有形手”进行宏观操控，而“无形手”的缺位不免造成了很多高校的办学理念、办学模式趋同，制度文化建设走向庸俗化。此外，很多高校的办学制度还有待提高。高层管理者们的“领头羊”角色的缺位和错位对高校办学制度的走向往往起着很大的负面作用。尤其是一些大学的校长未能树立很好的领导者意识，未能在了解并充分开发利用自身公安院校制度文化环境的基础上趋利避害、发挥扬弃精神，也未能很好地将公安院校在历史文化和人文特色上的资源制度化、具体

化。总的来看，当前我国部分高校办学制度还不够完善，存在着办学理念缺乏创新的弊病，亟待革除。

（六）我国公安院校制度文化建设的投入力度还不够大

尽管我国教育部已经明确提出要加大高校公安院校制度文化建设的投入保障力度，但我国很多高校在公安院校制度文化建设方面的投入力度仍然不够。诚然，很多公安院校制度文化活动的开展缺乏资金支持，所带来的在公安院校制度文化建设方面投入保障不足是许多公安高校存在的致命伤，这也导致不少公安院校的制度文化活动缺少层次和深度，很难达到文化育人的理想效果。因此，为了保证我国公安院校制度文化建设的质量，我国各个高校有必要把公安院校制度文化建设的经费纳入公安院校预算中，真正做到人力、财力、物力方面充足的投入，从而保证高校公安院校制度文化建设工作的顺利开展和运行，进而确保达到高校公安院校制度文化育人功能的预期效果。

（七）我国的社会主义核心价值体系面临多种思潮的挑战

我国对外开放的程度随着经济全球化趋势的加强也在不断加深。文化的交流日益频繁，各种形式的学术访谈蔚然成风。不过敞开大门的同时也放进了“苍蝇”——大量的西方政治观点和思想不断涌入我国，在社会中乃至当今高校中都兼容着多种思潮。现代网络技术的快速发展使人们更方便快捷地获得多维度的信息的同时，也让大学生面临着多种思想观点的选择。多种思潮“百花竞艳”，一方面让我们看到了自身与世界的差距，看到了西方一些观念的先进性和可借鉴性；另一方面也涌现出一些不和谐的声音，崇洋媚外和民族虚无主义暗自生长。

综上所述，当前，在育人过程中，因制度文化上的缺陷我国公安院校还存在着很多不足之处，如果我们对这些问题不能及时分析和解决，我国高校的公安院校制度文化建设难免将会在误区中越陷越深、越走越远，最终会导致其育人功能发挥受限，离高等教育的培养目标越来越远，严重时还将影响我国的社会主义现代化进程的完善和推进。

## 三、公安院校制度文化育人功能的实现路径

### （一）加强公安院校制度文化建设，实现现代警务人才的培养目标

1. 公安院校确立的规章制度要体现三点：第一是“全”，公安院校的规章制度应当是系统的、全面的、全方位的，能切实保障事事都有章可循、有章可依，当然也是违规必究的。比如公安院校的行政管理制度、教学管理制度和学生宿舍管理制度等。第二是“细”，即要求公安院校的各项规章制度内容要具体明确，同时可操作性强。第三是“严”，是指公安高校要警纪严明，同时也要赏罚分明。

2. 公安院校的规章制度还要做到制度民主、制度平等、制度科学和制度高效。制度民主是指在制度建立的过程中，要充分发扬民主，通过大会讨论表决，最终以条文的形式确定下来，不能按照个人意志进行确立，保证重大决策的民主化。制度平等是指实行公开、公正、平等、择优的用人机制，积极加强学术民主制度，任人唯贤。同时，我们倡导制度平等，尤其在设立程序上要保证公平——确保学生身份平等、机会平等，最大程度地为他们创造公平竞争的机会。同时还要注意关心弱势群体，关爱弱势的学生。制度科学就是指确保制度合理科学，人性化的同时具有普适性。制度高效是指公安院校要创建起一支高效的管理和服务团队，高效贯彻公安院校的制度文化精神，内化于心、外化于行地发挥团队的整体效益，以期达到效益的最大化。

3. 公安院校的各项规章制度的创立与落实要立足创新。领导层和管理层要树立创新的管理理念，譬如教学管理制度、人事管理制度等制度的制定都应当在以人为本的基础上发扬创新精神，在落实上则应当追求“快准狠”的境界，高效而精准。同时，要着力整改与取缔一些对公安院校运行起消极作用的陈规旧制，要懂得推陈出新，适时改革创新一些不合时宜的制度。

4. 此外，为了更好地加强公安院校制度文化建设，还需要做到以下几点：首先，要对全体师生员工进行思想宣传，做好基础制度文化教育，让大家充分了解制度设立的原因、制度的具体内容以及违反制度禁令的后果与惩罚等。其次，要呼吁领导层、管理层以身作则，进行良好的示范，以领导带动教师、教师带动学生的形式在全校形成制度文化建设的潮流，并且将其常态化。再次，在实践中对既有的制度进行反复的检验。正所谓“真理具有上升性，需要通过反复的实践去检验”，公安院校的制度绝非是一劳永逸和一成不变的，制度文化的可建设性

就在于它的不设限、不固定、可创新。只有这样，才能彰显出它的合理价值。最后，也是最为细化的一点要求，就是在日常生活中经常性地对全体师生员工进行督促检查，使其养成良好的行为习惯，在潜移默化中将各项规章制度内化为自身的行为。

5. 制度文化本质上是一所公安院校的管理文化，体现着一所公安院校的管理水平和层次。尤其作为院校长，也应该做到以下几点：其一就是“多鼓励”，对每个教师要多一点鼓励，对每一个学生要多一点鞭策，赏罚分明更能激发师生的积极性，从根源上提高一所院校的制度文化执行力；其二就是“多交流”，公安院校校长要经常走进办公室，走进课堂，走进食堂、公寓等，贴近和关心师生们的学习生活，同师生们进行心与心的交流和沟通；其三就是“多用人”，校长要给予每一位教师员工充分的信任，重视选拔人才和使用人才；其四就是“多示范”，校长作为领导者，要严于律己，自觉起到带头表率的示范作用。

### （二）公安院校制度文化建设的创新策略

1. 保障公安院校文化在制度层面的深入贯彻。公安院校文化要深入制度层面，并以制度作为桥梁连接公安院校精神和物质载体。公安院校文化定位要以事实为依据，在历史的基础上提取公安院校发展文化精髓。而公安院校制度的厘定，也必须把握公安院校文化的大方向，深入贯彻公安院校文化的精神观念。例如，辽宁警察学校文化的核心理念是“让每个人都成功”。这既是一种信念，又是一项使命。将这样的文化融合到制度当中，辽宁警察学院有了各类型的奖学金制度，无论是学习成绩优秀、参加大赛获奖，还是社团表现积极，都有相应的嘉奖。最有特色的当属“进步奖”，这类奖项用于表彰在一定时期内某些方面有较大进步的学生。这就使得奖惩制度不偏颇于任何一类学生，只要肯努力学习、工作都能得到认可。这些具有鲜明特色的制度都深刻体现了辽宁警察学院“让每个人都成功”的文化内涵。

2. 加强高校管理者的创新文化意识。培养高校管理者是公安院校制度文化的重要创新动力。加强管理者的创新意识培养，有利于管理者在参与监督和评价之外，将管理学相关原理应用到制度的建设之中，争取在这个过程中，充分体现出管理者与被管理者（师生）的和谐统一。

3. 充分发挥高校师生的制度文化主体地位。建立和维系公安院校制度文化系统动态稳定的是公安院校人，是公安院校的师生。对于公安院校制度的发展方向，他们应该是再清楚不过了。既然师生是公安院校的主体，就要在制度建设中充分体现出他们的主体地位。从制度构建的最初设想，到最后的效果考评，都应该有师生参与进来。制度的直接受益人也本就应该先是公安院校人，后才是公安院校。只有公安院校人知道公安院校需要什么样的制度模式，应该朝着哪个方向努力，必须在哪些条文上进行修订等。赋予公安院校人制度建设的发言权，使他们履行自己的责任和义务，也有利于提升公安院校整体的凝聚力和向心力。

4. 寻求具有本校特色的制度文化发展之路，避免走“趋同化”道路的制度文化。必须寻求自己的特色，但是公安院校制度文化的特色不一定要在整体上做文章。细节的关注更彰显文化的特性。有的高校在学生的要求下建立禁止在校园驾驶机动车的规定，有的开设了“午茶制”方便师生的生活交流。这些都是从本校实际情况出发，契合师生需求、满足公安院校文化建设要求的特色制度。公安院校特色制度文化的发展与创新来源于实际，着重在细节，敢于从实践中把握制度文化建设的奥义，这是当前我们所需要重视的。

# 第五编

# 警察行为文化

# 第一章　警察仪式文化

警察文化是指警察这一特殊群体在警务工作实践的历史发展过程中逐步形成、积累并创造发展起来的具有警察特色的物质形态、精神成果及其行为方式的总和。它既包括其中的制度、物质、环境等“硬实力”要素，也包括精神、行为等“软实力”要素。警察行为文化在公安警察院校特指在教育、训练、课余文体活动和社会实践中，经过师生个体和群体行为方式涵括并表现出来的各种活动文化的总和。它既是公安警察院校管理文化的外在表征，又是公安警察院校内在的精神文化的重要体现。警察行为文化作为一种形成并成长于警察职业中的独具特色的文化现象，其更多表现为团队行为文化，这种健康有益的文化形成的氛围具有明显的育警功能，能从最基本的言谈举止、礼仪礼貌和日常行为规范入手，提升学警的内在职业素养，改善学警的外在行为表现，通过长期的各种形式的有目的、有意义、有价值的集体活动，感染、熏陶学警，达到行为文化育警的目标。

警察仪式是一种综合运用警察文化符号以实现某种象征意义和情感体验的集体性活动，是警察文化的重要组成部分，是思想政治教育的内容之一并推动其育警功能的实现。人民警察通过各类仪式聚集在一起，让人民警察在庄严肃穆的情境中重温和体验仪式中的文化意境带给他们的心灵慰藉和精神满足，这类仪式通过长期的重复，能够起到引导实践思想政治教育的内容，并促进文化育警功能实现的作用，并使一种崇高的信念油然而生。

## 第一节　警察仪式的文化内涵

### 一、仪式的内涵与认知

仪式通常是指由某一领域或地域的传统风俗习惯发展而来的，逐步被人们所接受成为习惯并按某种既定程式所进行的一种具体性活动，是一项有较为固定程序、可以重复表达某种共同价值、意义和信念的社会性象征行为。长期以来，仪式被人类学家当作观察人类思想情感以及观念演变的一个视窗，成为了解和诠释某种社会现象的不可多得的“文本”，是对一类具有集体性和公开性行为所体现的社会意义的“无言表述”，人们可以从中直观地看到社会的影像。在人类活动中，仪式可以说是如影随形、贯穿始终，扮演着重要的角色，起着非常重要的作用。仪式和神话、宗教、社会、族群、交通、表演、生态关系等有着千丝万缕、不可分割的关系。仪式不仅容纳了复杂的史实和想象，又具备了许多可供参考和量化的数据。

关于“仪式”的概念界定，思想界、理论界和学术界从不同的角度有不同的诠释。美国著名人类学家格尔兹认为，仪式是一种“文化的表演（cultural performances)”。他认为可以将仪式作为一种只有象征性、表演性并由文化传统所规定的行为方式。美国学者康纳顿在《社会如何记忆》中则把仪式界定为“受规则支配的象征性活动，它的初衷是要让参加者关注他们认为有特殊意义的思想和感情对象”。他们所得出的共同结论就是，仪式是由文化传统所规定的、承载文化意义的社会行为，它所表达的是社会特定共同体的文化理念和精神实践，它的显著特点是具有较高直观性和规范性，同时也具有较强的震撼与凝聚作用。

## 二、警察仪式是警察文化的重要内容

警察仪式是警察队伍和警务工作中一种十分严肃的、带有象征性和程式性的活动。它把警察群体的很多工作和行为固定化、程序化，如入警宣誓、阅警式，祭奠公安英烈仪式、各类表彰奖励和颁奖仪式和其他各类政治仪式等。每一种警察仪式背后，都体现了警察这个职业的荣耀与艰辛，都体现人民警察立志从警的坚定信念。开展警察仪式不仅能够营造良好的警察文化环境，还可以使人民警察（包括学警）在参与警察仪式活动过程中，更好地感知、体悟人民警察的核心价值观，强化自身警察意识，以使其在公安一线岗位上能更好地遵守、担当、践行人民警察的神圣职责。

在警察仪式与警察文化的关系上，警察仪式是警察文化传承的重要载体，警察文化依赖于各种警察仪式活动才能充分展示出来，警察仪式体现了警察文化的价值观念、行为准则、道德规范。许多民警在入警多年后，重温《入警誓词》时，回想起庄严的入警仪式，心灵仍会荡起情感的波澜，这种崇高庄严的体验和情感的涤荡不会随时间的推移而逐渐消失，只会深深地镌刻在记忆当中。因此警察仪式在考虑程序设计和组织操作实践的过程中，必须首先确定其思想内容的文化价值和精神内涵，引导参与者找寻心灵慰藉和精神需求并将表达情感作为出发点和归宿，而不能让警察仪式仅作为一项常规工作，更不能让其退化为一种形式主义的活动。

## 第二节　警察仪式的种类

### 一、入警宣誓仪式

入警宣誓仪式既是人民警察对职责和使命的承诺，也是对自己身份的确认。在庄严肃穆的氛围下，他们穿着整齐的警服面对警徽，集体奏唱激昂的《人民警察警歌》，齐声复诵入警誓词，人民警察的神圣感、光荣感和责任感等就会油然而生，并由此意识到自己不再是一个普通的老百姓，而是一名担负着崇高使命与责任的人民卫士。

入警宣誓，关键是真情实感地用心去宣誓，而不是口是心非、言不由衷。宣誓后，关键是用行动去履行自己的誓言。在庄重的入警宣誓仪式中，新警们的心灵会受到启迪和震撼，进一步体悟警察精神，明白“服从命令，听从指挥”“无私奉献”的深刻含义，进一步促使新警们继承和弘扬优良传统，严守警察的条例禁令和各项规章制度，坚定献身公安事业的理想信念，始终不忘面对国旗和警徽的庄严承诺，增强职业荣誉感、责任感和使命意识，恪守入警誓言，在爱岗敬业中兑现从警誓言，秉公执法、清正廉洁，在任重道远的从警之路上，坚实走好第一步，用无悔的青春铸造忠诚警魂，用实际行动和优良的成绩，为将来维护社会治安稳定，营造和谐社会秩序，促进公安事业发展多做贡献，忠诚于党，忠诚于人民，忠诚于祖国，忠诚于法律，当祖国和人民需要的时候能够挺身而出，为了祖国和人民的利益不惜牺牲自己的一切，做党和国家放心、人民群众满意、公安机关欢迎的忠诚卫士。

### 二、阅警式

阅警仪式由军队的阅兵仪式逐渐演化而来。阅警仪式是公安院校领导对学警进行的检阅活动。阅警仪式包括阅警式、分列式和宣誓仪式。阅警式是学警按规定的队形和礼节，接受检阅领导从队列前通过并进行检阅的仪式；阅警式由院党政主要领导人或授权的其他领导实施，通常由 1 人检阅。分列式是公安院校的学生按规定的队形和礼节，正步行进从检阅台前通过并接受检阅的仪式。宣誓仪式是新生在领誓人的带领下庄严宣诵誓词的仪式。

公安院校阅警仪式作为一种隆重的仪式，不仅是一种警务活动，也是一种重要的政治活动，特别是校庆阅警仪式、检阅新生军训成果等阅警仪式，不仅是一种仪式教育，更是一种思想政治教育的良好形式。建设公安院校的初衷，除了培训在职民警外，更重要的是培养公安队伍的后备力量。因此，培养公安机关所需要的高素质人才是公安院校的使命和人才培养的目标。同时，公安院校又是公安机关的重要组成部分，在校学生既是大学生同时又是预备警官。举办阅警仪式，体现出公安院校办学性质不同于其他普通院校，是展示办学特色的一项重要活动。隆重举行公安院校学生的阅警仪式，是对公安队伍新生力量及训练成果的一次检阅，它将学警整齐规范的队列水平、蓬勃向上的精神风貌和坚韧果敢的意志品质等汇集成一种震撼人心的声音。尤其是对刚入学的学生来说，首次阅警仪式标志着新生们经过军训的历练已成功地完成了人生的初次蜕变，由一名青涩的高中生转变为初步具备警察素质的预备警官。新生阅警仪式不仅能体现公安院校的办学性质，检验院校教学训练成果，弘扬警威、展示校风、振奋精神、鼓舞士气，也让全体学生都受到一次深刻的警察意识教育，增强警察职业的认同感，激发强烈的使命感、荣誉感和革命主义精神，增强队伍的凝聚力和向心力，强化警务技能基础训练，培养高度严明的组织纪律性，为新生今后通过学习和训练成为一名合格的人民警察打下坚实的基础，同时进一步坚定信念，为成为高素质的公安专门人才而加倍努力，从而促使公安院校正规化建设的全面发展。

## 三、公安院校各类奖励仪式

公安院校举行表彰奖励仪式，目的是提升学生队伍的凝聚力、战斗力和执行力，进一步加强公安教育的正规化建设，增强学生的责任心、荣誉感、归属感和组织纪律性，鼓舞士气，激励斗志，营造健康向上、积极进取的良好学习气氛和学习风气。授奖仪式通常是颁发奖状（章）、证书、奖金。授奖仪式的主要程序为：奏唱《中华人民共和国国歌》，奏唱《中国人民警察警歌》，宣读记功或表彰命令等文件，颁发奖状（章）、证书、奖金，授奖者或获奖发言，授奖领导讲话等。

受奖仪式通常应该做到隆重热烈，营造出崇尚荣誉、争优创先的良好氛围，使受奖仪式成为受到表彰奖励的学警人生难忘的一刻，让他们用心领会授奖的重大意义，明白要有报国之心，更需要有效国之才，从而更加刻苦地学习业务知识，掌握业务技能，奋勇拼搏、严谨自律，将来廉洁从警，为公安事业奉献自己的青春与热血。通过表彰奖励仪式树立典型、鼓励先进，同时给那些未受表彰者鞭策，激励他们向身边的先进典型学习。在奖励仪式中，学警领悟到作为未来的人民警察，一是要有警魂，要珍惜“人民警察”这个光荣的称号，恪尽职守，不辱使命，做一名让党放心、让人民满意的忠诚卫士，为国家、为人民、为崇高的公安事业奋斗终生；二是要有执行力和战斗力，在日益复杂的执法环境中，做到应对得当，切实维护法律尊严，不断提升执法管理服务水平，满足人民群众对公安工作的新期待、新要求；三是要有责任感，要胸怀对党、对祖国、对人民、对法律的无限忠诚，胸怀对人民公安事业的无限热爱，随时准备投入火热的公安工作中去。

定期或不定期举行的表彰奖励仪式也给公安院校的学警们提供了自我展示的舞台，能够产生良好的示范效应，不仅能激励获奖者珍惜荣誉、戒骄戒躁、务实进取、再创佳绩，以更加饱满的学习热情、更加昂扬的精神境界、更加务实的工作作风，进一步发挥先进模范作用，同时也能引领公安院校的全体学警珍惜时光、勤奋学习、踏实工作、健康生活，向受到表彰的先进集体和个人看齐，努力成为文武兼备、智勇双全、专业出众、敢为人先的合格预备警官。

## 四、公安院校节日纪念仪式

在公安院校，每逢校庆或国家重大节日等，通常都会举行比较隆重的庆典仪式或纪念仪式，但从对学警的思想政治教育和警察意识养成效果来看，在具有纪念意义的日子里，如每年的清明节组织学警祭奠革命先烈或瞻仰公安英烈墙等活动，更能让学生得到心灵的洗礼，强化警察意识。中华人民共和国成立以来，随着人民公安事业的不断发展，全国百万公安民警在自己的岗位上，忠实地履行自己的神圣职责。为了国家的安全、社会的安定、人民的安宁，为巩固中国共产党的执政地位、维护国家长治久安、保障人民安居乐业，服务经济社会发展，人民警察都付出了不懈努力，做出了巨大贡献。“天天有牺牲，时时在流血。”这是和平年代人民警察的最真实写照。

在特殊日子里，公安院校组织学警到烈士陵园或公安英烈纪念墙前举行隆重的凭吊祭扫仪式不仅具有纪念意义，也是运用这一宝贵的资源进行思想政治教育的极好形式。祭奠仪式中，学警们在庄严的烈士纪念碑或英烈墙前，隆重祭奠，追思悼念，深切缅怀，重温先烈的光辉事迹，学习他们的崇高风范，寄托哀思，表达无比崇敬之情，铭记前辈留下的宝贵精神财富，铭记先烈的郑重嘱托，铭记自身肩负着的神圣使命，化哀思为力量，继承公安英烈遗志，弘扬英烈精神。通过这种仪式就是要让学警们在缅怀先辈的情感中进一步认知、继承和发扬公安英烈的优良传统，要学习英烈和前辈对党忠诚的政治品质、心系人民的公仆情怀、事业至上的职业操守、甘于奉献的精神境界、不畏艰险、勇于担当的工作作风，学习他们艰苦奋斗、淡泊名利、追求真理、舍生取义的献身精神；就是要把革命先烈弥足珍贵的精神财富，化作鞭策自己不断奋进、持续发展的强大力量，今日努力学习，将来勤奋工作，坚定信念，时刻牢记自己的使命，为了实现先辈的遗志，完成英烈未竟的事业，学警们必须珍惜光阴，努力掌握将来走上社会成为一名合格的人民警察必备的本领。

纪念是为了不忘却，纪念是为了继续前行。公安警察院校通过缅怀公安英烈、继承英烈遗志的纪念仪式教育活动，在广大学警的脑海和心目中进一步根植“忠诚、为民、公正、廉明”的人民警察核心价值观，进一步筑牢“立警为公、执法为民”的理念，进一步增强人民警察的责任感、光荣感和使命感，进一步激发广大学警敬业爱岗、将来更好地承担起维护国家长治久安、保障人民安居乐业的豪情壮志，使广大学警以公安英烈为榜样，努力继承公安英烈的遗志，在人民公安事业不断发展的新征程中，做一名忠诚可靠、执法公正、英勇善战、纪律严明的人民警察。

公安英烈精神的传承和警察优良传统的继承是公安队伍生生不息、健康发展的血脉，祭奠公安英烈的仪式活动必将激励全体学警树立远大目标，增强警察意识，体悟警察精神，坚定理想信念，进而激发学生忠诚奉献的高尚情怀，让他们担当起中国特色社会主义事业的建设者和国家社会稳定平安的捍卫者的神圣职责。

近年来公安机关承担的任务越来越多、越来越重，在一些大型活动的安保中，公安院校学生已经成为一支有生力量。为了明确安保任务，激发学生的战斗豪情，在正式出征之前往往会举行规模不一的誓师大会或动员仪式，在这类仪式上通常有带队领导干部的讲话和学警代表发言。这些发言中都会强调“祖国的荣誉高于一切，人民的嘱托重于泰山，为了祖国的荣誉，为了人民的利益，大家要牢记宗旨、不辱使命，弘扬特别能吃苦、特别能战斗、特别能忍耐的战斗精神，团结一致、顽强拼搏、不怕牺牲、不畏艰险、排除万难、决战决胜、以实际行动确保圆满完成上级组织交办的各项工作任务”。这一类仪式程序和内容都较为简约，但所起到的正面作用也是不可小视的。

参加对外勤务既是展示公安院校学生良好形象和综合素质的绝佳机会，又是公安院校教学实现理论联系实际的良好机遇。而通过这类大型活动出征誓师大会和动员仪式，可以增强广大学警完成保卫工作任务的使命感、责任感和紧迫感，明确任务的意义，克服畏难情绪，振奋精神、鼓舞斗志，全身心地投入大型活动的安全保卫工作。通过认真做好各项工作，积极稳妥地处置各种突发事件，全力确保每项活动、每个场所、每位来宾的绝对安全等，在工作中全面锻炼学生的各项能力，并发现不足，不断总结完善。要注意把执勤和服务社会作为工作的重要内容，杜绝令人反感的不文明行为。坚决防止发生不作为、乱作为的现象，做到规范、文明安保，把良好的形象、严整的警容、周到的服务、务实的作风贯穿安保工作任务的始终，严守纪律、严格要求，用最高标准要求和精益求精的工作态度，争取圆满完成各项任务。

## 第三节　警察仪式的文化特点

警察仪式是一种严肃的、较为规范的、有程序要求的仪式活动。各类警察仪式活动，包括入警宣誓、阅警式、祭奠公安英烈、表彰奖励和其他各类政治仪式等，能够营造良好的警察文化环境，使广大公安民警和学警在参与过程中更好地感知、领悟人民警察核心价值观，强化警察意识，从而在公安工作中更好地履行人民警察的神圣职责。作为警察文化传承的载体，警察仪式应具备三个方面特点：

### 一、严肃性与象征性

仪式活动本身就是一种文化符号，警察仪式借助庄重严肃的特定文化符号构建具有明确象征意义的警察文化，体现警察组织特定的精神内涵。警察仪式通过仪式活动中特定的标语、布局、服装、音乐、环境色调等因素，营造崇高庄严的情境，以这种象征方式向大众传递警察组织的精神、信仰和价值观，这也正是警察仪式象征性的体现。比如在入警仪式中，当参与者着装整齐，在激昂的《中国人民警察警歌》的背景音乐下紧握拳头，向着庄严的警徽宣誓时，无论是参与者还是旁观者，都能感受到一种具有明显象征意义的警察文化符号。此时，警徽、《入警誓词》《中国人民警察警歌》、高举的拳头、警察的服装等都超越了实物本体的束缚，展示出各自的象征意义：警徽代表人民警察队伍及其神圣使命，《入警誓词》意味着对人民警察使命的无悔担当，《中国人民警察警歌》激发一种庄严、肃穆、神圣、光荣的情感，高举的拳头表示宣誓者钢铁般的坚定信念和意志，警服则标志着宣誓者的身份已转化成光荣的人民警察，这些文化符号和参与者的活动互相交感，在仪式现场升华起一个由使命、忠诚、责任等构成的神圣情境。这一系列具有警察色彩的元素聚合在一起就形成了警察仪式独具特色的严肃性和象征性。

## 二、程序性与实效性

警察仪式是人民警察群体中精心设计的一种文化活动活动，它与其他文化活动的最大区别在于其严格的程序性和实效性。在警察仪式的组织和进行过程中，仪式活动各环节之间的安排要求科学合理、主次得当，形成固定的程序之后，不能轻易改变。如果警察仪式中一些程序性内容被人为省略、简化或者改动，看似删繁就简，实则削弱了由一系列元素科学构建合成的一个仪式整体的功效。这样的简化仪式很难发挥其熏染和教化的实效性目的，极易退货为一般性的日常活动。以祭奠公安英烈仪式为例，仪式开始后的向公安英烈敬献花圈、聆听英烈事迹、瞻仰烈士墓碑等都有着严格的程序性，通过一系列精心设计的必备形式和必经细节构成祭奠仪式的完整过程。正是警察仪式严格的程序性使得仪式对参与者产生巨大的震撼作用。借助程序性警察仪式的媒介作用，警察个体在警察组织共同体内部实现了与其他警察成员之间的沟通对话、身份认同、情感转移、关系调整，达成协调一致的行动，实现整个警察组织的价值认同、精神凝聚和情感升华，从而实现警察仪式的实效性。

## 三、实践性与可重复性

具有严格程序性和实效性的警察仪式一旦形成，需要不断地重复践行以实现其象征意义，凝聚警察组织的价值认同和精神认同。警察仪式本身具备思想政治教育的内涵和功能，而它的价值实现，必须依靠从仪式的前期谋划到仪式践行过程的组织与控制以及仪式的制度保障等自始至终的一系列环节构成的科学体系。在外界环境基本不变的情况下，通过重复践行精心设计的警察仪式，可以获得类似或相近的教育效果，对警察个体产生熏陶，留下深刻的内心体验。在正常情况下，这类仪式活动的重复频率越高，仪式给人留下的印记越容易得到强化，虽然，这类仪式生命力的持久性不能简单靠高频率的重复来维持，但是如果仪式的重复频率过低，就会因为时间的推移而淡化。警察仪式具有较强的可重复性。警察仪式本身的象征意义、特定的仪式规程和全面的制度保障，保证了仪式教育的长期持续性，使得每一个警察个体在每一次规范化和程式化的系统性仪式操练过程中，都能从象征符号和特定情境中受到感染，形成深刻的内心体验，达成认知和情感的交流互动，实现对整个警察组织的价值认同。

## 第四节　警察仪式文化的育警功能

作为警察文化传承的载体，警察仪式活动组织过程中呈现出的严肃性与象征性、程序性与实效性、实践性与可重复性的特点，使得警察文化中的价值观念、行为标准、道德规范得以充分展示。通过警察仪式教育，使得原先相互独立的警察个体在特定情境中产生集体性的共鸣，实现警察这一特定角色的体验功能，在指向意义非常明显的象征性的文化符号中接受思想政治教育，进而在仪式活动过程中强化警察个体的警察意识，实现警察核心价值观的培养。

### 一、角色体验功能

依据“情境教育”的原理，在特定的环境中，通过全面调动受教育者的所有感觉和思维器官，从各个侧面触动受教育者的兴奋点，使其对教育内容发生兴趣、产生情感，可以在理智和情感的交融环境中实现最佳学习效果。警察仪式教育恰好充分发挥了情境教育的功能，使警察个体在特定仪式的实施过程中通过角色体验，产生和强化对警察组织信赖认同的情感。

警察仪式不应停留在理论知识层面，而应融入于警察仪式实施过程的情境中。无论它是庄严隆重还是质朴简约，都是借助警察组织自身的文化，通过运用环境布置、灯光、音乐、誓词等多种手段，在现场营造出庄重、肃穆、和谐的氛围，使参与者在耳濡目染、亲历亲为的过程中，通过视觉、听觉等多种感官刺激，达到让其身临其境、体验角色、自觉对教育内容进行探究和领悟，从而充分调动参与者的感知、情感和认识等诸方面的潜能，最终上升到自觉意识的高度，正如庄子所说的“入境”状态。在这样的情境中浸染警察文化的精神，触动心灵，唤醒激情，产生共鸣并激发警察群体对英雄模范、先进团队以及警察组织的崇敬和赞颂，鼓舞他们为人民公安事业奋斗、献身的决心，警察仪式的角色体验功能也就得以实现。

## 二、思想政治教育功能

思想政治教育是思想教育、政治教育、道德教育的统称，是文化传播和文化传承的重要组成部分，从广义上说，它也是一种文化现象。思想政治教育需要通过采用一定的文化方式，在潜移默化中使主流价值观念和思想品德规范内化为个体的思想品质。警察仪式作为一种警察文化现象，它的实施过程就是一个思想政治教育过程，它不仅仅是一种活动形式，在其背后还蕴含着丰富的思想政治教育内容。程序化活动都是围绕着某一思想政治教育的主题展开并为之服务的。警察仪式通过象征性的警察文化符号，可以将思想政治教育的抽象内容具体化、形象化，使之更容易为警察个体所接受，并通过对象征性文化符号的敬仰迅速使警察个体在情感上达到凝聚和升华效果。从美学的角度来看，内容健康、实施良好的仪式可以使参与者在参与的过程中，通过“移情”作用产生美感，从而增强教育效果。

## 三、培育警察核心价值观功能

仪式被某些学者称之为“行动着的宗教”，仪式活动是世俗行为和信仰之间的纽带。从这个意义上说，警察仪式是警察个体行为与警察信仰之间的纽带。人民警察的信仰包括“对党忠诚、服务人民、执法公正、纪律严明”，也包括“立警为公、执法为民”的核心价值观，还包括“严格执法、热情服务”让人民满意的理念和决心。警察仪式活动中的特殊文化符号和特定情境设计，贯穿着“忠诚、为民、奉献、廉洁”的人民警察核心价值观的主线，从而实现培育警察核心价值观的重要功能。

警察仪式是培育人民警察核心价值观的重要环节。作为基层一线民警，由于工作性质的要求，他们经常面对的是社会阴暗面，不时地会遇到危险的执法环境，超负荷的警务活动也在所难免，在这种情况下适时地开展各种警察仪式活动，让音乐、道具、誓词等警察文化符号形成一个情境，让作为参与者的警察个体由此得到来自视、听、触、感、思等方面的感官体验，可以在其心中生成一种崇高的“神圣领域”，警察的理想信念、价值追求、纪律作风等信息通过这个情境渗入警察个体的思想中，使之在潜移默化中实现对警察意识所传达的内容自然而然地认同和接受。对人民警察身份的认同是警察队伍能够保持凝聚力、向心力的基础，共同信仰则是警察队伍实现理想目标的精神动力。在新的历史条件下，进一步加强和规范各类警察仪式，可以更好地发挥各种警察仪式“强化组织结构、构建共同信仰”的积极作用，这也是培育人民警察核心价值观的良好形式。

## 四、强化警察意识功能

警察意识是一种观念，是警察个体从事警务工作的指导思想和内在动力，贯穿在人民警察承担社会的整个过程。而警察仪式是一种形式。二者虽属不同领域，但具有密切的联系。形式是为内容服务的，组织实施警察仪式活动是为了强化警察个体的警察服务意识，进而提升整个警察队伍的履职能力和水平。

警察意识是人民警察在从事各种警务活动中自觉的心理活动，它是每一位警察必须具备的思想认识和基本素质要求，警察意识的养成是由人民警察特殊的社会身份、社会职责和社会义务决定的，是体现人民警察职业素养的规范化的观念，人民警察作为人民民主专政的重要工具，是武装性质的国家治安行政力量和刑事司法力量。为了捍卫党的事业，维护国家或政府的权力，保卫人民的合法利益，必须强化每一位人民警察的警察意识，使其在承担警务工作中坚守岗位，忠诚履职。现阶段，人民警察队伍主要是由公安院校毕业生、复转退军人和地方普通高校的毕业生三类人员组成的，目前人民警察队伍的中流砥柱，相当一部分是公安院校的毕业生，他们通过四年的系统化公安类学科教育和严格的警务化管理，已基本确立人民警察核心价值观。但是由于面对长期繁重的警务，在执法中受到的干扰和灯红酒绿的物质诱惑，他们不可避免地会受社会不良思潮的影响，也会遭到“糖衣炮弹”的攻击，给警察意识的形成和巩固带来冲击。尤其是近年来，随着司法体制改革和公安教育体制改革的不断深化，一部分复转退军人和普通院校大学生经过层层选拔、考核和短期的培训加入警察队伍中来，使这支队伍的构成和整体知识结构得到了很好的改善。但是，我们也应该看到他们中的相当一部分对从警目的、怎样从警、警察处于何种社会地位、扮演何种社会角色、应履行何种政治使命都没有准确、全面和清醒的认识，短时间内完成角色转变有一定难度。因此，在警察队伍中要培养和强化忠诚奉献的警察意识，传递警察文化的正能量，必须经常开展各种警察仪式活动。通过精心组织的警察仪式，帮助他们进一步端正从警动机，强化警察意识，进而在实际工作中端正态度，打牢业务基础，提高警务技能，在物质诱惑中始终坚守岗位，忠诚履职，践行使命。

# 第二章　警察礼仪文化

## 第一节　警察礼仪的文化内涵

警察礼仪是警察集体和警察个体按照有关规定在特定时间和场合的人际交往中规范的言行举止和必要的礼节。警察礼仪是警察思想政治素质的外在体现，在一定意义上展示着警察群体的文化内涵和精神风貌。概言之，警察礼仪也是警察文化的重要组成部分。

### 一、礼仪与文化

礼仪是人类在社会历史发展过程中逐渐形成并不断完善的一种文化现象。它以无形的力量影响着我们每一个人，是人类社会宝贵的遗产。从个人的视角来看，礼仪是一个人内在修养和素质的外在体现。从社交的角度来审视，礼仪是人际交往中一种和谐的相处方式，是约定俗成的、以尊重友好为原则的习惯做法。从行为方式的角度来看，礼仪是人际交往中互相沟通的行为技巧。

我国是一个历史悠久的文明古国，素有“礼仪之邦”之称。礼仪文化是中华传统文化的核心内容之一，其中蕴含着丰富的中华传统文化价值观念的思想精华和道德精髓。我们的祖先不仅曾以自己创造的物质文明成果影响和推动着人类社会发展的历史进程，也曾以自己高尚的道德情操影响和推动着人类精神世界的建设，给我们留下了很多有关礼仪的经典论著。孔子、荀子等一批有影响的古代先贤提出了一整套有关礼仪的思想，成为从古至今人们行为的法则。孔子“见人不可不饰，不饰无貌，无貌不敬，不敬不礼，无礼不立”，他曾说：“礼之用，和为贵”，并明确提出“礼者，敬人也”的礼仪思想。荀子也曾指出：“人无礼则不生，事无礼则不成，国家无礼则不宁”。这些古代思想家对礼教的重视和阐释，对于形成中华民族的文化传统起过很大的作用。当然中国礼仪文化源远流长，植根于传统社会，因而不可避免地会带有陈腐观念的印迹。按照“取其精华，去其糟粕”的原则，我们完全可以挖掘其中的文化内核进而提炼出超越时空的科学理念，将传统礼仪文化中蕴含的向善、为和、有序的价值观念放在现代文化的框架下进行科学阐释，融入现代、融入社会生活和个人生活，再根据各行各业和不同群体的特点和要求有意识地加以引导，就能够逐步形成既符合时代要求、又兼具各行各业特点的礼仪规范。各行业的礼仪规范再通过有效的设计和安排，能够成为每个人的礼仪行为并逐步变成社会的礼仪习惯，进而形成一种礼仪文化。

## 二、警察礼仪是警察文化的重要组成部分

警察礼仪既然是人民警察在警务活动和社会交往中不可或缺的行为规范，因而也必然是警察文化的重要组成部分。良好的警察礼仪不仅能够展现人民警察的整体形象、精神风貌和综合素质，还可以增强警察队伍的亲和力和影响力，促进和谐警民关系的建设，提升文明执法水平。关于警察队伍在从事警务活动时的礼仪要求，在《中华人民共和国人民警察法》的第二十条中有明确规定：“人民警察必须做到……礼貌待人，文明执勤……”话语很简单，一时一刻做到也不难，但要长期、持久、所有人都做到很不容易。警察队伍人数上有百万，且每天都大量地与各行各业的百姓接触，可以说是与人民群众接触最多的公务员群体，“以礼相交，久而敬之”。人民警察在与人民群众接触过程中，谦恭的态度、礼貌的语言、得体的举止、每一个细微的举动都能传递出善意和诚意，见面敬个礼，面带微笑说声“您好”，这种从日常言谈举止，甚至是从人的眼神流露出的友好，既增进了与人民群众的情感交流，又很好地展现了人民警察良好的精神风貌，继而达到促进良好的警民关系的目的。因此，不能仅把警察礼仪当作一般的礼节礼貌问题，而要把它提升到端正民警执法态度，转变民警服务理念，塑造人民警察队伍整体形象和亲和力的重要途径的高度来认识，要从细微处入手，关注警察礼仪建设，取得人民群众的信任，从而主导和谐警民关系的构建。

人是礼仪文化的主体，人创造了礼仪规范，同时礼仪规范也能塑造人。警察礼仪文化对人的塑造主要表现在对警察个体行为的构建，形成特定的健康人格，把特定的礼仪文化规范作为民警言行的准则，而且要从新民警开始、从学警开始。在公安警察院校给学警讲授警察礼仪，主要着眼点不应该在操作层面，社会上现有的礼仪教育多集中在操作层面，如平时的站坐行姿、鞠躬身体要弯多少

度、握手要停几秒钟等。这些知识固然也需要，但如果没有内在的“礼”的配合，就成了没有内容的形式，礼仪综合素质并没有得到提升。因此，公安院校的警察礼仪教育应该与思想政治教育和警察意识养成紧密结合，注重礼仪认识的提高、内在德行的培养，在内容上应包括礼仪的起源、礼仪的文化内涵等。

## 第二节　警察礼仪文化的种类

### 一、警察仪表文化

仪表通常是指人的外表，包括容貌、服饰、姿态、风度等方面的要求。警察仪表当然也包括人民警察的容貌、服饰、姿态和风度，它是警察内在气质和综合素养的外在表现。公安机关的每个人民警察的仪容仪表，不仅反映着其个人的精神风貌，而且也反映出整个人民警察队伍的形象。因此，在公安工作中，每一位警察都应当注重仪容仪表。这里讲的仪容仪表，不单是指先天的生理条件决定的仪表，也不仅仅是穿戴和修饰的问题，而是能体现警察个体作风的道德品质、文化修养、生活情调的外在形象。

在日常交往中，仪表美往往能给人留下良好的第一印象。人民警察所从事的警务工作相当一部分需要跟群众打交道，群众也首先是通过仪表来认识警察。在这个时候，一个人的仪表往往比档案、介绍信、文凭、名片等的作用更直观。而一个警察的仪表给交往对象留下的第一视觉印象，常常会使人形成一种特殊的心理定式和情绪定式，这种心理定式和情绪定式显然会影响着群众对人民警察群体的信任程度。

### 二、警察仪态文化

仪态礼仪包括人的站姿、走姿、坐姿、手势及表情等行为礼仪，这些在人与人的交往中构成了体态语言。著名体态研究专家伯德惠斯戴尔的研究表明，在两个人的相互沟通中，有65%的信息是通过体态语言来表达的。[①] 在人际交往中，

---

① 转引自张丽娟：《教师体态语言对中职课堂教学效果的影响》，载《广西轻工业》2010年第7期。

人们的思想情感交流往往会借助于人体的各种姿态来表达，因此一个人的仪态可以帮助人们观察其内在的情感变化，了解其综合素养。人民警察的仪态也正是如此，其直接展示着警察个体的气质与风度，它不仅是其外在美的呈现，更多地代表着一种内在的文化素养。警察个体通过仪态传递出的是一种精神状态。因此，对人民警察仪态美的要求，既要注意按照美的规律进行长期体育锻炼和适当修饰，又要注意提高自身内在文化素养。依照警察礼仪的规范要求，警察在自己的工作岗位上，务必高度重视体态语言的正确运用。对警察而言这个问题包括相互关联的两个方面：一方面是如何有效地运用自身的体态语言，另一方面还需注意如何准确地把握他人的体态语言。总之，警察仪态礼仪的最终目标是要站在文化的层面上全面提升人民警察的整体形象。

### 三、警察的礼节礼貌文化

警察的礼节礼貌文化植根于中国传统文化和习俗，它是指人民警察在日常活动的交往中，按照某种规定程序进行并已被警察个体所认同的一种习惯性行为方式。从警察之间的敬礼、握手、鞠躬到警察的礼貌原则、习惯和用语，都是警察之间的一种超生理的文化行为，受到各种文化意识和文化规范的制约。这些礼貌的行为方式都是在警察仪式和警察行为的长期实践逐步中形成并最终统一的，它是一种显性行为文化，也是警察文化中最能直接体现人民警察荣誉感、使命感和自豪感的部分，它是人民警察群体在警务实践与日常生活交往中形成并表现出来的各种礼节礼貌的文化融合，是警察的思想道德水平、职业素养、文化修养、交际能力的一种显性表现，也是警察队伍凝聚力和战斗力的外在表现。

## 第三节　警察礼仪的育警功能

礼仪既然是一种文化，就不仅具有旺盛的生命力而且具有很强的渗透力。礼仪文化发生作用的方式，是将礼仪意识逐渐内化为社会成员礼仪行为，进而通过岁月的累积使社会成员的礼仪行为变成礼仪习惯，从而逐渐形成整个社会的礼仪氛围。因此，礼仪文化具有明显的引导社会行为规范的功能和作用。就警察礼仪文化而言，其显然也具备育警的功能，在公安院校，警察礼仪教育理应成为文化育警的重要内容，也应是公安警察院校警察意识养成教育的重要环节。

## 一、提高警察综合素质的功能

人民警察在与人民群众接触的过程中，谦恭的态度、礼貌的语言、得体的举止，每一个细微的举动传递出的诚意，都能够体现人民警察内在道德品质、文化修养、精神气质和思想境界等综合素质。重视警察礼仪的培养，会潜移默化地促进其养成高尚的道德情操和精神风尚，做到谦虚礼让、团结友爱、平等待人、克己奉公、诚实守信。讲究礼仪，会增强人民警察的组织纪律性，做到令行禁止，雷厉风行，警容严整，顾全大局；讲究礼仪，会促使人民警察坚持全心全意为人民服务的根本宗旨，以人民满意为工作标准，为服务群众尽职尽责；讲究礼仪，会增强人民警察的敬业和牺牲精神，始终以高尚的道德和行为标准来衡量和调节自己的言行，在工作中做到兢兢业业、勤勤恳恳、精益求精、勇于献身。

## 二、促进警察身心健康的功能

警察礼仪要求人民警察在从事警务活动中，面对不同的工作对象要有恭敬、谦让的态度，以保持警民关系的和谐顺畅。

警察在工作与日常生活中能否与同事和群众建立良好的人际关系，对其身心发展有着十分重要的影响。心理学家戈特曼在研究儿童心理发展的轨迹时曾指出："那些懂得以适当的方式解决身边问题和处理生活中的烦心事的孩子，其身心更健康，更会关心人，拥有的朋友更多，学习成绩也往往会更好。"① 这一研究成果也同样适用于人民警察的人际交往活动。人民警察通过人际交往活动可以获得人民群众的信任，这是人民警察适应复杂的警务活动环境的迫切需要，也是建立良好人际关系、警民关系，提高警察队伍凝聚力与战斗力的迫切需要。不可否认，有部分人民警察在面临超负荷的警务活动、艰苦的工作条件和危险的执法环境时，常常会表现出一种自我封闭的倾向和"多一事不如少一事"，不太愿意与他人交往的消极情绪，这既有工作性质的影响，也有个体心理调适的原因。所以，在人民警察队伍中系统开展社交礼仪教育，让其了解一些社交的基本规范和常识，帮助其掌握社交的技巧，积累人际交往的经验，进而在人际交往过程中学会遵循相互尊重、诚信真挚、言行适度的原则，规范自身的言谈举止并逐步养成

---

① 转引自李玲玲：《大学生礼仪修养教育现状与对策研究》，载《科学时代》2012年第16期。

习惯，就能避免今后在复杂的执法环境中出现莽撞、冷漠等现象。同样道理，掌握好社交礼仪也有利于协调各种人际关系，使同志之间团结协作，顺利地开启交往活动的大门，提高自信心，降低挫折感，缓解内心的冲突和压抑，减少孤独、寂寞、空虚和烦躁等情绪。这样，不仅能形成人民警察队伍良好的群体心理氛围，对人民警察而言还具有极其重要的心理保健功能。

## 三、培养建设警察公共关系的功能

人民警察的言行举止不仅反映警察的综合素质，而且在某种程度上也代表着警察队伍的整体形象。恰到好处的言行举止，不仅能让群众产生信任和好感，而且会让人联想到整个警察队伍的形象和素质，获得群众对警察群体的认可和好评。

人民警察的工作特点是具有广泛的群众性和社会性，因为很多公安行政管理工作都与人民群众的日常生活息息相关，尤其是工作在基层一线派出所的民警，他们在维护社会治安、处理公安行政管理事务中，直接面对和接触广大群众。时常会碰到一种情况就是警察个体在履行职责时所做的一切都符合规定，但仍然难以做到让群众满意，这或许可以在警察礼仪上找原因。警察如果做到了警容严整、仪容端庄、态度和蔼、亲切待人、认真负责、礼貌周到等要求，从尊重和爱护群众的角度出发，调动了人民群众参与治安管理活动的积极性，社会治安综合治理的效果就会更好。要真诚热情地对待每一位群众，急群众所急，忧群众所忧，赢得人民群众对警察工作的理解和认同，让人民群众感到国家的法律、法规是具有严肃性的，而人民警察的执法是人性化的。实践表明：以礼相交，久而敬之。只要尊重人民群众，对人民群众谦虚有礼、耐心细致，才能与人民群众建立融洽的关系，不仅得到他们的欢迎与信任，还能在人民群众中树立较高的威信。

## 四、增强警察队伍的凝聚力和战斗力的功能

警察的礼仪规范内化为警察队伍的行为习惯后，在增强警察队伍的凝聚力、提升人民警察这支纪律部队的战斗力方面所发挥的作用也是非常明显的。众所周知，警察队伍中的人际关系和执法环境是影响工作效率不可忽视的因素。团结友爱的气氛、健康和谐的环境、良好的人际关系会起到凝聚力量、振奋精神、激励斗志的作用。警察队伍中的同事之间、上下级之间有了规范的礼仪，将会促进警

察队伍内部团结、民主、信任、理解，从而形成强大的战斗力，大大提高警察这支纪律部队的工作效率，顺利完成各项工作和战斗任务。

总而言之，加强警察礼仪教育，能够潜移默化地促进人民警察自身养成高尚的道德情操，能够显著地改善警察队伍的精神面貌，做到谦虚礼让、平等待人、诚实守信、团结友爱；加强礼仪教育，能够增强人民警察的组织纪律性，做到令行禁止、雷厉风行、警容严整、顾全大局；加强警察礼仪教育，能够促使人民警察更好地坚持履行全心全意为人民服务的宗旨，履职尽责，为人民群众排忧解难，做好服务工作。加强警察礼仪教育，能够增强人民警察的敬业精神，始终以高尚的道德和行为标准来衡量工作中的一言一行，做到兢兢业业、勤勤恳恳、精益求精、勇于献身。

# 第三章 警察文艺活动

## 第一节 警察文艺活动的文化内涵

### 一、警察文艺活动是警察文化的构成要素

这里讲的警察文艺活动，是警察文学艺术活动的总称。它是警察通过语言艺术、造型艺术、音响艺术、视频艺术以及新媒体艺术等各种艺术形式，形象地再现警察群体的实践生活及其人生历程和人生价值等特定的文化意识形式，是人们对警察群体实践生活的客观世界和内心世界进行精神把握的一种艺术方式。具体包括文学（小说、纪实文学、诗歌散文等）、美术（绘画、雕塑、建筑、工艺美术、书法、摄影等）、音乐、舞蹈、戏剧、电影、电视剧等。它包括警察文艺创作活动和警察文艺实践活动两部分。

所谓警察文艺创作活动，是指警察队伍中的文艺工作者遵循艺术规律，运用艺术创作本领，将警察群体工作、警营生活及警察人生历程等，围绕一定的主题进行艺术加工，在创作者头脑中形成较为丰满的艺术形象后，再运用各种艺术手段，把它物化为供人鉴赏的、贴近警务实践和警营活动的、鲜活的艺术形象，这就是警察文艺创作活动的大体过程。

所谓警察文艺实践活动，是指警察在紧张繁重的警务活动和工作之余，开展的各类健康的、多层次的文学艺术实践活动，使精神得到放松、体力得到恢复、感情得到丰富。

警察群体需要被社会理解，而警察文艺是一个重要的媒介和宣传手段。警察文学艺术作为警察文化的一个组成部分，理应以反映和表现警察为主要题材，要形象地反映警察的工作状态、业余生活、警民关系等，离开了警察题材当然就谈

不上警察文艺了。警察文艺作为一种精神创作活动，除了受制于一定社会的价值观念和一般文艺创作规律外，同时也受制于创作者和欣赏者的价值观念和警察意识等诸多因素。因此，警察文艺在本质上属于警察精神文化范畴，警察文化与警察文艺之间是一种系统与要素、整体与部分的关系。

## 二、警察文艺活动是警察美育的组成部分

警察美育，即人民警察审美教育，它是指通过审美活动和审美实践有意识地培养警察群体的各种审美能力，使其能以美的方式不断完善自身人格和优化警察文化。

实施警察美育，必须为警察群体建构积极的、健康的、多层次的消遣娱乐方式，提供精美的精神食粮，创造良好的警察文化气氛。

警察文艺活动应该将审美教育贯穿其中，把美育思想与警察的工作实践结合起来，把高雅的精英文化与通俗的大众文化结合起来，在文化功能上突出娱乐性，在艺术风格上强调鲜明的警察特色，从而达到提升警察队伍整体素质和审美修养的目的。

警察文艺工作者必须以高度的责任感深入实际，用正确的审美观点，去概括反映警察群体生活中的美丑属性，创造出具有优美和壮美形式的、生动感人的警察艺术形象，歌颂一切美好的人、事、物，鞭挞一切社会丑恶现象，以提高警察群体的审美欣赏趣味和能力，达到陶冶情操、净化灵魂之目的。

## 三、警察文艺活动对培养创新型公安人才的意义

创新是发展和进步的动力。无论是自然科学、人文科学或者艺术领域，它们都在创新中前进。当前，我国正处于深化改革开放和实现社会主义现代化目标的新时期，与此相适应，新时期的公安工作应主动适应时代的发展，不断地变革与创新。作为公安工作主体，如何培养具有创新素质的人民警察的问题也已提上日程。

我国的人民警察有相当一部分都是毕业于公安警察院校。虽然都接受过系统的警察专业知识的教育，但相对于千变万化的社会实践和科技知识以及不断变化的基层公安实战工作而言，我们的教育在培养人才的创新素质方面是滞后的，以教师讲授为中心的教学模式和考试体系仍在警察院校占主导地位，学生的学习热情和主动性难以发挥。蔡元培先生说过："美育之实施，直以艺术为教育。"因

此，警察院校应通过校园文化、“第二课堂”等载体，适时开展文化艺术活动，以文学艺术等形式对学生进行审美教育。文学艺术创作提倡独到创新，美的创造提倡推陈出新，在引导学生浏览古今中外文学艺术经典名著的同时，也应使他们潜移默化地接受这种创新意识的教育。培养和发展学警的审美想象力和洞察力，激发和强化学生的创新能力，从而使他们的心灵世界得以净化，道德品质得以提升，精神境界得以升华，知识视野得以拓展，创新思维和潜力得以开发。彭加勒说：“逻辑是证明的工具，直觉是发现的工具。”爱因斯坦说：“想象力比知识更重要。”这种想象力和洞察力的培养，不能靠简单地说教，加强公安院校的美育、艺术教育，开展文艺实践活动才是最有效的途径，这也是培养创新型公安人才的迫切需要。

## 第二节　警察文艺活动的形式

### 一、音乐欣赏与实践

#### （一）音乐鉴赏概述

音乐鉴赏是通过聆听音乐及对音乐历史与音乐相关文化知识的学习，领悟音乐的真谛，从而达到精神愉悦的一种审美活动。它以具体音乐作品为对象，引导参与者积极参与音乐体验，帮助阅读分析乐谱和介绍有关背景知识等，体味音乐当中的人文内涵，鼓励参与者主动探究并对所听音乐有独立的感受与见解，为终身欣赏音乐、享受音乐奠定基础，进而帮助参与者建立起音乐与审美的密切关系。这样的欣赏活动是培养参与者音乐审美能力和评价、判断能力，增进参与者音乐文化素养，提升学生审美修养的重要途径。对于人民警察而言，可以通过丰富的军警类音乐和歌曲，如较早的有《少年壮志不言愁》，近期则有《人民警察警歌》等乐曲，来实现音乐欣赏和音乐鉴赏，进而丰富情感、陶冶情操、提升文化修养，增进身心健康，形成完善个性。

### （二）公安院校开展音乐鉴赏教育的重要意义

1. 培养高尚情操

我国自古代就非常重视音乐对道德素养的培养。荀子说："礼乐兼得，谓之有德，德者得也。"《乐记》中也说道："审乐以知政，而知道备矣。"《美国国家艺术教育标准》一书中提到：音乐艺术是人类文明的结晶和人类文化的浓缩，音乐能够培养一个完整的人，没有音乐艺术的教育是不完美的教育；音乐艺术就其本身来说就是一种经济力量，生机蓬勃的艺术社会有助于未来社会的建设。因此，音乐教育价值不但存在于其本身，还表现在个人发展价值和社会发展价值两个方面。美好的音乐包涵着高尚的情操，欣赏音乐艺术尤其是弘扬、歌颂军警类的歌曲，是塑造学警灵魂的有力措施，对培养学警的思想道德素质有着特殊的作用。

2. 利于智力开发

智力是指人们认识、理解客观事物并运用知识、经验解决问题的能力。它包括想象、创造等形象思维和逻辑思维的能力。智力的培养需要有多重手段、方式和途径，而音乐在其中能发挥独特的作用，因为音乐有着极富想象力的旋律、优美的和声、诱人深思的复调等，能使欣赏者的思维随音乐一起游走。音乐的演奏都需要背词谱，因此对记忆力的发展和强化极有裨益。想象力的培养和提升也是如此，不管是音乐的创作、表演还是赏析等都渗透着人的想象。因此，音乐鉴赏具有打开人类想象力之门的作用。除此之外，凡是受过音乐熏陶的人一般都具有较强的音准感、旋律感、调式感。在整个音乐赏析过程中，对器乐的了解和学习有助于发展人的灵感、分寸感、适度感，并能以此来活跃人的大脑神经。

3. 提高审美素质

音乐来自生活，是生活的真实写照。现实社会的物质生活条件和相对应的生产、生活方式往往决定着音乐的内容和形式。但音乐源于生活而又高于生活，是对现实生活进行美的艺术加工，且表现方式是多样化的，这更使音乐作品自身的丰富性和多样性具有特殊的审美情趣和审美感受。由于音乐是一种最具情感力量的艺术形式，蕴含着强大的美感能量，所以，音乐鉴赏就其本质来说，是审美教育与情感教育的统一。音乐鉴赏通过多种途径强化音乐审美意识，提高审美素质，使人明辨美丑，对奋战在基层一线的人民警察及将来走上公安工作岗位的学警同一切丑恶现象作斗争，抵制各种低劣丑恶、消极庸俗的风气具有积极作用。

4. 促进心理健康

从人类文化的诞生之日开始，音乐一直是人类特殊的精神产物。当今时代，人的精神负担和压力也伴随着物质的日益丰富而不断增加，人的精神需求远远超过物质上的需求。在校的学警毕业后奔赴维护社会稳定的公安一线，要同形形色色的犯罪分子打交道，经常面对急、难、险、重的工作任务，承担的是一种高风险、高压力和高强度的工作。因此，在校期间做好学警的心理健康教育，提高他们的心理调适能力显得尤为重要。健康、高雅的音乐可以净化人的心灵，使内心积极的情感得以释放，消极的情感得到宣泄，消化负面情绪，从而获得良好的心理状态。可见，加大音乐鉴赏的力度，是增进公安大学生心理健康发展的一条重要途径。

### （三）公安大学生音乐鉴赏能力的培养

1. 遍赏音乐精品

音乐是一种听觉艺术，听是感受音乐作品的基本方式，因此，音乐鉴赏能力的培养提高要靠多听，特别是对一些经典名作要反复聆听，反复欣赏。人民群众经常用的朴素的话语“一回生，二回熟”非常适用于音乐欣赏，听得多了，就能够辨别出不同的旋律、节奏和音色，同时对音乐所表达的感情、意境也会有所领悟，音乐的鉴赏能力随之会有较大的提升。这里要注意的是，必须聆听不同风格、不同类型的音乐，扩大自己的音乐欣赏范围。因为有些音乐鉴赏者只喜欢某一种类型的音乐，如流行音乐，而对艺术性更高、内涵更为丰富的高雅音乐和严肃音乐却不愿问津，这对音乐鉴赏能力的提升是不利的。

2. 掌握乐理知识

音乐艺术是依靠它特有的各种艺术语言来表情达意、塑造音乐形象的，包括旋律、节奏、音色、力度、曲式等。要培养良好的音乐鉴赏能力，必须具备一定的乐理知识，否则很难理解音乐的艺术语言，尤其是被称之为“高雅音乐”的一些音乐作品，如结构复杂的交响曲、协奏曲、歌剧等，如果没有相应的乐理知识，是很难理解并欣赏这些音乐作品所表达的意境和感受的。因此，在聆听音乐的同时，要注重相关乐理知识的学习，把理性的知识融汇于感性的欣赏体验之中，让自己逐渐具备一双能听懂音乐的耳朵。

3. 提高人文修养

音乐与美术等属于艺术门类，它与人文社科其他的学术门类有着不同的艺术表现形式，但它们在学理上是相通的，欣赏者整体文化水平和人文修养的提高，都会有助于对音乐作品内涵产生更深刻的领会和体验，促进音乐鉴赏水平的提高。例如，贝多芬的第三和第五交响曲、《爱格蒙特》序曲等英雄性格的经典作品，是在法国资产阶级大革命的影响下产生的，反映了人民群众反抗专制暴政的顽强斗争。欣赏这类交响乐，欣赏者必须对作曲者所处时代背景、创作经历、人生遭遇以及创作动机等方面的人文知识有所了解，才能比较深刻地领会作品的思想内容，随着乐曲之乐而乐、悲而悲、愤而愤，从而在内心得到共鸣，获得审美体验。

## 二、美术欣赏与实践

### （一）美术鉴赏概述

美术鉴赏是运用感知、记忆、经验、知识对美术作品进行感受、体验、分析、判断从而获得审美享受和美术知识的过程。美术鉴赏既涉及美术作品本身的艺术魅力和审美价值，又涉及鉴赏者的知识、能力、修养和复杂的心理过程。可以说，美术鉴赏受到主客体两方面条件的制约。美术鉴赏的客体是指被鉴赏的美术作品，如果客体不具备一定的审美价值与艺术价值，便失去了鉴赏的意义与价值。美术鉴赏的主体当然就是鉴赏者自身，鉴赏者自身的素质高低对美术鉴赏的意义也是非常明显的。

以增加艺术修养为目的的美术鉴赏着眼点在教育，美术作品处在教育媒介的位置，教育的目的是通过美术教育和对经典美术作品的鉴赏，培养受教育者的道德观念、审美趣味、情感意识和创新思维的基本素质和能力。这种教育功能与其他学科既有相同的一面，也有不同之处。除了传授本学科的专门知识和技能外，还要发挥本学科的教育特点，使受教育者的精神素质和行为特点发生优化。正如英国哲学大家培根所说："读史使人明智，读诗使人智慧，演算使人精密，哲理使人深刻，道德使人高尚，逻辑使人善辩。"而美术鉴赏的教育能培养鉴赏者敏锐的观察力、丰富的情感、活跃的思维和旺盛的创造力。

美术教育与美术鉴赏的功能和作用同样也适用于以培养人民警察为目标的公安院校，今天，它正以最经济、最快速和最有效的方式作用于公安院校的校园，使美术文化逐步成为公安院校校园文化不可或缺的组成部分。

## （二）公安院校开展美术鉴赏教育的重要意义

1. 激发创新能力

公安院校的学生作为预备警官，肩负的使命决定了他们必须具备创新精神和创新能力。美术鉴赏活动能够培养他们的创造性思维和学习、工作中的应变能力。美术鉴赏主要在于引导学警在感受美、鉴赏美、创造美的实践中培养他们欣赏感知能力、多角度鉴赏能力、评价表述能力和创新思维能力。在美术鉴赏活动中选择的经典美术作品大都是艺术家独一无二的创作，作品的创新来源于他们丰富的想象力，能使学警体验到艺术家的精神创造。这是挖掘、培养学生想象力、创造力的最有效手段。

2. 提升记忆能力

记忆是记住所观察和理解了的事物，并能在以后再现或重现时能再认识的过程。通过记忆，不仅可以存储已经感知的形象和理性的认识，也可以积累已经形成的智力和技能。在美术鉴赏活动中，面对经典美术作品，它的色彩、构图、肌理和材质等都会在大脑中形成记忆，鉴赏者根据自己的认识、修养、理解和情感进行再创造，从而形成视觉形象的记忆。公安大学生将来走上工作岗位，从事纷繁复杂的一线公安工作：接处警，处置治安案件、刑事案件，处置突发性事件，走访群众和机关、企事业单位等，每天都会面对形形色色的人和事，这就需要他们具备较高的视觉形象的记忆能力，让这些复杂的人和事在头脑中留下较深的印象，并能牢固保持和随时提取，以便提高工作的效率和准确性。美术鉴赏教育在提升公安大学生视觉形象的记忆能力方面发挥的作用和效果已毋庸再言。

3. 完善健康人格

新时期公安院校要塑造具有坚定的政治信念、高尚的道德品质、严明的纪律观念和强烈的社会责任感的预备警官，要在最短的时间内完成这一目标要求，意味着他们要面临比普通高校的大学生更为艰难的心理调适和人格建构与完善的过程。美术鉴赏教育作为美育的组成部分，在美术鉴赏活动中通过对经典的美术作品的欣赏和解读，充分运用视觉手段和形象化的说明，培养公安大学生热爱祖国、热爱人民、热爱生活的情感态度，使他们在爱的情感体验中获得审美的共鸣。这不仅能培养和提高学警对美的感受力、鉴赏力和创造力，而且能美化自身，帮助学警树立远大的理想，培育高尚的情操，塑造健康的人格。

### （三）公安大学生美术鉴赏能力的培养

1. 培养艺术修养

艺术修养的培养可以从一般艺术理论和艺术史的初步了解入门，然后再扩展到对各个艺术门类和体裁的艺术特征、美学特征和艺术语言的熟悉和了解。例如，广义的美术包括绘画、雕塑、工艺美术、建筑等。而绘画，按使用工具、材料和技法的不同可分为：中国画、水粉画、素描、油画等；按绘画题材不同可分为：人物画、风景画、静物画、风俗画、历史画等；按社会功能不同可分为：宣传画、年画、漫画、连环画、插图、壁画等。每个画种还可以做更细致的划分，比如中国画，从表现技法可分为写意画和工笔画；从描绘题材可分为人物画、山水画、花鸟画；从设色特点可分为白描、浅绛、淡彩和重彩等。只有当鉴赏者掌握以上美术鉴赏的基本知识，全面了解美术作品的创作方法，才能遵循绘画美学原则进行综合性的欣赏，真正把握和理解作品，领略经典美术作品的艺术魅力。

2. 拓宽知识视野

要提高美术鉴赏能力，除了要掌握美术专业知识外，还要拓宽相关的知识面，如对音乐、文学、地理、历史、宗教、哲学等学科也要有所认识了解，甚至是对人文社科以外的一些领域，如工艺、设计、网络、大数据等学科平台，也不能过于陌生。只有当欣赏者不仅熟悉艺术门类中各学科领域特有的艺术规律和艺术语言，而且熟悉相关的地域文化和综合知识，才能为提高美术鉴赏能力打好基础，才能博览我国优秀的传统文化艺术以及世界各国各民族的文化艺术遗产。例如，如果你不知道法国大革命以及浪漫主义绘画的特点，你就很难理解德拉克洛瓦的《自由引导人民》作品所蕴含的深刻含义。如果你不了解第二次世界大战，不知道西班牙小镇格尔尼卡惨遭德国法西斯的轰炸的历史事件，就很难看懂毕加索的著名油画《格尔尼卡》，也就无法理解毕加索用美术语言在画中所表现的对西班牙人民的同情以及对德国法西斯的憎恨。再如，以我国传统绘画中的国画鉴赏为例，作品是融诗、书、画、印于一体的，如果鉴赏者没有一定的文学基础知识，就读不懂画上的诗意，也无法进入一种诗情画意的审美境界。

3. 加强实践锻炼

随着艺术学的不断发展，各艺术门类和艺术学科无论是在内容上、形式上，还是在艺术语言与技巧方面，都更加趋于系统化、精细化，呈现出相对的独立性，尤其在技巧表现上越来越趋向多样化。为此，鉴赏者除了要具备一定的艺术知识，熟知其艺术特性外，还要广泛接触各类艺术作品，开阔视野，积累鉴赏经验。为此，教师要注意引导学警进行大量优秀作品的鉴赏实践。大量地、反复地鉴赏经典艺术作品，才有助于鉴赏能力的培养与提高。除了进行鉴赏优秀作品的实践，还可以鼓励他们尝试参与一些绘画实践，对于强化感受形式美的敏锐性会起到特殊作用，而且也能使他们直接切入绘画的本质，对于提高学警的审美意识，培养艺术鉴赏力有极大的帮助。

## 三、书法欣赏与实践

### （一）书法鉴赏的概述

书法鉴赏就是对书法作品进行的解读与分析，是书法艺术的审美活动，从某种意义上说，是对书法作品中蕴含的艺术美的再创造。在书法鉴赏过程中，鉴赏者通过对书法作品的剖析与欣赏，从中提炼出书法作品的个性美、思想美、境界美，从而实现比较与鉴别、权衡与传承优秀文化成果的作用。这里还需要弄清书法鉴赏与书法欣赏的概念，鉴赏与欣赏往往指的是同一种活动，即读者、听众、观众对于艺术作品的观看、识别、接受活动，含义极为相近，但是二者还是有一定区别的。书法鉴赏的“鉴”字有鉴别、分析、审察的意思，是对书法作品进行感受、理解和品评的过程。书法欣赏的“欣”字有欣喜、愉悦之意，是对书法作品进行学习、观察、体会其意味的过程，虽也是对书法作品的接触和理解活动，但就接受书法作品的层次来说，远不如鉴赏高深，我们姑且把它们划成初级和高级两个阶段。书法欣赏是对书法作品的直接的感性认识，通过接触书法获得感情的共鸣和心理的愉悦，能直观地觉得作品好、“有味道”，但好在什么地方，为什么好，却是从表面上体会书法的气势，不去对书法作深一层的研究，这是书法欣赏，是初级阶段；书法鉴赏是在书法欣赏的基础上对书法作品进行分析判断，解释道理，使书法上升到理性的认识，能讲出书法作品的时代背景、艺术风格、技巧特色等创新之处，这是书法欣赏的高级层次。就二者接触书法作品的态度来说不大一样，欣赏是用喜爱、愉悦的心情去领会书法的意味，情感较为活跃充沛，并不强调分析鉴别之意；而书法鉴赏时的心态感情色彩已经稍稍淡化，理性成分已经介入并逐渐加强，情感趋于平和冷静。实际上鉴赏也是一种欣赏，且是较高层次的欣赏。

### （二）公安院校开展书法鉴赏教育的重要意义

公安院校作为高等院校的一个组成部分，培养的预备警官同时也是当代大学生中的一分子，有责任、有义务继承和弘扬优秀的民族文化。因此，在公安院校开展书法教育具有十分重要的意义。

1. 提高书写水平

写好中国字是每个中国人的本分，从提高国民文化修养的角度说，写好中国汉字至少要达到“及格”水平。时至今日，一个人字写得如何，也还是衡量一个人受教育水平的标志和个人文化水平的体现。然而随着社会文明的进步和发展，尤其是电脑的推广和普及，人们动笔写字的几率越来越少。虽然受过高等教育的人越来越多，但写字仿佛离人们越来越远，以至于“提笔忘字”、写不出好字的人比比皆是。对于培养人民警察的公安院校而言，必须直面并正视社会上出现的“汉字书写危机”，因为未来的人民警察如果能书写好汉字，不仅是个人文化修素养的体现，而且会直接影响到将来走上工作岗位后接处警和执法办案的质量与水平。公安工作的许多具体岗位对公安民警的“文字水平”要求是很高的，所以公安院校开展书法教育，不是期望将公安大学生培养成书法家，而是需要切实提高广大学警的日常书写水平，以达到能正确、清楚地用文字来表达语意、交流思想的基本目的。当然，若能再进一步将汉字写得美观，能在书写中享受那种添香研磨、笔走龙蛇的那份怡情和超脱，则是进入了一个新的境界。

2. 培养综合素质

书法教育包括书法训练与书法鉴赏。通过书法实践训练，从对名家法书的临摹到创作，有利于培养和提高广大学警对客观事物的观察力、模仿力、领悟力和创造力，从而提高其综合素质。这种能力对未来警官将来从事的执法办案工作是会有直接的帮助作用的。此外，学习书法的过程还是提高审美情趣和审美品位的过程，通过分析、比较、吸收、积累和提炼，逐渐形成自己的审美观点，这对公安大学生的全面发展也大有益处，通过了解书法常识，公安大学生可以开阔眼界，提高鉴赏能力。书法与绘画、篆刻、雕塑等艺术相互影响，相互借鉴，共同发展，同时与音乐、舞蹈等艺术也都具有共同的、基本的规律，通过学习书法，还可以帮助公安大学生理解其他形式艺术的内涵，可以进一步了解中华民族广泛的文化和深邃的艺术。纵观历史，人类社会的发展速度在逐渐加快，当今中国正在发生翻天覆地的变化，各项事业欣欣向荣、生机勃勃，我们已经迎来了一个崭新的发展机遇期，社会生活方式的变化也必然带来人的审美观念的变化。艺术重在创新，笔墨当随时代，公安院校对预备警官开展书法教育也必须紧跟时代的步伐。

3. 传承民族文化

提高广大学警的整体素质，培养合格的人民警察，不仅是指学警对文化知识的掌握和应用，更重要的是培养学警具有正确的价值观和对理想信念的不懈追求。在公安院校开展书法教育，通过书法练习和书法经典佳作的鉴赏，培养学警对高雅艺术的鉴赏能力，能够进一步激发他们对我国传统文化的兴趣，自觉维护传承祖国传统文化的尊严，增强文化自信，正如哲学大家黑格尔所说："中国书法最鲜明地体现了中国文化的精神。"① 黑格尔这里所指的"中国文化精神"应该就是民族的自豪感和强烈的爱国主义精神。透过书法的实用特点和审美特点我们不难看出，书法对学警的教育作用不是靠说理和灌输的方式，而是通过在汉字艺术运用的过程去熏陶、去体悟，从而达到审美教育的目的，同时还能够提升他们献身人民公安事业的热情和建功立业的信心，进而在广大学警中产生一种巨大的民族向心力和凝聚力。

4. 增进身心健康

书法学习可以训练人的耐心与恒心，有益身体健康，这是历代书法学习、练习和鉴赏者的共同体会和切身感受。相关研究更是从多个角度揭示了练习书法与气功原理的相通之处，书法的学习与练习既是脑力劳动，也是体力劳动。历史上著名书画家普遍长寿，这证明书法有益于身心健康。何乔瑶《心术篇》中说："书者，抒也，散也。抒胸中气，散心中郁也。故书家每得以无疾而寿。"毛泽东也说过："（书法能够）休养脑筋，转移精力，增进健康。"如执笔方法与坐姿正确，能使腕、指、臂的骨骼、神经、肌肉等各部分得到充分活动和协调发育；写字时，举止舒展，呼吸均匀，手眼协调，讲究运动节律，静中有动、动中寓静，能起到与太极拳、气功异曲同工的有益于身心健康的效果。这虽然不是学习书法追求的本意，但也算是有意义的"副产品"，这一"副产品"对当代公安大学生、未来的人民警察而言，同样能够促进身心健康。

① 岳俊萍：《试论中国传统文化在书画装裱艺术的传承》，载《艺术教育》2018年第11期。

### （三）公安大学生日常书写能力的培养

良好的书写规范、快速的书写速度是公安工作提高办公效率的基础，也是新时期人民警察必须具备的基本技能。因此，培养学警正确规范书写汉字的能力是公安院校教育教学义不容辞的责任，理应引起高度重视。

1. 树立正确认识

要促使公安大学生日常书写能力的提高，首先必须让其明确书法教学的内在含义以及书法对人格形成所起的重要意义。目前，不少学生对中国汉字的特点和书法的育人作用认识不深，把书法鉴赏、书法教育简单看作教学生写好汉字，没有认识到书法教育对人的内在修养所起的重要作用。其实，书法教育不只是教学生写好字，练习书法可以使学生的身心得到全面发展、整体素质与修养得到不断提高。

2. 培养良好习惯

“字如其人”，文字书写的整洁清晰应是对大学生的最基本要求。在日常工作和生活中，一个文字书写干净清爽的人通常也是在生活中爱整洁的人，也是思维清晰逻辑严密的人，这是其良好习惯使然；反之，邋遢者和思绪纷乱者，其文字书写就很可能不够整洁清晰。因此，公安院校开展书法教育，要重视培养学警良好的生活习惯和书写习惯，通过书法鉴赏的教育引导，在学生的心理上建立一种“愉悦—别扭”机制：看见清晰美观的字迹就赏心悦目，反之就嗤之以鼻，从内心深处排斥写得潦草难看的汉字，从而把书写文面整洁美观的要求内化为公安大学生的一种审美需求，促使学生向这方面努力。

3. 开展实践活动

日常书写能力的提高，还要多动笔、常反思、善积累、多交流，为此，可以在学生中发起成立书法兴趣社团，通过举办小型书法展览、书法笔会、书法比赛等，在校园内营造写好规范字的良好氛围，调动书法学习热情，提高书法学习兴趣，促进广大学警之间互相交流。

## 四、舞蹈欣赏与实践

### （一）舞蹈鉴赏概述

舞蹈被称作美中之美的人体动作艺术，从古至今一直是一种令人心旷神怡的艺术。著名的芭蕾舞大师安娜·巴普洛娃在长达数十年之久的艺术生涯中，曾先后到过包括中国在内的44个国家和地区，演出数千场，她在1931年去世时，引得万民悲痛落泪。英国皇家芭蕾舞团当时正在进行演出，得知这一不幸的消息后，乐队指挥立即宣布改演由安娜·巴普洛娃主演《天鹅之死》，当帷幕徐徐拉开，乐队奏起乐曲，台上却空无一人，只有一束追光在缓缓移动，他们是以这样一种方式来纪念他们心中永远的“天鹅”；被称作“现代舞之母”的美国著名舞蹈家邓肯喜欢裹上希腊风格的宽大的袍子赤足而舞，为了实现自己的这个舞蹈审美理想，她第一个抛弃了流行于当时舞蹈界的古典芭蕾紧身衣和足尖鞋，赤足起舞，她的这种赤脚宽衣的表演，让在场观众不知所措，现成几乎到了骚乱的程度；我国著名舞蹈家杨丽萍表演的舞蹈《雀之灵》和原生态歌舞《云南映象》，也让欣赏者无不为她在舞台上时如精灵、时如妖魅的完美形象所折服。

上述现象都（与显示生命力无关）涉及舞蹈艺术的一个基本问题——舞蹈鉴赏。如果没有欣赏者，舞蹈的艺术魅力就是空谈。所谓舞蹈鉴赏，是欣赏者在观看舞蹈表演时通过对舞蹈作品所展现的富有审美价值的形象、动作、技巧、韵味、表情、音乐等所组成的特有的形式，去认识、体悟客观世界的一种审美思维活动。

### （二）公安院校开展舞蹈鉴赏教育的重要意义

#### 1. 丰富文化内涵

舞蹈艺术蕴藏着丰富灿烂的文化宝藏，几千年来它永葆青春的魅力所在，就是其流动变化、奥妙深邃的思想文化内涵。舞蹈艺术是人类文化传统的积淀，如西方的芭蕾追求“开、绷、直、立”的美学原则，其动作特点是外开，肢体的线条要绷直并延伸至最长，跳跃动作很多，而中国古典舞则表现出许多“含胸”“颌首”的内收性动作要求，讲究“圆、曲”的动作运行轨迹和“拧、倾”的体态特征。[①] 深究二者差异的最根本原因，就是东西方在文化上的差异，“西方文化是一种外放与扩张的文化，而中国文化则是一种含蓄与内敛的文化”。[②] 再如，中国民间舞蹈精彩纷呈、品类繁多、林林总总，不同民族的舞蹈风格都折射出该民族特有的文化心理与审美观念。因此，公安院校学生走进舞蹈世界、在对舞蹈欣赏的过程中，可以真切地了解到不同舞蹈作品中有关民族历史、地理、文化、

① 游洁：《解读舞蹈艺术的文化性》，载《广西梧州师范高等专科学校学报》2005年第3期。

② 王罗成：《中西文化差异及原因分析》，载《青年文学家》2009年第15期。

习俗等的知识以开阔文化视野，透过舞蹈艺术的展现，深刻感悟到舞蹈背后所蕴含的伟大民族精神，领悟到舞蹈文化的博大精深。

2. 陶冶思想情操

我国汉代的《诗·大序》中说："言之不足，故嗟叹之；嗟叹之不足，故咏歌之，咏歌之不足，不知手之舞之，足之蹈之也。"舞蹈是最能集中体现人类情感的艺术形式，它能够直接触及人的心灵深处，表达心志、抒发情感。公安大学生在欣赏舞蹈艺术的过程中，除了能欣赏舞者那种挑战肢体极限的形体美以外，还能被其中蕴含的情感所感染，渐渐地融入作品所渲染的情境之中，充分感悟舞蹈内在美与外在美。鉴赏者虽然不能像舞蹈演员那样通过自己的肢体去表现情感，但只要有一颗愿意去感悟的心，就能与舞者的"心灵"进行交流与沟通，从而达到心灵的共鸣。公安院校开展舞蹈鉴赏教育就是要引导学警们欣赏我国民间舞蹈，在多姿多彩的民族舞蹈情境中，深刻领悟到中华文明的兴衰荣辱和传承根源，激发起强烈的爱国情感。

3. 培养气质修养

公安工作需要经常与人民群众打交道，群众则往往通过警察的言行举止来评价警察形象。良好的气质修养是警察形象美的重要因素，也是新时期公安工作对人民警察的必然要求。据悉，在罗马尼亚西部城镇蒂米什瓦拉，当地政府为使警员指挥交通可以更加优雅以舒缓驾驶者情绪，建议他们一律参加芭蕾舞培训，以便增加指挥交通时的美感。我国古代著名思想家、教育家孔子也曾主张以"乐舞"造就文质彬彬的君子。俄国革命家加里宁曾说："人要是学会了舞蹈，连走路都会美观、文雅。"可见，广大学警接受舞蹈审美教育，能充分领悟到肢体语言的美妙，可以把舞蹈动作训练作为改善形体的重要手段，通过优雅姿势的培养，增进健康、塑造形体、培养气质。

4. 激发创新思维

我国著名艺术心理学研究者平心通过自己的研究得出过一个结论："热衷舞蹈的大学生的智商比城市正常人口的智商要高。"① 作为预备警官，今后走上公安一线岗位，面对的突发性事件，需要创造性地开展工作。尤其是在侦破案件中，如果只运用逻辑思维而缺乏形象思维和创新思维，工作很难有大的进展和突破。培养创造力是舞蹈教育的一个重要使命。理论研究和社会实践都证明，舞蹈

① 王帝：《试论高校舞蹈教育的作用》，载《佳木斯大学社会科学学报》2006年第5期。

欣赏是激活学生创造性思维的催化剂。学警们在进行舞蹈鉴赏时，在老师的指导下了解舞蹈创作原理，以创作的思维来欣赏舞蹈作品，变被动观看为主动欣赏，使抽象思维与形象思维相互渗透、协调发展，这种思维的启发和培养有助于更深入地理解所学习的专业知识，发展创造力。

### （三）公安大学生舞蹈鉴赏能力的培养

1. 提高人文修养

马克思曾说："如果你想得到艺术的享受，那你就必须是一个有艺术修养的人。"① 只有不断丰富与舞蹈有关的人文知识，才能深入理解舞蹈作品，舞蹈的欣赏水平才可能得到提高。在公安院校开展舞蹈审美教育，目的不是要培养舞蹈专业人才，而是将舞蹈欣赏作为催化剂，激发创新思维，提升综合性素质。因此，公安院校学生可以在掌握基本的舞蹈理论知识的基础上，尽可能地学习一些与舞蹈创作有关的美学、哲学、心理学、文学等方面的人文科学知识，了解舞蹈创作的社会背景以及蕴含的精神美学思想和哲学思想，以加深对舞蹈作品的理解和感悟。例如，欣赏中国某一民族民间舞蹈，如果不了解该民族的历史宗教、风土人情、文化习俗，就无法深刻地领会该民族民间舞蹈的风格特征。

2. 积极参与赏析

马克思指出："艺术形象创造出懂得艺术和能够欣赏美的大众。"要想提高舞蹈鉴赏能力，必须大量地欣赏优秀的舞蹈作品。这里讲的优秀舞蹈作品是相对于大量存在的一般舞蹈节目、无主题的通俗舞和歌伴舞而言的，如若仅仅是泛泛地观看一般的无主题、无内涵的舞蹈表演，很难提升舞蹈鉴赏水平。歌德曾这样告诫过他的秘书："鉴赏力不是靠观赏中等作品，而是靠观赏最好的作品才能养成的。所以，我让你看最好的作品，等你在最好的作品中打下了牢固的基础了，你就有了用来衡量其他作品的标准，估价不至于过高，而是恰如其分。"因此，从经典舞蹈作品入手，从优秀舞蹈家的创造过程来培养学警的审美情趣与能力，能使他们由不熟悉到熟悉，逐渐成为具备一定欣赏舞蹈艺术的欣赏者，领悟舞蹈这门至美艺术的奥妙，成为舞蹈审美王国的自觉存在，从中得到更丰富的美的享受。

3. 丰富社会阅历

社会生活是舞蹈艺术的源泉。舞蹈艺术以一种既源于生活又高于生活的形

---

① 马克思：《1844年经济学哲学手稿》，人民出版社2000年版，第146页。

态，将原生活形态经过夸张、变形、虚拟、美化后以全新的面貌呈现给观众，只有阅历丰富、对社会生活有深刻体会和感悟的人，才能真正体会、领悟舞蹈艺术的丰富内涵。正如我国美学家李泽厚所说："舞蹈以身体之动作过程来展示心灵、表达情感，一方面源自日常生活中情感动作、体貌姿态的表情语言的集中发展；另一方面又来自对培养身体力量和精神品质的操演、锻炼、动作的概括和提炼。这两者从不同方面都规定了舞蹈动作具有的高度概括性和广泛的表现性质。"例如，对一些没有军旅生涯感受的人来说，他们只能欣赏到军旅舞蹈演员舞蹈动作的美与技巧；而对于许多有过军营生活体验的人来说，则能从作品中品读出军营生活的甘甜与苦辣。对军营生活体验特别丰富、特别深刻的人，甚至能够进一步地在作品中读出身为一名军人的执着追求精神及付出的巨大牺牲。

## 五、摄影欣赏与实践

### （一）摄影鉴赏概述

摄影鉴赏是从审美的角度，对摄影作品从内容题材、体裁样式到表现技巧、形式构成以及视觉感受、美学价值等诸方面进行解析和评价的艺术思维活动。赏析摄影作品的过程，是一个开阔视野、丰富知识结构、享受视觉魅力、提高审美情趣、感染艺术精神，提高艺术欣赏水平的过程。通过对摄影作品的鉴赏，能提高对摄影的认识，了解摄影表现的技法，熟悉摄影创作的一般规律，把握摄影艺术作品的评价标准，感受艺术美的同时升华人的灵魂。摄影鉴赏的主体是鉴赏者，客体是摄影艺术形象——摄影作品。两者存在着相互制约、相互促进的关系：鉴赏者在鉴赏摄影作品的过程中不仅可以表达自己对摄影作品的评价、态度，还可以不断地提高自己的艺术修养和审美能力，而摄影作品也在鉴赏者的补充和建议下不断地完善。

### （二）公安院校开展摄影鉴赏教育的重要意义

1. 丰富业余生活

艺术的娱乐功能是指人们通过艺术活动来满足审美需要，获得精神享受和审美愉悦的功能。"人在对象中直观到人的自由创造，体验到人的智慧、才能和力量，见到了自己的生活目的和理想的实现，从而热爱生活，在精神上感到满足和自由的幸福的喜悦。"① 摄影鉴赏以生动活泼的视觉形式，从审美这个环节出发加以渗透和扩散。摄影鉴赏具有强烈的情感体验特征与生活导向功能，人们在欣赏摄影作品时，能产生对人生和社会的感觉。公安院校开展摄影鉴赏教育，能促使学生参加文化艺术活动，并在参加活动的同时获得愉悦欢快的心情，丰富业余文化生活，帮助学生排除心理障碍，缓解心理压力，保持稳定健康情绪。

2. 培养人文精神

公安教育过程中如果缺乏人文知识的传授、人文精神的培养，即使学警在警务技能方面能适应公安工作的需求，也无法从服务意识和忠诚奉献的精神的高度认识公安意义和重要性，在日常工作中可能表现出"冷、硬、横、推、卡、压"等现象，有的甚至丧失理想信念，蜕化变质，走向人民的对立面。公安院校开展摄影鉴赏教育，能增强公安大学生对真与假、善与恶、美与丑的鉴别能力，培养训练善于发现美的眼睛，在培养学生的审美意识和审美情趣的同时提高美学素养，在潜移默化中净化心灵、陶冶情操、完善人格。

3. 感受榜样精神

许多摄影家、摄影记者在拍摄作品过程中，往往冒着生命危险深入一线高危地区采访拍摄，他们或是冒着枪林弹雨，或是深入火海震区，所拍摄的作品通常针砭时弊，弘扬社会发展主旋律，反映先进典型和感人事迹，这些优秀作品所表现的积极向上的思想内涵以及作品背后所凝结的忘我敬业精神都是生动鲜活的教育资源，对学生具有十分重要的教育意义。公安院校开展摄影鉴赏教育，在引导摄影作品赏析的同时，将形象直观地为学生提供丰富的优秀典型的感性材料和令人信服的阐释典型人物、典型事迹，使学生摆脱干瘪枯燥的教育宣讲，在美的体验过程中感受榜样的力量和精神。

4. 完善个性品格

摄影作品中充满了对自然、社会、历史和人生感悟与阐释，蕴含着对事物的价值判断和人生哲理，随着社会的多元分化和贫富差距的增大，金钱至上、理想缺失、享乐主义人生观、价值观在社会上有泛滥的趋势。公安院校开展摄影鉴赏教育，能够引导学生在欣赏作品的同时，接受真、善、美的熏陶和感染，感怀人类的发展命运，不断探索生命的意义，深入思考人的存在价值，从而进一步优化自身的情感生活、文化素养、价值取向、精神境界，潜移默化地推进思想感情、

① 朱大忠：《浅谈在健美操教学中培养学生美感》，载《教育教学论坛》2010 年第 21 期。

人生态度、价值观念等发生深刻的变化，形成正确的人生观、价值观，塑造完美健全的个性人格，为今后承受和挑战公安工作中的各种困难和压力打下坚实的基础。

### （三）公安大学生摄影鉴赏能力的培养

1. 大量赏析经典

在摄影艺术的发展进程中，各种风格的摄影艺术争奇斗艳，各种艺术思想激烈碰撞，这些摄影家及其作品见证了摄影艺术的发展轨迹，给人们带来了视觉的饕餮盛宴，也给人们提供了借鉴学习的范本。因此，要提高摄影鉴赏能力，必须多欣赏经典的优秀摄影作品。目前市面上有许多摄影艺术赏析方面的著作，有些著作列举了存世的经典摄影名作，摄影作品数量巨大，图片质量较高，画幅较大，阅读起来赏心悦目；还有些著作对摄影艺术作品进行了精细分类，同时详细讲述了摄影作品的创作过程，解析了摄影作品的拍摄技巧，阐明摄影作品的主题思想，分析了摄影作品的艺术特色，这些著作带领我们进入了摄影作品赏析的理论和实践天地，对于提高公安大学生的摄影欣赏水平有着科学的指导意义。

2. 加强美学素养

艺术是相通的，摄影艺术和其他艺术门类一样，都需要遵循艺术的一般规律。为此，要提高摄影鉴赏水平，不能就摄影谈摄影，而要引导学警们认真学习马克思主义文艺理论的基本观点，学习了解艺术学的基本理论和基础知识。掌握摄影艺术发生和发展的普遍规律、摄影艺术创作和欣赏的一般原理，了解摄影艺术的本体特征和艺术家创作动机等基本艺术理论和美学基本素养。只有不断加强艺术基础理论的学习，掌握艺术学的基本理论观点，才能在欣赏摄影作品时发现问题、思考问题，不断提高自身艺术鉴赏的能力。

3. 提高人文修养

摄影艺术是艺术家的一种心灵语言的产物。摄影的社会功能与文学的社会功能都是直观地反映社会生活，只不过摄影所使用的工具和材料与文学不同。文学的审美价值对摄影的审美价值是有十分重要的借鉴意义的。摄影艺术作品的欣赏离不开文学修养，摄影可以弥补文学的视觉间接性，文学又能补足摄影的思维间接性，从而达到互补。而正是这种相互匹配产生的互补效果，为摄影艺术与文学的相互渗透、相互融合，提供了理论上的依据。因此，公安大学生要注意不断提升自身人文修养，只有具备丰富的文化知识才能够对那些内容与形式兼备的作品进行审美鉴赏，才能深刻挖掘优秀作品所表达的观念和内涵，也只有如此才能提升审美水平。

4. 搭建实践平台

摄影艺术是一门实践性较强的艺术门类，欣赏者实践能力的增强、拍摄创作能力的提高，无疑将有助于摄影鉴赏水平的不断提升。为此，可以有计划地组织学警参观摄影展览，直接欣赏带有最新的技术技法和新颖的艺术创作理念、题材内容时尚的优秀摄影作品，同时，在参观展览的过程中可以倾听教师的讲解，甚至可以与艺术家本人进行交流互动，这样对摄影作品的创作过程、表现技法、表现主题以及作品背后的故事都可以做深入细致的了解。多开展这样的活动对提升摄影作品的欣赏水平有着不可替代的作用。此外，还可以指导学生在了解掌握摄影的基本知识的基础上，从事摄影艺术创作的实践活动，这样既培养了学生的摄影技术操作水平，又提高了学生的摄影艺术表现的能力。

## 六、影视欣赏与实践

### （一）影视鉴赏概述

所谓影视艺术鉴赏，就是指人们对影视中艺术形象、艺术情境的观赏、感受、体验、领悟以及理解和评判，是鉴赏者在欣赏艺术作品时一种特殊的精神性活动。影视艺术是艺术大家庭中最年轻的成员。在影视艺术鉴赏中，鉴赏者通过对影视镜头中造型、音响、演员表演以及各要素之间的配合、衔接的变化等外部形式的视听感受，来具体地认识影视作品中的艺术形象，体会作品所蕴含的情感理念，从而获得情感的满足和审美的感受。因此，影视艺术鉴赏的过程，也是一种以影视艺术为审美对象的复杂而又特殊的审美过程。广大学警要运用正确的影视鉴赏方法，能够系统分析各种影视作品中的表现手段和意蕴、风格，就能在现实生活和艺术之间架起一座桥梁，从而获得极大的审美愉悦。

### （二）公安院校开展影视鉴赏教育的重要意义

1. 开阔知识视野

随着社会的进步和传媒技术的发展，互联网已成为大学生获取信息的最便捷工具和与外部交流的重要手段，也为广大学警的学习带来很大帮助。目前，世界各国每年要制作上万部影视作品，内容、题材和情节等涉及社会生活和自然科学的各个方面。如果一个学警从跨进大学校门开始，在教师的指导下，每周看一部经典影片，四年下来共两百多部，那么其对天文、地理，历史、人文等会有较为丰富的了解。一个人只有知识丰富，才会视野开阔，才会是一个内心世界丰富、有情趣的人。

2. 加深职业理解

近年来，我国公安题材影视剧创作在内容题材、艺术语言、剧本结构、作品传播方式和市场化运作等诸多方面不断探索、积极进取，作品的艺术水平和观赏性均有了较大提高，涌现出一大批优秀公安影视作品。这些影视作品通过真实感人的艺术形象，反映出人民警察在基层一线面临的新挑战，展现了公安民警作为普通人的喜怒哀乐，塑造出感人至深的警察英雄形象。公安大学生通过观摩、赏析这些作品，可以更加深刻地了解警察工作的各个方面，从而全面理解公安工作的重要性，增强从事公安工作的自豪感和使命感。

3. 培养综合素质

在影视文化鉴赏教育的过程中，学警往往以影视作品中的人物形象作为人生的榜样和社会的正义化身。影视文化中融会了不同历史、不同题材、不同风格的影视精品，一幕幕历史事件、一个个真实感人故事，昭示着中华儿女的崇高理想与价值追求，诠释着中华民族的传统美德和文化内涵，阐明如何做人、如何做事的基本道理，成为对广大学警进行思想政治教育的生动教材，是培养学警良好的道德修养和健全人格的重要途径，可以使其受到教育、鼓舞和启迪，受到真、善、美的熏陶和感染。

### （三）公安大学生影视鉴赏能力的培养

1. 注重经典赏析

优秀的影视艺术作品如同其他的优秀作品一样，可让人汲取精神营养，提升精神境界，拓展知识视野，提高鉴赏水平，进而提升人文素养。因此，要想具备较高的影视鉴赏水平，要注意多收看具有一定艺术价值和思想价值的影片，坚决抵制容易对人生误导的低劣作品。同时，在观摩影视作品时要注意避免题材、风格的单一性，要有意识地选取不同国家和地区、不同题材、不同风格的作品观摩，以拓宽观赏者的眼界。对于有些重要的影视作品，特别是一些优秀的公安影视作品，如《刑警本色》《荣誉》《公安局长》《营盘镇警事》《中国刑警803》《非凡任务》等一大批宣扬公安英雄，彰显公安精神，震慑违法犯罪的作品，最好采用“多次观摩法”，多看、多听、多感受、多思考，在观赏优秀的影视作品后，教师可以鼓励学生在学生报刊、网络上开辟“影评专栏”，发表鉴赏评论，以此不断加强学生审美感受力的培养。

2. 加强内涵思考

影视艺术作为一门综合艺术，既具有其他艺术“以审美化的形象反映生活”的审美特征，又具其独特的美学特征。因此，广大学警在观摩影视作品时，应尽力避免消遣娱乐心理的影响，不能只观赏故事情节和人物命运，只关心明星的出现，应从这个窄胡同中走出来，打开视角，重视导演的创作手段和艺术表现方式，对影视艺术的深层内容进行有意识的积极思考。为此，教师应当教会学警欣赏与影视艺术有关的声光电、色彩、构图和造型等方面的专业知识，不断提升文学、绘画和音乐等其他艺术修养，逐步完成从普通观众向鉴赏者的角色转变，由“外行看热闹”逐步转变为“内行看门道”，学会对影视艺术进行全方位鉴赏，从更深刻的角度理解和感知影视艺术所蕴含的内在价值。

3. 积极投身实践

影视鉴赏能力的培养不能仅仅靠教师课堂上的理论宣讲和分析，还需要在实践中提升鉴赏的层次水平。为了培养学生的实践能力，可以要求学生在掌握剧本创作等相关理论并能够进行影视作品鉴赏的基础上，依托学生兴趣社团，通过开展与影视作品相关的活动为学生搭建各种实践平台，鼓励学生积极参与各种实践活动。例如，可以举办学生自拍 DV 短剧大赛或者校园微电影大赛，根据事先创设的主题，鼓励学生进行自拍 DV 短剧、微电影等简单的影视作品创作，再通过一定的播放平台免费提供给学生们欣赏，这样学生们一面观看着自己创作的作品，一面交流着导演和摄制的经验，不仅活跃了校园文化氛围，也极大地提高了学生们动手参与创作的热情，在实践活动的磨砺中更能有效地提升影视鉴赏的能力和水平。

## 第三节　警察文艺活动的育警功能

当今时代，随着社会的不断发展，对人才提出了更高的要求，除了把“一专多能”即通才基础上的专才作为高等教育人才培养的方向之外，还须把创新精神和创新能力的培养摆到重要位置，而适时地开展警察文艺活动对于培养创新型警务人才也起到了非常独特的作用。

## 一、警察文艺活动为培养公安院校学生的创造力提供了广阔的空间

警察文艺活动具有鲜明的参与性和实践性的特征，它可以起到鼓励广大学警积极参与各类文艺实践活动、亲身感悟艺术的魅力、不断丰富审美体验的作用。而艺术的生命又在于它的独创性，因而艺术欣赏也要求欣赏者进行个性化的再创造。这种创造不同于一般逻辑思维，它偏重于直观性，带有强烈的感情色彩；它是一种诗化的哲思，是一种心灵的感悟，往往在瞬间发生。一个高素质的公安院校学生，正需要这种哲思和感悟，只有具备了这种创造力，才能在将来纷繁复杂的公安一线实践中立于不败之地。

## 二、警察文艺活动对于启迪和开发公安院校学生智力发挥着重要作用

逻辑思维和形象思维是人类两种思维方式，艺术可以促进形象思维的开发以及创新思维的培养，它与抽象思维相结合，构成完整健全的思维能力，并以新的创造不断推进着人类文明的进程。回顾历史，古今中外的著名科学巨匠大多兼具科学和艺术两种素质。例如，我国古代发明地动仪的张衡就擅长绘画；意大利文艺复兴时期的画家达·芬奇又是一位杰出的科学家；美国近代画家莫尔斯又是电报机的发明者，凡此种种，不一而足。这些科学家之所以有如此伟大的发明创造，与他们自身所具备的良好的艺术素养有着深刻的内在联系。今天，我们要培养高素质的预备警官，通过适时地开展警察文艺活动来加强艺术教育能起到事半功倍的效果。

## 三、开展警察文艺活动有助于公安院校学生创新思维的训练

教育学家认为，创造力是人类普遍存在且人人具有的潜在能力。令人遗憾的是，许多人没有意识到或无法将这种潜能化为显能，尤其是无法有效地获得创新思维。如何训练在校大学生的创新思维，发掘他们的创新潜力，是整个教育界正在探索的问题，尽管结论尚待统一，但把想象力、观察力和判断力等思维层面的显在能力作为创新能力的核心构成，已成为人们的共识。因此，从提高大学生的想象力、观察力和判断力等入手，帮助他们构建创新思维，无疑是培养创新人才

的有效途径。公安院校学警的创新思维训练也不例外，而开展警察文艺活动是培养想象力和创造力的最有效途径之一。正如高尔基所说：“艺术是靠想象而存在的。”审美离不开想象，审美的乐趣往往就在奇思妙想之中。例如，白居易的《琵琶行》描写了他欣赏音乐时的心理活动，可以看出联想与想象在其中起了很大的作用。随着音乐旋律和节奏的变化，白居易一会儿想到急雨，一会儿想到私语，一会儿联想到莺语，一会儿联想到泉声，即使在音乐暂时停止的时候，他仍然没有停止联想，他觉得另有一种忧愁暗恨胜过有声之势。由此可见，没有想象就没有创造。艺术创作、艺术欣赏的体验过程，本身就是创造的过程。对于如何培养预备警官的创新精神和创新能力这一问题，开展各类文艺活动来加强艺术修养教育无疑是明智之举。

## 四、开展警察文艺活动有助于塑造公安院校学生的健康人格

人格，从广义上说可以是一个人整体的身心特质。这里讲的大学生的人格，是指大学生在学习生活中所表现出来的具有一定倾向的比较稳定的心理特征的总和。人格是道德的表现，人格的塑造就是创造自身美的形象。新时期公安院校所要塑造的公安院校学生健康人格的基本特征，主要表现为坚定的政治信念、高尚的道德情操、严明的纪律观念、强烈的社会责任感和正确的荣辱观。要把一名普通的高中生培养成具备上述健康人格特征的公安合格人才，公安院校的任务是相当艰巨的。就公安院校学生自身而言，他们要完成从一名普通高中生向合格预备警官的转变，意味着要经历比普通大学生更为艰难的心理调适和人格完善过程。在这一过程中，参加文艺实践活动，可以起到其他学科和其他活动所不可替代的独特作用。这类活动通过受教育者情感的进化和心理平衡能力的提高促进受教育者优化自身情感生活、文化素养、价值取向、精神境界等，从而塑造健全的人格和形成健康的个性，促使其全面和谐发展。

## 五、开展警察文艺活动是提高公安院校学生思想道德修养的有效途径

在影响公安院校在校学生成长的诸多因素中，思想道德修养的培养具有非常重要的意义。作为公安专门人才培养基地的公安院校，必须把学警的思想道德修养的培养作为义不容辞的职责，而在这一过程中，固然有诸多对大学生进行思想

政治教育的渠道，但开展文艺活动往往能发挥艺术教育以美育人的独特作用。我们不仅要看到文艺活动的形象性、直观性和愉悦性，更要看到警察院校文艺活动的灵魂——思想性。

开展文艺活动是艺术教育的重要内容。艺术教育作为一种教学门类和教学方式，具有陶冶情操、净化心灵的功能。艺术教育对提高广大学警的思想道德修养，培养正确的审美观有着特殊的功效。高等教育阶段是他们的世界观、人生观、审美观等观念形成、定型的时期，在这一阶段，加强艺术教育、经常性地开展文艺活动影响大学生的思想品行和理想信念，从而形成正确的审美观和道德观，对提高预备警官的道德修养和陶冶高尚情操所起的作用是不可估量的。

# 第四章　警察体育文化

## 第一节　警察体育的文化内涵

警察体育文化是人民警察在为适应警务工作需要所进行的特定的身体锻炼和专项体能训练过程中，不断探索创新并逐步形成的实战技能、精神道德等物质和精神财富的总和。它是通过一系列对完成警务实战工作有直接或间接影响的体育或体能训练项目的学习和训练来发展和完善警察的身心、培养警察的特殊的实战能力，其主要内容既有一般公共体育项目，又有富含警察特色的训练项目。但不论是公共体育锻炼项目还是特色体能训练项目，在警营里都富含着警察体育文化的色彩。

体育作为强身健体的活动，其本身就蕴含着丰富的文化内涵。体育运动本身就包含着民族的文化传统，凝聚着民族的奋斗精神，对于人的全面发展具有鲜明的启迪、促进和影响作用。警察体育也不例外，作为在警营形成、发展和完善起来的体育文化工程系列，其既具有一般公共体育的文化属性，又富含警察自身的特色体育文化特性，二者合为一体，表现出来的警察体育的文化内涵具有以下鲜明的特征：

### 一、警察体育文化具有鲜明的政治性

中国人民警察从组建之日起就是中国共产党领导下的一支“纪律部队”，“听党指挥”、全心全意为人民服务始终是这支部队的优良传统。警察的一切体育教育和体能训练活动，都是基于党和人民的需要。教育训练中，始终强调将来要能以过硬的本领和精湛的技能来面对任何危险和艰难险阻，完成党和人民赋予的神圣使命。正是基于这种政治性，我国警察队伍在教育训练和实践中形成了“人民警察，正义化身”等富含警营特色的文化符号，警察教育训练和实践中倡导的许多理念，如奉献精神、英雄情怀、竞争精神、团队协作、英勇善战等，都是富

含政治性的警察体育文化的具体体现，它与西方文化中的个体本位竞争可以说是“风马牛不相及的”。

## 二、警察体育文化具有战斗性

《人民警察法》第二条规定：“人民警察的任务是维护国家安全，维护社会治安秩序，保护公民的人身安全、人身自由和合法财产，保护公共财产，预防、制止和惩治违法犯罪活动。”据此，人民警察在履职尽责的岗位上，根据工作需要依法运用暴力和强制手段来制止犯罪的权利。在与违法犯罪活动作斗争时，警察可视违法犯罪行为人的暴力情况采取适当的强制手段，制止违法犯罪活动的发生和蔓延。“打铁还需自身硬”，警察履行神圣职责的前提是自身需具备过硬的体能、技能素质。警察日常的体育锻炼和技能训练，如擒拿格斗、查缉战术、跑跳爆发力的训练，以及瞬间识别、快速反应等就是基于公安工作中难以避免的暴力，警察依法运用强制力、对付暴力、制止暴力都须以平时坚持不懈的体育锻炼和体能训练为基础，它需要的不是花拳绣腿的观赏性，而是一招制敌的战斗性，所以警察体育文化的战斗性特征是警察队伍战斗力的具体体现。

## 三、警察体育文化具有法律性

警察在平时的体育锻炼和体能训练中积累储备的技术、战术手段和能力只有在法律允许的条件下才能行使，有时甚至是必须在得到法律的保护和授权的情况下才能运用。警察在警务实战工作中，不可避免地会遇到犯罪嫌疑人正在施暴或暴力抗法的情形，为了制止犯罪或将犯罪嫌疑人控制，人民警察有时必须实施踢、打、摔、拿、夺、押、铐等强制手段，这时既需要有平时练就的警务技能作保障，又需要注意运用强制技能时的“度”。这个“度”就是法律的“准绳”。警察固然可以在警务活动中以暴制暴，但必须是在法律准绳的框架内，不能过“度”，一旦出现过度行使暴力造成伤害，警察也会受到法律的惩处。因此，警察在体育锻炼和体能训练过程中，必须将法律意识的教育作为重中之重，使每一位人民警察都时刻牢记暴力、体能、技战术等手段都必须在法律限度内运用，这是警察体育的文化内涵中不可忽视的重要一环。

总之，警察体育的文化内涵是十分丰富的，上述几个方面只是新时期培养人民警察时必须突出强调的，也只有将文化内涵孕育在体育锻炼和体能训练的每一个环节，才能发挥其“润物细无声”的作用。

## 第二节　警察体育的功能作用

体育的最基本的功能是实现人的身心健康，警察体育也是如此。虽然警察体育训练与竞技体育训练有所不同，但两者都具有体育的属性，都是通过运动的方式对身体各个机能产生有益的作用，进而促进人体身心的健康发展。所不同的是警察体育必须结合警察自身的工作特点，以警察自身活动需求为目标，并且将其融入警察一生的学习、工作之中，警察体育教育及平时的体能训练方式与警察的职业特点有着密切的关系，因而警察体育也有着不同于一般体育的独特的功能和作用。

### 一、警察体育能促进警察的身心健康

人体的健康包括身体健康和心理健康两个方面。其中身体健康是心理发展的基础。由于警察体能训练的对象是人民警察，其具有国家法律赋予的执法权及维护社会治安的责任，所以在日常繁杂的警务工作中，人民警察既要承受高强度的工作负荷，又要克服执法办案中主、客观方面的压力和困难，因此良好的身体素质、充沛的体能以及过硬的警务实战技能就显得尤为重要，这些都是由警察的职业特点所决定的。可以这样说，警察体能的优劣、身体健康水平的高低对警察的职业生涯都有重大的影响。警察参加或从事各项健康的体育锻炼活动，可以改善警察的体格、提高警察的健康水平，为警察个体的整个职业生涯创造健康的身体基础和良好的心理状态。实践证明，警察身体锻炼和体能训练不仅是自然人的需要，而且是作为警察职业人的必须，其特殊的功效是其他活动所不具备的。

### 二、警察体育能改善警察的情绪控制

每个人都有情绪，且情绪直接影响着人的身体健康、认知水平、个性发展和人际关系。积极的情绪在人的身体健康方面能起正效应，如促进机体正常活动，提高免疫力；而消极的情绪则起到负效应，如引起人体功能紊乱，导致人体免疫系统功能下降。长期的消极情绪甚至还很容易致病，正如中医所说：“愁伤心、怒伤肝、思伤脾、忧伤肺、恐伤肾。”通常人们将快乐、开朗、稳定、适度的愉

快情绪当作一剂包医百病的“良药”：“笑一笑，十年少”讲的就是这个道理。许多研究证实：老人健康长寿的因素很多，不同地区、不同生活习惯的老人健康长寿的都有，但他们都有一个共同点就是具有乐观情绪。因为快乐的情绪不仅能帮助克服各种压力，更能促进呼吸和血液循环，分泌有益于身体健康的激素，并会抑制有害的激素产生。实用心理学家威廉·詹姆斯说：“如果你有了快乐的思想和行为，你就能感到快乐。”健康良好的情绪与情感有利于唤醒人体的心理和生理能量。这两者之间存在着相互促进的关系。心情愉快、心态平和能够促使人们做各种复杂的思考，有助于开拓思路，展开联想，提高人的智力水平，所以人们把乐观情绪称为心理健康的灵丹妙药。正如马克思所说：“一种美好的心情比十副良药更能解除生理的疲惫和痛楚。”① 一个人若能经常保持良好的情绪，即使遇到问题也能相信自己具有攻坚克难实现目标的能力意志与方法。因此保持情绪稳定、乐观、开朗既是身体健康的需要，也是生活乃至生命的需要。

除此之外，通过运动还可以降低应激反应。心理学的实验与研究都表明，健康正常的运动具有减轻应激反应，减缓紧张情绪的作用。运动可以锻炼人的意志，增强人的坚韧不拔的个性气质。我国著名心理学家陈仲庚的研究表明，在已发现的可以影响心理应激发生率的因素中，社会支持和体育运动是最为突出的两个因素。② 生理学和心理学家的研究还表明：与习惯坐着的人比较，经常从事运动的人更少产生生理上的应激反应。即使有应激反应，也能尽快从中恢复过来。警察的职业特点决定了他们常常会受到紧张情绪的刺激从而引起情绪波动。要适应这种工作岗位的要求并保持积极良好的心态，就必须多参加形式多样的健康的体育运动，从而缓解内心的紧张情绪，使身心张弛适度，始终保持稳定、积极、乐观的心态。

## 三、警察体育能培养警察的锻炼意识

警察体育作为一种培训预备警官的教育手段，不是简单的体育锻炼，而是通过有意识、有目的的运动与训练，作用于包括人脑在内的整个身体，使人体产生相应的应激反应。它涉及人体运动科学中的许多门类知识，如运动生理学、运

---

① 转引自班俊义：《快乐是人生的长效良药》，载《保健医苑》2010年第5期。

② 转引自聂俊伟：《浅谈体育锻炼对高职学生身心健康的意义》，载《中国－东盟博览》2012年第12期。

动心理学、运动生物力学等。人民警察个体通过体能训练，可以深入学习人体的基本结构、作用功能、运动训练的基本规律以及人体运动的基本常识，进一步认识警察体能训练的作用和意义，引导他们正确认识影响身体健康的多种因素及增进健康体能的训练手段，激发对体能训练的兴趣，提高参与训练的积极性和自觉性，并使他们在将来走出校门走上工作岗位后仍能保持体育锻炼的习惯，为“人民警察终身体育”打下良好的基础，使其整个职业生涯受益。促进人民警察经常进行体能训练的内在因素主要来自个体的自我需求、自我效能、兴趣爱好、运动能力、身体状况等。这种由自身激发以获得成就感、满足感、新知识技能的体能训练具有持续时间长、相对稳定的特征，是警察自身价值观的体现。

### 四、警察体育能提升警察的体能素养

警察的体能训练是提高人民警察战斗力最直接、最有力的手段之一。我国的人民警察肩负着巩固中国共产党执政地位，维护社会和谐稳定，保护人民安居乐业，预防、制止和惩治违法犯罪活动的职责。严峻的社会治安形势和各种违法暴力犯罪的增加导致我国的人民警察队伍“时时有流血，天天有牺牲”。这一方面体现了我们人民警察英勇顽强、不怕牺牲的英雄本色；另一方面也暴露出了警察体能训练工作急需加强。警察体能训练作为增强警察战斗力的途径，其任务是比较艰巨的。《公安机关人民警察训练条例》的实施，标志着公安机关人民警察训练工作的规范化建设进入了一个新阶段。科教强警、健体强警、向身体素质要警力已成为警界的共识。强壮的身体素质和过硬的警体技能对所有的公安民警而言都是增强战斗力的重要因素，因此警察的体育锻炼和体能训练不能局限于某一时期或某一阶段，应终身体育、体育终身，这样才能确保公安民警在严峻的公安实战中更好地完成国家赋予的使命。

## 第三节　警察体育的育警功能

警察体育的文化内涵及功能作用决定了警察体育文化是警察文化不可缺少的重要组成部分。繁荣、深化警察体育文化，不仅对警察队伍建设具有重要意义，而且可以发挥警察体育文化在公安警察院校中的育警功能，为培养新一代合格的人民警察服务。

## 一、培养学警的法律意识

人民警察是一支执法的队伍，其法律素质是其综合素质中兼具政治素质和业务素质的重要方面。公安院校的学生是公安队伍的后备军，是未来的执法者，他们是否具有良好的法律素质和严明的纪律作风将直接关系到社会主义法治建设的成效。而体育与法律这个看起来似乎风马牛不相及的两者，却在构成要素、运行模式和思维模式上有诸多的共同性与相似性，特别是体育竞赛所要求的公平、公正、客观、严肃与法律的基本要求是一致的。它严格要求竞赛参与者必须遵循一定的行为规范和规则，从而保证体育竞赛的有序开展。学校通过体育文化活动的开展，引导学警在约定的规则下进行体育比赛和竞争较量，使学警在不知不觉中约束、改变自己的行为，了解、接受社会所希望和需要的个人行为规范，从而营造学警自觉学习和遵守社会规范的氛围，进一步培养学警对法律的忠诚信仰，并促使其养成良好的纪律作风。

## 二、提升学警的职业技能

人民警察职业的特殊性要求人民警察必须具有良好的身体素质和过硬的警务实战技能，这些都是减少公安民警在履职尽责过程中出现伤亡的重要保障。特别是近年来，随着暴力犯罪的不断升级和警务活动强度的不断加大，人民警察在执法过程中遭受暴力袭击或在工作中积劳成疾而牺牲的数量呈现出不断增长的态势。开展内容丰富的校园体育文化活动，能促使学警积极参加体育运动和体能训练，提高其抗负荷、抗疲劳的能力以及各种运动器官的机能，从而提升其健康水平，同时也为学警更好地学习、掌握以“追、防、控、抓、带”为主要内容的警务实践技能和以后走上公安一线时最大限度地打击犯罪打下良好的身体基础。

## 三、增强学警的协作精神

人民警察执法活动常常是一个整体战术行动，在执法过程中需要民警之间同心协力、相互配合、相互协作，形成一个配合默契、团结紧密有凝聚力的团队。公安院校应当经常开展多种形式校园体育文化活动，通过各种体育教学、课内外体育训练、体育社团活动等，有意识地培养学警之间相互协作的团队意识，这不仅包括运动场上的比赛竞争，还包括为参赛同学提供后勤服务以及解说、啦啦队和观众等。通过这些活动形式，使学警在争取竞赛胜利和赢得集体荣誉的过程中，学会如何协作、如何与他人交往、如何正确对待个体之间、团队之间的竞争，体验到作为团队成员的自豪感。这些对预备警官将来走上工作岗位从事团队协作的工作是非常有利的。学警们通过在校期间就经历的如何处理个体与集体的相互关系，如何在团队中承担责任、发挥作用，培养良好的合作精神，增强集体荣誉感和团队精神等都会起到明显的正面作用。

## 四、消除学警的心理障碍

青年学警正处于从青年向成人、从完全依赖父母到自立自强的过渡时期，同时也进入极易因各种原因引发各种心理健康问题的敏感时期。特别是当前社会竞争日趋激烈、学习和择业的压力日益增大以及公安队伍优胜劣汰机制的日趋严格，使学警更易发生冲动伤人和自我伤害等现象。同时警察职业又是一个高应激、高对抗和高危险的岗位，学警们将来走上社会经常要与社会阴暗面打交道，经常会面临超负荷的高强度的工作，也会遇到工作对象不理解、不配合的问题，从而极容易出现各种心理问题。若不能够及时有效地得到排解，很容易造成执法实践中“冷、硬、横”的工作态度，从而造成群众对公安工作的不满意。而体育运动是人与人之间体力与智力的综合竞争，它可以把人生过程中常常遇到的成功、失败、挫折、欢乐、惊喜和痛苦等情感融注于短短的瞬间，使人在参与运动的过程中经历种种考验与挑战。因此，公安院校开展校园体育文化活动可以促使学警对失败和胜利进行辩证的思考，激发他们对社会、对人生的责任感和使命感，教育学警们在困难面前不断拼搏，学会自我调整，消除因消极因素所形成的心理障碍，促进广大学警身心的全面发展。

## 五、增进学警的情感交流

体育运动的一个鲜明特征就是群体性，它决定了每一个参与者都会与他人发生接触，无论是对手还是队友都会形成各种联系，如分工、协作、竞争等，这样的联系和交往，可以增进人际间的情感交流，融洽人际关系。如篮球、排球和足球这“三大球”运动就是一种两队之间的竞技体育运动，一个队要想在竞赛中获取胜利，首先要对场上队员进行正确分工，这就需要队员们相互熟悉与了解，在此基础上对每个队员的技术特点、战术风格做出精准的分析。另外，还要有集体主义精神、团结协作精神、“胜不骄，败不馁”的竞赛精神。公安院校的体育活动无论是体育课程、体能训练还是课外体育活动，其特点决定了要采用集体活动的形式和比赛的方式，这就加强了学警之间的直接接触和交流。广大学警在体育学习和参加体育活动过程中，相互之间具有依赖性、牵制性和影响性。为了完成体育学习任务和实现参加体育活动的满足感，必然要求学警之间相互帮助、相互协作、共同参与。学警们长期相处在这种关系中，必然能够加深了解，密切往来，同时在这种不断加深的密切交往中，也使各自的心灵不断受到情感的熏陶，相互之间产生一种深厚的友情。

总之，警察体育文化是警察文化的重要组成部分，我们必须始终坚持警察体育文化建设的理念，坚持不懈地挖掘和发挥警察体育文化的育警功能。在公安机关和警察院校努力营造警察体育文化的环境氛围，就一定能够为警察队伍建设贡献其独特的难以替代的作用。

# 主要参考文献

[1] 陈先达:《不能由经济全球化推出政治全球化和文化全球化》,载《高校理论战线》2002年第5期。

[2] 王泰、刘越英:《“历史视野下的全球化与多样性”研讨会综述》,载《世界历史》2002年第2期。

[3] 李秀林、王于、李淮春:《辩证唯物主义和历史唯物主义原理》,中国人民大学出版社1995年版。

[4] 殷登祥:《时代的呼唤——科学技术与社会导论》,陕西人民教育出版社1997年版。

[5] 梁枫英:《现代管理思维的形成与特点》,载《成都大学学报》2000年第8期。

[6] 田桂清:《现代管理思维与企业管理制度创新》,载《企业改革与管理》2000年第7期。

[7] 钱春海:《现代管理思维方式的特点》,载《社会科学》2000年第10期。

[8] 李宗桂:《文化全球化与当代中国文化建设》,载《南开学报》2002年第5期。

[9] 李贵鲜主编:《公共行政概论》,人民出版社2002年版。

[10] 金恩华:《剖析传统公安院校管理局限建构现代公安院校制度文化》,载《基础教育研究》2004年第5期。

[11] [英] 约翰·汤姆林森:《全球化与文化》,郭英剑译,南京大学出版社2002年版。

[12] 金民卿:《文化全球化与中国大众文化》,人民出版社2004年版。

[13] 方铁:《民族文化与全球化》,民族出版社2006年版。

[14] 苏国勋等:《全球化:文化冲突与共生》,社会科学文献出版社2006

年版。

［15］关世杰主编：《世界文化的东亚视角：全球化进程中的东方文明》，北京大学出版社 2007 年版。

［16］曹礼海：《公安文化建设的 45 个细节》，中国人民公安大学出版社 2009 年版。

［17］吴晖：《中国传统文化视野下的当代警察文化建设》，西南政法大学 2007 年硕士学位论文。

［18］张国涛：《传播文化：全球化与本土化》，中国传媒大学出版社 2010 年版。

［19］张兆端：《中国传统文化与现代警察管理》，群众出版社 2011 年版。

［20］郭文丽：《公安文化建设新论》，中国人民公安大学出版社 2011 年版。

［21］郑德明：《谈文化与公安警察文化的内涵与特征》，载《公安学刊（浙江警察学院学报）》2012 年第 8 期。

［22］姜南：《西方警察文化研究管窥》，载《公安研究》2012 年第 7 期。

［23］张峰等：《新时期警察文化建设》，载《法制与社会》2012 年第 2 期。

［24］教育部高等学校社会科学发展研究中心主编、孙伟斌本卷主编：《高校德育创新与发展成果选编——江苏警官学院卷》，人民出版社 2012 年版。

［25］赵远：《公安人才培养规律研究》，中国人民公安大学出版社 2012 年版。

［26］赵远：《公安院校大学生警察意识养成教育读本》，中国人民公安大学出版社 2013 年版。

［27］张兆端：《公安机关警察文化建设读本》，中国人民公安大学出版社 2013 年版。

［28］［美］艾瑞克·克莱默：《全球化语境下的跨文化传播》，刘杨译，清华大学出版社 2015 年版。

［29］任裕海：《全球化、身份认同与超文化能力》，南京大学出版社 2015 年版。

［30］张兆瑞：《警察文化学（第 4 版）》，中国人民公安大学出版社 2016 年版。

［31］赵旭辉：《中外警务比较研究：公安改革思考》，中国人民公安大学出版社 2016 年版。

[32] 楼宇烈:《中国文化的根本精神》，中华书局 2016 年版。

[33] 李欧梵:《中国文化传统的六个面向》，中华书局 2017 年版。

[34] 中共中央办公厅、国务院办公厅:《关于实施中华优秀传统文化传承发展工程的意见》，2017 年 1 月。

# 后 记

得益于本书编写团队全体成员的执着与勤奋，大家克服困难，在完成自身繁忙的工作和事务之余，仍然坚持努力写稿，笔耕不辍，历时两年，终成此书。书稿的完成是本团队成员辛勤写作的结果，更是大家集体智慧的结晶。本书参编人员分别来自江苏警官学院不同的部门和岗位，都工作于警校育人第一线，有着文化育警实践工作的丰富经验，对警察文化建设有着深入的思考和研究。全书由编写团队共同拟定编写提纲，并承担不同部分的编写任务，编写团队具体分工如下：

概　论：程　婧

第一编：叶清旸

第二编：武玉琴

第三编：孙伟斌

第四编：杨　健

第五编：高筱媛、李　静

全书统稿：程　婧

本书的编写过程中得到了学院的大力支持，编辑过程中也得到了中国法制出版社的大力帮助，本书还引用了相关专家学者和论著和论文，在此一并表达深深的谢意。本书虽然数易其稿，但由于我们的学识所限，错误和疏漏是不可避免的，敬请读者和专家批评指正。

**图书在版编目（CIP）数据**

警察文化与文化育警 / 程婧主编．—北京：中国法制出版社，2017. 12（2020.12 重印）

ISBN 978 - 7 - 5093 - 9160 - 0

Ⅰ. ①警… Ⅱ. ①程… Ⅲ. ①警察学 - 文化学 Ⅳ. ①D035. 3

中国版本图书馆 CIP 数据核字（2017）第 328363 号

策划编辑　李小草　王　熹　　　责任编辑　王　熹　　　封面设计　蒋　怡　杨泽江

**警察文化与文化育警**

JINGCHA WENHUA YU WENHUA YUJING

主编/程婧

经销/新华书店

印刷/北京京华虎彩印刷有限公司

开本/710 毫米 × 1000 毫米　16 开　　　印张/ 15. 25　字数/ 197 千

版次/2017 年 12 月第 1 版　　　2020 年 12 月第 2 次印刷

中国法制出版社出版

书号 ISBN 978 - 7 - 5093 - 9160 - 0　　　定价：52. 00 元

北京西单横二条 2 号

邮政编码 100031　　　传真：010 - 66031119

**网址：http：//www. zgfzs. com**　　　**编辑部电话：010 - 66010493**

**市场营销部电话：010 - 66033393**　　　**邮购部电话：010 - 66033288**

（如有印装质量问题，请与本社印务部联系调换。电话：010 - 66032926）